Annegret Noble-Fischer

Maulende Rebellen, beleidigte Zicken

Annegret Noble-Fischer

Maulende **Rebellen**, beleidigte **Zicken**

Der Erziehungscoach für Eltern

ARISTON

Für meine Familie – Ihr wisst, wer ihr seid!

FSC
Mix
Produktgruppe aus vorbildlich bewirtschafteten Wäldern und anderen kontrollierten Herkünften

Zert.-Nr. SGS-COC-1940
www.fsc.org

Verlagsgruppe Random House FSC-DEU-0100
Das für dieses Buch verwendete FSC-zertifizierte Papier *Munken Premium* liefert Arctic Paper Munkedals AB, Schweden.

Bibliografische Information der Deutschen Bibliothek

Die Deutsche Bibliothek verzeichnet diese Publikation in der Deutschen Nationalbibliografie; detaillierte bibliografische Daten sind im Internet unter http://dnb.ddb.de abrufbar.

Umschlaggestaltung: Weiss / Zembsch / Partner, Werkstatt München
unter Verwendung eines Motivs von Corbis
Satz: EDV-Fotosatz Huber/Verlagsservice G. Pfeifer, Germering
Druck und Bindung: GGP Media GmbH, Pößneck
Printed in Germany 2009

ISBN: 978-3-424-20011-9

Inhalt

Einleitung
Das Haus der Erziehung

Eltern fragen mich oft: »Was muss ich tun, damit mein Sohn aufhört, sich ständig mit seinem Bruder zu streiten?«, »Was sollen wir machen, damit mein Kind aufhört zu lügen?«, »Was kann ich tun, damit ich nicht immer hinter meinem Teenager herräumen muss?« oder: »Warum schwänzt meine Tochter laufend die Schule?«

Diese Eltern hoffen, dass sie das Verhalten ihrer Kinder verändern können, wenn sie nur die richtigen Worte wählen, die richtige Strafe einsetzen und die richtige Reaktion zeigen. Erziehung heißt für diese Eltern, dass sie ihre Kinder dazu bringen, ihr negatives Verhalten aufzugeben.

Aber eigentlich besteht Erziehung zum größten Teil daraus, dass Eltern ein Umfeld schaffen, in dem Kinder »das Richtige« tun. Die Fragen der Eltern lauten dann: »Was muss ich tun, damit mein Sohn gut mit anderen auskommt?«, »Was sollen wir machen, damit es meinem Kind wichtig ist, die Wahrheit zu sagen?«, »Was kann ich tun, damit mein Teenager im Haushalt mithilft?« oder: »Wie kann ich meiner Tochter helfen, ihre Ausbildung ernst zu nehmen?«

Viele Eltern verbringen einen Großteil ihrer Zeit damit, etwas zu »reparieren«, nachdem es schiefgelaufen ist, und haben daher wenig Zeit und Energie übrig, um dafür zu sorgen, dass sich Probleme gar nicht erst entwickeln.

Fühlen Sie sich angesprochen? Haben Sie das Gefühl, dass Sie einem Problem hinterherhinken und es nie richtig in den Griff bekommen? Dann lesen Sie bitte weiter. Sie werden wahrscheinlich nicht mit allem übereinstimmen, was ich denke, vor allem dann, wenn ich Sie darauf aufmerksam mache, dass Sie wahrscheinlich ein Teil des Problems sind und dass Sie sich verändern müssen, damit sich Ihr Kind ändert. Meine Hoffnung ist, dass Sie dieses Buch bis zum Ende lesen und erst dann entscheiden, ob ein besseres Familienleben es nicht vielleicht doch wert ist, dass Sie Ihre Erziehungsstrategien hinterfragen. Es wird niemals darum gehen, wer Schuld daran hat, dass Ihr Teenager Probleme hat oder Ihnen Schuldgefühle zu bereiten. Wahrscheinlich hat niemand wirklich Schuld an den Problemen Ihrer Familie, denn zu viele verschiedene Faktoren beeinflussen das Leben und die Entwicklung eines Kindes, um zu sagen, dass eine

Person oder ein Ereignis ganz bestimmte Probleme verursacht habe. Aber es stimmt wahrscheinlich auch, dass alle Familienmitglieder dazu beitragen, dass die Probleme weiterhin bestehen.

Eltern, die viel Zeit damit verbringen, ihren Kindern beizubringen, wie man etwas tut, etwas erreicht und Erfolg hat, verbringen weniger Zeit damit, Problemen hinterherzulaufen und ihre Kinder zu bestrafen, weil etwas schiefgelaufen ist.

Verstehen Sie mich nicht falsch – es gibt Situationen, in denen Eltern ohne lange nachzudenken zu recht drastischen Maßnahmen greifen müssen, damit Jugendliche nicht in ernsthafte Schwierigkeiten geraten und beispielsweise drogenabhängig werden, im Gefängnis landen und langfristig ihre Zukunft kaputt machen. Eltern wenden sich dann meistens an die Schule, das Jugendamt oder das Rechtssystem, um die entsprechende Hilfe zu bekommen. Leider ist es dann oft so, dass zwar die Jugendlichen Hilfe bekommen, die Eltern sich aber nicht verändern. Da Familien aber nur als Einheit funktionieren, kann die Veränderung einer einzelnen Person keine Lösung des Problems bewirken.

Familien streben immer ein Gleichgewicht an. Auch wenn dieses Gleichgewicht nicht unbedingt hilfreich ist, ist es leichter, seine Rolle innerhalb der Familie zu kennen, als eine Veränderung zu riskieren. Veränderung macht Angst. Erinnern Sie sich an Zeiten des Umbruchs in Ihrem Leben: Ihre Hochzeit, die Geburt eines Kindes, der Verlust eines Arbeitsplatzes, der Tod eines Freundes, der Umzug in eine neue Stadt? Diese Zeiten waren immer mit Unsicherheit und innerer Unruhe verbunden. Wahrscheinlich auch mit schlaflosen Nächten, Bauch- oder Kopfschmerzen und veränderten Essgewohnheiten. Deshalb ist es für Familien oft einfacher, genauso weiterzumachen wie immer, statt sich auf stressige Veränderungen einzulassen.

Hier sind zwei Beispiele von Familien im Gleichgewicht:

Ein Kind wehrt sich lautstark gegen jegliche Grenzen. Es geht nicht ins Bett, es schreit jedes Mal, wenn die Eltern weggehen wollen, es isst nur, was es mag. Irgendwann passen sich die Eltern um des lieben Friedens willen der Situation an und hören auf, Grenzen zu setzen. Ein Gleichgewicht ist hergestellt: Alle richten sich nach den Launen des Kindes.

Ein alkoholkranker Vater kommt wieder einmal betrunken nach Hause. Die Mutter ruft bei seiner Arbeitsstelle an und entschuldigt ihn. Die Kinder müssen ruhig sein, denn dem Vater geht es nicht gut. Besucher werden gar nicht erst ins Haus gelassen, denn es ist zu peinlich. Ein Gleichgewicht ist hergestellt: Alkohol bestimmt das Verhalten und die Beziehungen aller Familienmitglieder.

Wahrscheinlich lesen Sie dieses Buch, weil Sie entweder mit dem Gleichgewicht, in das Ihre Familie verfallen ist, nicht mehr leben wollen, oder weil Ihre Familie durch außergewöhnliche Ereignisse aus dem Gleichgewicht gebracht wurde. Sie wollen, dass sich in Ihrer Familie etwas verändert. Und diese Veränderung fängt bei Ihnen an.

Erziehung hat verschiedene Ebenen. Ich werde das Bild eines Hauses benutzen, um diese Ebenen oder »Stockwerke« zu illustrieren. Dieses Konzept der verschiedenen Ebenen ist übrigens an die »Erziehungspyramide« der Arbinger Company von 1998 angelehnt. Stellen Sie sich ein einfaches Einfamilienhaus vor:

Ebene 1: Das Dachgeschoss
Grenzen und Konsequenzen

Das Dachgeschoss ist in vielen Häusern kleiner als die anderen Stockwerke und es wird oft nur selten benutzt. Man steigt unter das Dach, wenn es sein muss, hält sich dort aber nicht länger auf als nötig. Genauso ist es mit der ersten Ebene der Erziehung, auf der Eltern dafür sorgen, dass unangemessenes oder gefährliches Verhalten aufhört und sie die Jugendlichen davon abhalten, Fehler zu machen, die ihnen langfristig das Leben ruinieren könnten. Eltern werden in dieser Ebene lernen, wie sie Machtkämpfe mit ihrem Teenager vermeiden können, wie sie ihrem Kind helfen können, Verantwortung für sich und seine Probleme zu übernehmen, warum es wenig hilft, wütend zu werden, wenn Teenager unüberlegte Entscheidungen treffen, und wie sie Konsequenzen entwickeln können, die ihrem Kind helfen, sich in Zukunft hoffentlich anders zu verhalten. Ich werde später noch erklären, wie hilfreiche Konsequenzen aussehen und wann Eltern um professionelle Hilfe bitten sollten. Was können Eltern tun, um weniger oft zu Konsequenzen greifen zu müssen und und wie vermeiden sie es – bildlich gesprochen – sich ständig im Dachgeschoss aufzuhalten?

Ebene 2: Das Obergeschoss
Wie Jugendliche lernen

Das Ziel von Konsequenzen ist es, Kindern und Jugendlichen etwas beizubringen. Das bedeutet, dass man weniger Konsequenzen braucht, wenn man ihnen auf andere Art und Weise beibringen kann, was von ihnen erwartet wird – was richtig und falsch ist. Das ist das Geheimnis des Obergeschosses. Oft befinden sich Schlaf- und Badezimmer im Obergeschoss. Kleinere voneinander klar abgegrenzte Räume, die jeweils einem ganz bestimmten Zweck dienen, die aber normalerweise nicht im Mittelpunkt des Familienlebens stehen. Genauso ist es mit der zweiten Ebene der Erziehung, der Ebene, auf der es um das erfolgreiche Lehren und Lernen geht. Es ist wichtig, dass Eltern verstehen, wie sie ihrem Teenager beibringen können, was er wissen muss, um als Erwachsener ein erfolgreiches Leben führen zu können. Eltern werden hier erfahren, wie sich das Gehirn eines Jugendlichen verändert, warum es zwar frustrierend, aber eigentlich gut ist, dass Jugendliche alles diskutieren wollen und immer einen Weg um die Regeln herum finden, und warum es unrealistisch ist zu erwarten, dass Teenager keine impulsiven Entscheidungen treffen.

Außerdem wird sich dieses Kapitel mit dem Sinn und dem Ziel der Adoleszenz befassen und sich mit verschiedenen Lernstilen auseinandersetzen.

Als Eltern haben Sie mehr oder weniger 18 Jahre lang Zeit, um Ihrem Kind beizubringen, was es wissen muss, um in der Welt der Erwachsenen zurechtzukommen. Auf den ersten Blick wirkt dies wie ein langer Zeitraum, in der Realität aber ist er sehr kurz. Daher ist es wichtig, dass Sie sich die Eigenschaften guter Lehrer aneignen. Erinnern Sie sich an Ihre eigene Kindheit. Wer waren die einflussreichsten Menschen in Ihrem Leben? Normalerweise lernt man am besten, wenn man denjenigen, der versucht, einem etwas beizubringen, respektiert und eine gute Beziehung zu ihm oder ihr hat.

Ebene 3: Das Erdgeschoss
Beziehung und Verbundenheit

Die Beziehung zwischen Ihnen und Ihrem Teenager ist die dritte Ebene der Erziehung oder das Erdgeschoss. Oft befinden sich Wohnzimmer und Küche im Erdgeschoss, sie stellen normalerweise das Zentrum des Familienlebens dar. Beziehungen, Verbundenheit und das Gefühl dazuzugehören stehen im Mittelpunkt dieses Stockwerkes und dieser Erziehungsebene.

Ohne Beziehung ist es oft unmöglich, Kindern etwas beizubringen. Insbesondere Jugendliche, die versuchen, ihre eigene unabhängige Identität zu entwickeln, müssen sich akzeptiert und verbunden fühlen, um Sie zu respektieren, Ihnen zuzuhören und Sie ernst zu nehmen. Wie zeigen Sie Ihrem Teenager, dass Ihnen eine Beziehung mit ihm wichtig ist? Quantität und Qualität der gemeinsamen Zeit sind beide wichtig. Ich werde in einem späteren Kapitel erläutern, was Sie tun können, um die Beziehung zu Ihrem Teenager zu vertiefen oder wieder zu beleben.

Auch wenn Jugendliche oft scheinbar alle Zuwendung ablehnen, brauchen sie die Liebe ihrer Eltern und wollen wissen, dass sie trotz ihrer Fehler bedingungslos akzeptiert werden. Eltern werden sich Gedanken darüber machen, wie sie ihrem Kind zeigen können, dass sie es lieb haben, auch wenn sie nicht immer mit seinem Verhalten einverstanden sind.

Ebene 4: Der Keller
Wenn aus Paaren Eltern werden

Kinder und Jugendliche sind gute Beobachter und lernen mehr von dem, was sie sehen und beobachten, als von dem, was ihnen gesagt wird. Wie Sie mit anderen Leuten umgehen, bringt Ihrem Kind bei, wie es andere Menschen – inklusive seiner Eltern – behandeln sollte. Ihre Beziehung zu anderen Erwachsenen in Ihrem Leben ist die vierte Ebene der Erziehung oder der Keller. Im Keller bringt man unter, was sonst im Haus keinen Platz hat. Oft denkt man nicht viel über den Keller nach, bis man etwas braucht, das dort verstaut ist. Man vermisst einen Keller so lange nicht, bis man keinen hat und nicht weiß, wohin mit all den Sachen, die zwar wichtig sind, die man aber im täglichen Leben nicht braucht. Genauso ist es mit dieser Ebene der Beziehung. Man denkt nicht viel darüber nach, wie wichtig es ist, Beziehungen zu pflegen, bis die Beziehungen auf einmal nicht mehr funktionieren oder man sie braucht. Kinder und Jugendliche gehen oft in den Keller und stöbern dort herum – sie wissen genau, wie gut oder schlecht Sie Ihre Beziehungen pflegen.

Um von Ihrem Kind respektiert zu werden, müssen Sie in Ihren Beziehungen vorleben, dass Sie Integrität besitzen und wissen, wie man Verbundenheit herstellt – vor allem in der Beziehung zu dem anderen Elternteil Ihres Kindes. Ob Sie mit dem anderen Elternteil zusammenleben oder nicht, wie Sie miteinander klarkommen, signalisiert Ihrem Kind, wie wichtig Ihnen gute Beziehungen sind. Wenn die Mutter den Vater kritisiert oder der Vater die Kinder verwöhnt, weil er denkt, dass die Mutter zu streng ist, dann werden die Kinder keinen der beiden respektieren und die Beziehung zwischen Eltern und Kindern wird leiden.

Eltern werden auf dieser Ebene erkennen, warum sie einen bestimmten Erziehungsstil bevorzugen und sich darüber Gedanken machen, ob es vielleicht andere Wege gibt, ihrem Kind dabei zu helfen, erfolgreich in die Welt der Erwachsenen hineinzuwachsen. Eltern werden – egal, ob sie zusammen, geschieden oder alleinerziehend sind, – Pläne entwickeln, wie sie besser mit anderen zusammenarbeiten können, um ihr Kind zu erziehen.

Ebene 5: Das Fundament
Erst mal ist man ein Mensch

Wie Sie mit anderen Menschen umgehen, hängt davon ab, wer Sie sind, was Ihnen wichtig ist und nach welchen Werten Sie leben. Wer sind Sie? Was sagen Sie, wenn keiner es hört? Was tun Sie, wenn niemand es je herausfinden wird? Was denken Sie wirklich über Ihre Nachbarn? Wie ehrlich oder liebevoll, wie hilfsbereit oder vorurteilslos, wie vergebend oder glücklich sind Sie hinter verschlossenen Türen? Was ist wirklich in Ihrem Herzen los?

Wer Sie sind, ist das Fundament oder die fünfte Ebene der Erziehung. Nur wenn Sie in Einklang mit sich selbst leben, werden Sie gute Beziehungen zu anderen Menschen in Ihrem Leben haben, insbesondere mit dem anderen Elternteil Ihres Kindes. Nur wenn Sie in Einklang mit sich selbst leben, werden Sie eine gute Beziehung zu Ihrem Kind haben und ihm beibringen können, wie man das Leben erfolgreich meistert. Nur wenn Sie in Einklang mit sich selbst leben, werden Konsequenzen, die Sie verhängen, die gewünschten langfristigen Veränderungen im Verhalten Ihres Kindes hervorrufen. Genau wie ein Haus nur so stabil ist wie sein Fundament, sind alle Ihre Erziehungsversuche nur so erfolgreich wie Ihre Integrität als Mensch.

Diese Ebene beschäftigt sich damit, was Eltern tun können, um mit sich selbst und ihrem Leben im Reinen zu sein. Eltern werden sich mit ihrer eigenen Geschichte und Themen wie Trauer, Vergebung, Achtsamkeit und ihrem Lebensmotto auseinandersetzen. Zuletzt werden Eltern sich mit der Kraft der eigenen Gedanken beschäftigen und Pläne für eine Veränderung und eine positive Zukunft schmieden.

Wie Sie vielleicht schon bemerkt haben, gibt es in diesem Konzept vier Ebenen, auf denen Sie daran arbeiten, Ihrem Kind zu helfen, erfolgreich zu sein und das Richtige zu tun, und nur eine Ebene, die sich damit beschäftigt, was Eltern tun können, wenn etwas schiefgelaufen ist. Die Erfahrung zeigt, dass sich die Lösung zu einem Problem meistens auf der darunterliegenden Ebene befindet. Wenn Sie Ihrem Kind zehnmal erklärt haben, was Sie von ihm erwarten, und sich das Verhalten Ihres Kindes nicht entsprechend verändert hat, dann sollten Sie auf der Beziehungsebene nach einer Lösung suchen: Wie gut ist Ihre Beziehung zu Ihrem

Kind wirklich? Wie viel Zeit haben Sie in den letzten Wochen miteinander verbracht? Haben Sie den Großteil dieser Zeit damit verbracht, sich darüber zu streiten, wie respektlos Ihr Kind ist?

Ihr Kind respektiert Sie nicht? Fragen Sie sich: Wie behandeln Sie andere Menschen in Ihrem Leben? Kritisieren Sie ständig Ihren Chef? Streiten Sie oft mit Ihrer Frau oder Ihrem Mann? Sind Sie mit Ihrem Leben unzufrieden? Sind Sie mit sich selbst im Reinen? Leben Sie Ihren Werten entsprechend?

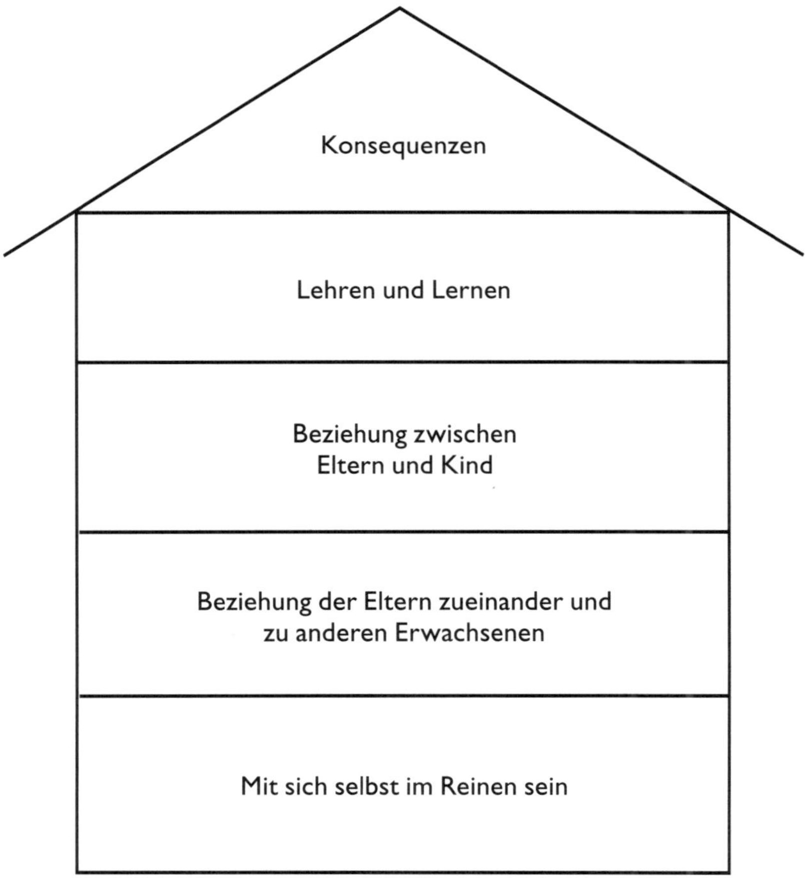

Kapitel 1: Was können Eltern tun? Das Dachgeschoss: Grenzen und Konsequenzen

Auf dieser Ebene der Erziehung versuchen Eltern, das Fehlverhalten ihres Kindes zu unterbinden. Das Ziel eines guten Erziehungsstils ist es, so wenig Zeit wie möglich auf dieser Ebene zu verbringen.

Was können Eltern tun, wenn ihre Teenager falsche Entscheidungen treffen und Probleme haben? Die Antwort klingt einfach, ist aber oft schwer umzusetzen: Grenzen setzen und darauf vertrauen, dass Konsequenzen die besten Lehrer sind.

Grenzen

Was sind Grenzen und warum helfen sie? Grenzen zeigen an, wer für was verantwortlich ist. Sie bedeuten Sicherheit, Schutz und Geborgenheit und machen deutlich, wo eine Person aufhört und die andere anfängt. Innerhalb der Grenzen kann man sich frei bewegen. Je älter ein Kind ist, desto größer ist auch der Freiraum, in dem es sich bewegen kann, ohne dass jemand eingreift. Innerhalb dieses wachsenden Freiraums sind Kinder und Jugendliche für ihre Entscheidungen und ihr Verhalten verantwortlich.

Gesetze, Verträge, Regeln, Richtlinien und moralische Verantwortungen stecken für Erwachsene die Grenzen ab. Wenn Erwachsene außerhalb dieser Grenzen leben, werden gesellschaftlich sanktionierte Institutionen eingreifen, so wie Polizei, Staatsanwälte oder Richter. Je größer der Freiraum ist, in dem man sich bewegt und Entscheidungen trifft, desto schwerwiegender sind die Konsequenzen für Grenzverletzungen. Deshalb ist es wichtig, dass Kinder und Jugendliche so früh wie möglich lernen, dass verletzendes Verhalten schmerzhafte Konsequenzen hat. Ein Kind, das jemanden schlägt, bekommt dafür eine Auszeit und muss sich entschuldigen. Ein Jugendlicher, der jemanden schlägt, muss darüber mit einem Richter sprechen und wahrscheinlich Sozialstunden ableisten. Ein Erwachsener, der jemanden schlägt, verbringt dafür eine gewisse

Zeit im Gefängnis oder muss eine Geldstrafe zahlen. Eltern, die ihre Kinder vor den Konsequenzen ihrer Entscheidungen retten oder davon entbinden, erlauben ihnen nicht, aus ihren Fehlern zu lernen. Diese Kinder müssen die Lektion dann als Erwachsene lernen – wenn die Fehler sehr viel mehr kosten.

Auch wenn es oft nicht so aussieht: Im Grunde brauchen und wollen Kinder und Jugendliche klare Grenzen, damit sie wissen, wofür sie verantwortlich sind und wofür nicht. Die Welt ist groß, chaotisch, verwirrend, unzuverlässig, bedrohlich und oft gefährlich. Wenn Eltern nicht bereit oder in der Lage sind, klare Grenzen zu setzen, gibt es für Kinder und Jugendliche zwei Reaktionsmöglichkeiten:

Die einen fühlen sich für alles und jeden verantwortlich und sind damit völlig überfordert. Sie haben das Gefühl, jeden Streit schlichten zu müssen, sich sozial engagieren zu sollen und alle um sie herum glücklich machen zu müssen. Da sie an diesen Anforderungen natürlich immer wieder scheitern, fühlen sie sich letztendlich entmutigt, minderwertig, hilflos, unfähig und überfordert.

Die anderen nutzen ihre grenzenlose Freiheit aus und verweigern jede Verantwortung für ihr Verhalten. Warum ist Stehlen falsch? Das Geschäft hat doch genug Geld. Wenn jemand sie dumm anschaut, hat er es verdient, verprügelt zu werden. Wenn Lehrer nervige Fragen stellen, müssen sie eben damit rechnen, dass sie beschimpft und gemobbt werden. Wenn man Geld braucht, dann nimmt man es sich eben. Wenn man rauchen will, dann tut man das, auch wenn es in der U-Bahn verboten ist. Diese Jugendlichen haben den Eindruck, dass die Welt ihnen etwas schuldet. Und wenn sie das nicht bekommen, dann nehmen sie es sich eben – zur Not mit Gewalt.

Wenn Eltern klare Grenzen setzen, können Kinder und Jugendliche beruhigt sein, dass sie nicht für alles, was in ihrem Leben und in der Welt passiert, verantwortlich sind. Die Scheidung der Eltern spielt sich außerhalb ihrer Grenzen ab, genauso wie die Verantwortung für die Miete, die Steuern, den Krieg im Irak und AIDS in Afrika. Jugendliche, die wissen, dass diese Probleme außerhalb ihres Einflussbereichs liegen, können sich auf die Herausforderungen innerhalb der ihnen gesteckten Grenzen konzentrieren. Regelmäßige Erfolgserlebnisse innerhalb dieser Grenzen führen zu einem Gefühl von Kompetenz, positivem Selbstwert und Zuversicht.

Kinder wollen erleben, dass Grenzen stark und unbeweglich bleiben, auch wenn sie diese auf die Probe stellen. Sie wollen wissen, dass sie innerhalb dieser Grenzen tatsächlich sicher und geborgen sind. Diese

Sicherheit ist aber nur dann gewährleistet, wenn die Grenzen sich nicht bewegen, egal wie sehr sich die Jugendlichen dagegen auflehnen. Es liegt in der Verantwortung der Eltern und anderer Erwachsener, diese Grenzen aufrechtzuerhalten, auch wenn das oft nicht einfach ist. Wie oft geben Sie nach, wenn Ihr Teenager Sie nur lange genug nervt? Jedes Mal, wenn Sie das tun, zeigen Sie Ihrem Kind, dass es sich nicht wirklich auf Sie verlassen kann, dass Grenzen letztendlich bedeutungslos sind, dass der Streit zwischen Ihnen und Ihrem Partner vielleicht doch seine Schuld war und dass es vielleicht doch für die Probleme des Freundes verantwortlich ist. Bevor Sie das nächste Mal nachgeben, weil Sie zu müde, zu frustriert oder zu entmutigt sind, denken Sie daran, welche Botschaft Sie Ihrem Kind damit senden.

Andererseits gibt es Jugendliche, die sich konsequent weigern, von Eltern gesetzte Grenzen zu respektieren. Sie tun und lassen, was sie wollen, ohne jemals Verantwortung für sich und ihr Verhalten zu übernehmen. Diese Jugendlichen müssen dann leider oft erfahren, dass ihnen höhere Instanzen Grenzen setzen, so wie die Schule, das Jugendamt, Ausbilder, Arbeitgeber, die Polizei und Jugend- oder Familienrichter. Und wenn sie dann immer noch nicht verstehen, dass Entscheidungsfreiheit Verantwortung mit sich bringt, dann verlieren sie ihre Freiheit in Heimen, geschlossenen Anstalten oder Gefängnissen. So schwer das auch für Eltern sein mag, wenn Ihr Teenager sich trotz wachsender Konsequenzen weigert, Grenzen zu respektieren, sollten Sie so schnell wie möglich um Hilfe bitten. Es gibt eine Vielzahl von Therapieprogrammen, die Ihrer Familie dabei helfen können, Beziehungen zu reparieren und Grenzen neu abzustecken.

Ich arbeite regelmäßig mit Eltern, die keinen Rat mehr wussten und die Polizei anriefen, als sie entdeckten, dass ihr Kind Drogen nahm oder gestohlene Waren verkaufte. Wenn Ihnen das als eine zu drastische Maßnahme erscheint, denken Sie weiter: Was hätte passieren können, wenn diese Eltern einfach nichts getan hätten? Mithilfe von Polizei, Jugendrichtern, Bewährungshelfern und Therapeuten hat dieser Jugendliche eine Chance, sein Leben zu verändern, bevor das Führungszeugnis schwere Straftaten aufweist und damit eine Ausbildung, ein Studium oder einen Beruf so gut wie unmöglich macht. Jugendliche, die keine Grenzen respektieren, werden nicht an ihrem 18. Geburtstag plötzlich zu Musterbürgern. Und die Konsequenzen, mit denen sie als Erwachsene rechnen können, haben sehr viel langfristigere Folgen als die Konsequenzen, die sie als Jugendliche erfahren. Greifen Sie ein, bevor der Preis noch höher wird.

Sie haben alles versucht und nichts scheint zu helfen? Geben Sie nicht auf. Bitten Sie weiterhin um Hilfe. Beginnen Sie eine Therapie. Besuchen Sie Seminare für Eltern. Fragen Sie weiterhin beim Jugendamt nach. Reden Sie mit Ihrem Kinderarzt. Setzen Sie sich mit anderen Eltern in Verbindung. Sprechen Sie mit den Lehrern und dem Direktor der Schule. Nutzen Sie das Internet, um Programme für Eltern, Familien und Jugendliche zu finden.

Verantwortungsbewusstsein

Für Eltern, die dieses Buch lesen, bevor ihr Teenager die eine oder andere falsche Entscheidung getroffen hat, gilt: Setzen Sie von Anfang an feste und liebevolle Grenzen. Damit helfen Sie Ihrem Kind, sich sicher zu fühlen und sich innerhalb dieser Grenzen mit Zuversicht zu bewegen. Wenn die Grenzen dann weiter werden, ist es wahrscheinlich, dass Ihr Kind mit der neuen Freiheit einigermaßen verantwortungsbewusst umgeht.

Aber auch relativ verantwortungsbewusste Jugendliche streben oft nach der größeren Freiheit, die sie mit weiteren Grenzen erlangen, aber nicht nach der Verantwortung, die mit dem größeren Freiraum einhergeht. Sie wollen sich von ihren Eltern nichts sagen lassen, wollen aber weiterhin mietfrei im Elternhaus leben, kostenlos essen und die Wäsche gewaschen bekommen. Sie wollen nicht im Haushalt mithelfen, erwarten aber, dass sie weiterhin Taschengeld und neue Kleidung bekommen. Es ist Ihre Aufgabe als Eltern, Ihrem Kind beizubringen, dass alle Entscheidungen, auch die ganz kleinen, Konsequenzen haben. Sobald es eine Entscheidung getroffen hat, ist Ihr Kind für die guten und die schlechten Folgen dieser Entscheidung verantwortlich. Verantwortungsbewusstsein ist eines der größten Geschenke, das Sie Ihrem Kind machen können.

Wie bringt man Kindern und Jugendlichen Verantwortungsbewusstsein bei?

1. Geben Sie dem Jugendlichen eine Aufgabe, die er erfolgreich erledigen kann. Diese Aufgabe sollte herausfordern (nicht langweilen), aber nicht so schwer sein, dass sie nicht ohne Hilfe zu

schaffen ist. Außerdem sollten Sie sicherstellen, dass Ihr Kind wirklich weiß, was Sie erwarten. Lassen Sie sich deshalb von ihrem Kind nochmals genau erklären, was es tun soll. Oft hat es schon hier ein Missverständnis gegeben und das Kind hat bereits die Aufgabenstellung falsch interpretiert.

2. So seltsam es klingen mag: Hoffen Sie, dass Ihr Kind einen Fehler macht. Je früher Kinder lernen, wie man aus Fehlern lernt, desto geringer die Folgen. Je älter die Kinder, desto teurer die Fehler. Wenn Ihr Kind einen Fehler macht, können Sie die Konsequenzen für sich selbst sprechen lassen, ohne viele Worte darüber verlieren zu müssen. Falls Sie sich fragen, ob es nicht unfair ist, zu hoffen, dass Ihr Kind einen Fehler macht, bedenken Sie, dass das Gehirn tatsächlich aus Fehlern nachhaltiger lernt als aus Erfolgen. Wenn wir uns in einer Situation befinden, die vorher schon einmal zu einem Fehler geführt hat, dann sendet das Gehirn eine Warnung aus, bevor wir überhaupt darüber nachdenken. Sie wollen, dass das Gehirn Ihres Kindes viele dieser Warnsignale speichert und aussendet – und das kann nur passieren, wenn Ihr Kind die entsprechenden Fehler macht.
3. Zeigen Sie Mitgefühl und lassen Sie möglichen natürlichen Konsequenzen freien Lauf. Verhalten hat Konsequenzen. Wenn diese Konsequenzen unangenehm für Ihren Teenager sind, dann zeigen Sie ehrliches Mitgefühl. Lassen Sie Ihren Teenager wissen, dass Sie ihn lieb haben und an ihn glauben. Sagen Sie ihm, dass es Ihnen leidtut, dass er gerade schmerzhafte Erfahrungen machen muss. Lassen Sie sich aber nicht dazu hinreißen, Ihr Kind vor den Konsequenzen zu retten, weil es Ihnen leidtut. Kinder und Jugendliche müssen lernen, dass *ihre* Fehler *ihnen selbst* wehtun. Wenn Sie wütend werden und Ihrem Kind eine Moralpredigt halten, konzentriert sich Ihr Kind auf Ihren Ärger und nicht auf seinen Fehler. Damit lernt es, dass seine Fehler Ihre Gefühle aufwühlen – was für manche Jugendliche ein guter Grund ist, das Verhalten zu wiederholen, nur um Ihre Reaktion zu sehen. Ihr ehrliches Mitgefühl erlaubt Ihrem Kind, sich auf sein Leben und seine Entscheidungen zu konzentrieren und nicht auf Ihre Reaktion.
4. Geben Sie dem Jugendlichen die gleiche Aufgabe noch einmal. Damit drücken Sie aus, dass Sie zuversichtlich sind, dass Ihr Kind diese Aufgabe meistern kann und dass Sie darauf vertrauen, dass

Ihr Kind schlau genug ist, aus seinen Fehlern zu lernen. Bieten Sie Hilfe an, aber sagen Sie sonst nichts, es sei denn, Ihr Kind fragt danach. Auch eine verspätete Moralpredigt hat selten den erwünschten Erfolg.

Manchmal hat Verhalten keine natürlichen Konsequenzen, oder die natürlichen Konsequenzen wären so gefährlich, dass Eltern eingreifen müssen, bevor der Jugendliche den Fehler bis zum Ende durchzieht. In diesem Fall ist es die Aufgabe der Eltern, logische Konsequenzen zu entwickeln und sie durchzusetzen.

Macht und Kontrolle – Entscheidungsfreiheit macht Freu(n)de

Geben Sie Ihren Kindern so viel Macht und Kontrolle über ihr Leben wie möglich. Für kleine Kinder ist das die Entscheidung, ob sie einen Apfel oder eine Banane essen, ob sie das gelbe oder das grüne T-Shirt anziehen, ob sie sich beim Überqueren der Straße an Ihrer Hand oder am Kinderwagen festhalten wollen. Je älter die Kinder sind, desto mehr Verantwortung für ihr Leben sollten sie übernehmen. Wenn ein Jugendlicher das Gefühl hat, dass er ein gewisses Maß von Entscheidungsfreiheit hat und den Lauf seines Lebens mitbestimmen kann, wird dieser Jugendliche wenig Zeit und Energie investieren, um seine Eltern zu manipulieren und zu kontrollieren. Wenn Jugendliche das Gefühl haben, mitreden zu können, dann wird es ihnen weniger wichtig, ihre Eltern in Machtkämpfe zu verwickeln. Machtkämpfe dienen Jugendlichen dazu, sich selbst zu beweisen, dass sie keine Kinder mehr sind, ihre eigene Identität haben und unabhängig von ihren Eltern Entscheidungen treffen können. Ein Jugendlicher, der das Gefühl hat, dass andere Menschen sein Leben bestimmen und er keine Entscheidungsfreiheit hat, wird viel Zeit und Energie darauf verwenden, seine Eltern, andere Erwachsene und das »System«, das ihn kontrolliert, zu manipulieren und auszutricksen. Jugendliche, die sich machtlos und nicht anerkannt fühlen, werden einen Weg finden, um Macht, Kontrolle und Anerkennung zu bekommen, egal was es kostet.

Eltern, die lernen, ihren Kindern viele Entscheidungen zu überlassen, werden in wichtigen Situationen ohne anstrengende Machtkämpfe die Kontrolle übernehmen können. Wenn Ihr Kind weiß, dass es hundert Entscheidungen am Tag treffen darf, dann wird es weniger frustriert sein, wenn Sie ein-, zweimal am Tag sagen: »Sonst lasse ich dich entscheiden, aber diese Entscheidung treffe ich jetzt mal.« Ohne ständige Machtkämpfe wird es für Eltern und ihre Kinder einfacher sein, ein gutes Verhältnis und eine positive Beziehung zu haben.

Wie bringen Sie Ihrem Kind die Prinzipien der Entscheidungsfreiheit bei?

1. Wenn Ihr Kind sich nicht innerhalb weniger Momente entscheidet, müssen Sie bereit sein, die Entscheidung für Ihr Kind zu treffen. Lassen Sie Ihr Kind wissen, das keine Entscheidung auch eine Entscheidung ist, nämlich die Entscheidung, Ihnen die Wahl zu überlassen. Sie können Ihren Teenagern natürlich etwas länger Zeit geben, um sich zu entscheiden, aber geben Sie ihnen einen konkreten Zeitpunkt, zu dem sie Ihnen eine Antwort gegeben haben müssen. »Lass mich bitte Freitagabend, bevor ich in's Bett gehe, wissen, ob du dieses Wochenende am Samstag oder am Sonntag ins Kino gehen willst. Sonst entscheide ich, wann ich dich fahren kann.«
2. Bieten Sie nur Optionen an, mit denen Sie auch wirklich leben können. Falls Sie zwei Wahlmöglichkeiten anbieten, aber eigentlich wollen, dass Ihr Kind die erste wählt, können Sie sich darauf verlassen, dass Ihr Kind sich – wie Sie natürlich wissen – für die andere Option entscheidet (auch wenn die erste Option tatsächlich für alle Beteiligten besser gewesen wäre). Warum? Um zu sehen, wie Sie reagieren und um Sie in Versuchung zu führen, sich auf einen Machtkampf einzulassen. Wenn Sie Wahlmöglichkeiten anbieten, dann müssen Sie mit der Entscheidung Ihres Kindes leben. Seien Sie deshalb vorsichtig mit dem, was Sie anbieten.
3. Entscheidungen haben Konsequenzen. Bieten Sie nur Optionen mit Konsequenzen an, die Sie akzeptieren können. Jede Wahlmöglichkeit hat Auswirkungen auf andere Menschen und andere Bereiche des Lebens. Seien Sie sich dieser Auswirkungen bewusst, bevor Sie Ihrem Kind die Entscheidung überlassen. Kurzfristig

scheint es vielleicht eine gute Idee, Ihrem Teenager anzubieten, bei den Großeltern zu leben, aber ist das wirklich eine realistische Option? Was passiert mit der Schule? Wie lange kann er da bleiben? Was passiert, wenn Sie mit dem Erziehungsstil der Großeltern nicht einverstanden sind? Wer ist verantwortlich, falls Ihrem Kind etwas passiert oder es eine Straftat begeht?

4. Wenn Ihr Kind eine Option wählt, die Sie nicht angeboten haben, sagen Sie: »Das ist keine Option.« Und wiederholen Sie die Wahlmöglichkeiten. Kinder und Jugendliche wissen, dass sie ihre Eltern nur lange genug nerven müssen, bis die Eltern ihnen das geben, was sie wollen. Der beste Weg, Eltern zu nerven, ist, etwas zu wollen, das nicht zur Debatte stand. Die meisten Eltern lassen sich dann auf lange Diskussionen und Erklärungen ein, warum der Wunsch des Kindes nicht akzeptabel ist. Je länger ein Kind diese Unterhaltung ausdehnen kann, desto wahrscheinlicher wird es gewinnen. Kinder sind immer geduldiger als Eltern, wenn es darum geht, eine sinnlose Diskussion so lange durchzuhalten, bis einer aufgibt (und damit verliert). Lassen Sie sich gar nicht erst auf dieses Spiel ein. Wenn Ihr Kind nicht wählt – und etwas zu wählen, das nicht zur Wahl steht, ist das Gleiche wie nicht zu wählen –, dann entscheiden *Sie* (Prinzip 1). Das erspart Ihnen viele unnötige Diskussionen, die sich normalerweise sowieso nur im Kreis drehen.
5. Vorsicht! Wahlmöglichkeiten können schnell zu Drohungen werden. Der Unterschied besteht in der Formulierung und im Tonfall. Vermeiden Sie Drohungen um jeden Preis. Mit Drohungen laden Sie zu einem Kampf ein. Jeder Kampf, egal wer gewinnt, beeinträchtigt die Beziehung zwischen Ihnen und Ihrem Kind. Manchmal müssen Eltern sich auf Machtkämpfe einlassen, um Ihre Kinder vor größerem Schaden zu bewahren. Das sollten die einzigen Kämpfe sein, die Sie führen. Oft werden Wahlmöglichkeiten zu Drohungen, wenn Eltern die Konsequenzen der Entscheidungen mit einbeziehen, oft mit dem Ziel, dem Kind eine der Wahlmöglichkeiten weniger schmackhaft zu machen. »Du kannst mit uns einkaufen gehen oder du kannst mit deinen Freunden abhängen, aber dann bekommst du kein Geld.« Egal ob die Konsequenz realistisch ist oder nicht, oder vielleicht sogar im Voraus vereinbart war, sie macht die Wahlmöglichkeit zu einer Drohung.

Machtkämpfe

Machtkämpfe scheinen eine große Rolle im Miteinander von Jugendlichen und ihren Eltern zu spielen. Sie entstehen oft, wenn Eltern ein schnelles, nicht wirklich wohlüberlegtes »Nein« aussprechen. Es gibt drei Regeln, wie und wann Eltern von Jugendlichen Nein sagen sollten:

1. So wenig wie möglich.
2. So oft wie wirklich nötig.
3. Wenn schon, dann auch konsequent.

Wie Sie wissen, lernen Kinder und Jugendliche am besten, wenn sie ihre eigenen Entscheidungen treffen dürfen und dann aus den Konsequenzen lernen. Wenn Sie als Erwachsener Nein sagen, dann treffen Sie die Entscheidung. Es gibt Situationen, in denen Sie um der Sicherheit Ihres Kindes willen Nein sagen müssen. Sparen Sie sich Ihr »Nein« für diese Situationen auf. Und bedenken Sie bitte, dass nicht Nein zu sagen nicht bedeutet, dass Sie zu allem Ja sagen. Es bedeutet, dass Sie Ihrem Kind erlauben zu wählen und ihm damit die Verantwortung für seine Entscheidung überlassen.

Wenn es darum geht, wie Eltern auf die Bitten ihrer Kinder reagieren, fallen Eltern meist in eine der folgenden Kategorien: diejenigen, die erstmal Ja sagen und dann dieses Ja oft einschränken oder zurücknehmen müssen, und diejenigen, die zunächst Nein sagen und damit einen Machtkampf herausfordern. In keiner der beiden Kategorien überlassen die Eltern dem Jugendlichen die Entscheidung. Das Denken in Wahlmöglichkeiten braucht etwas Übung.

Lassen Sie uns eine typische Situation durchspielen: Es ist 21 Uhr an einem Mittwochabend. Die Tochter kommt ins Wohnzimmer, wo die Eltern sich gerade die Nachrichten ansehen, und sagt: »Morgen beginnt die Schule später. Ich geh dann noch mal raus mit Evi, Tanja und Jasmin. Ich bin um 23 Uhr zurück.« Die Familie hat keine feste Regel für diese Situation. Was sind die Wahlmöglichkeiten, die die Eltern anbieten könnten, statt mit Ja oder Nein zu reagieren? Hier zwei Beispiele:

- »Normalerweise gehst du nur Freitag oder Samstag so spät raus. Wenn du heute wirklich gehen möchtest, welche Nacht bleibst du dann diese Woche zu Hause, Freitag oder Samstag?«
- »Unsere Erwartung ist eigentlich, dass du unter der Woche nicht mehr so spät rausgehst. Du weißt, dass wir nicht gut schlafen, wenn du nicht im Haus bist. Wie wirst du uns die Zeit entschädigen, die wir heute aufbleiben müssen?«

Egal, was die Tochter darauf antwortet, die Eltern wiederholen einfach die Optionen. In der ersten Situation bleibt die Tochter am Freitag oder Samstag zu Hause. Falls sie sich nicht für einen der Tage entschieden hat, wählen eben die Eltern. In der zweiten Situation findet die Tochter einen Weg, den Eltern ihre Zeit zu bezahlen (Hausflur putzen, Wäsche waschen, Rasen mähen) oder die Eltern finden etwas für sie. Damit die Eltern das auch durchsetzen können (man kann einen Teenager nicht dazu zwingen, den Hausflur zu putzen oder den Rasen zu mähen), können sie etwas, das dem Teenager gehört, verkaufen (»Um uns für die Zeit zu bezahlen, die wir aufbleiben mussten, haben wir deine Lautsprecher verkauft.«). Sie müssen dabei entscheiden, wie viel Ihnen eine Stunde Ihrer Zeit wert ist. Die meisten Eltern rechnen mit etwa 10 bis 15 Euro, aber das bleibt ganz Ihnen überlassen. Das Problem ist natürlich, dass man immer sehr viel weniger Geld bekommt, wenn man etwas verkauft, als es kostet, den Gegenstand zu ersetzen. Aber so funktioniert die Welt nun einmal. Wenn Sie als Erwachsener eine Strafe oder Ihre Schulden nicht bezahlen, kommt jemand und nimmt Ihre Wertgegenstände mit. Sie müssen (vor allem anfangs) den Gegenstand tatsächlich verkaufen (und nicht nur in den Keller stellen). Freunden Sie sich mit einem örtlichen Pfandleiher an und lassen Sie Ihren Teenager wissen, wo seine Sachen landen. Dort kann Ihr Kind, wenn es das will, diese dann (oft für doppelt so viel Geld, wie Sie dafür bekommen haben) wieder zurückkaufen. Das klingt zugegeben sehr drakonisch, ist aber sehr wirksam und zeigt Ihrem Kind, dass Sie es wirklich ernst meinen, wenn Sie Konsequenzen ankündigen. Im besten Fall müssen Sie zu diesem Mittel entweder gar nicht oder nur einmal greifen.

Als Erwachsener muss man nur bedingt Rechenschaft ablegen, wenn man etwas tun will. Aber man muss ständig Entscheidungen treffen und Konsequenzen abwägen. Um Ihr Kind auf das Erwachsensein vorzubereiten, hilft es daher wenig, ihm Gehorsam beizubringen. Es braucht vielmehr die Fähigkeit, über Entscheidungen nachzudenken und dann die Option zu wählen, die ihm langfristig am besten dient.

Es gibt natürlich immer wieder Ausnahmen, in denen Sie Ihrem Kind nicht die Wahl lassen können, weil es damit entweder sich oder jemand anderen in Gefahr bringt. In diesen Fällen sollten Sie als Eltern natürlich ganz klar Nein sagen. Aber wenn Sie dann Nein sagen, dann meinen Sie es bitte auch. Da gibt es dann kein Verhandeln, keine Kompromisse und kein Kleinbeigeben. Wenn Sie sich auf einen Machtkampf einlassen, dann seien Sie sich absolut sicher, dass Sie ihn gewinnen können. Da Sie Ihren Teenager nicht wirklich zu etwas zwingen können, bedeutet das oft, dass Sie einen Plan B für den Fall haben müssen, dass sich Ihr Kind weigert, das Nein zu akzeptieren. Was können Sie da tun? Manchmal müssen Eltern in diesem Fall an eine höhere Instanz appellieren, wie die Polizei, Jugendämter, Gerichtshelfer, Richter, Rechtsanwälte, Schuldirektoren oder Arbeitgeber. Vor allem dann, wenn es um Drogen, Alkohol oder Gewalt geht, sollten Eltern um Hilfe von außen bitten, wenn sich das Verhalten ihres Teenagers nicht ändert, obwohl er die Konsequenzen seiner Entscheidungen erlebt hat.

Wenn Ihr Kind Ihr Nein nicht respektiert und sich oder andere dadurch in Gefahr bringt, dann muss sein Verhalten eine Konsequenz haben, die entweder die Grenzen erzwingt (ein Jugendlicher kann nicht weglaufen und in Geschäfte einbrechen, wenn er im Jugendgefängnis sitzt) oder die sicherstellt, dass Sie als Eltern nicht länger für das Verhalten Ihres Kindes zur Verantwortung gezogen werden können (wenn Ihr Kind im Heim ist, ist das Heim für sein Verhalten verantwortlich). Natürlich sind diese Lösungen ein letzter Ausweg, nicht ein erster Ansatz. Erst, nachdem Sie alles andere probiert haben, um Ihrem Teenager zu helfen, gute Entscheidungen zu treffen, aus Konsequenzen zu lernen und Grenzen zu respektieren, sollten Sie zu einer so drastischen Lösung greifen. Aber leider ist eine solche Maßnahme manchmal nötig, um zu gewährleisten, dass Ihr Kind sicher ist und keinen anderen Menschen gefährdet.

Mein Problem, dein Problem – wessen Problem ist es eigentlich?

Vor dem Gesetz sind Sie für das Verhalten Ihres Kindes verantwortlich. Wenn Sie das Verhalten Ihres Kindes aber nicht mehr beeinflussen können, ist es wichtig, einen Weg zu finden, der Sie von der Verantwortung befreit, die Konsequenzen des Handelns Ihres Teenagers auszubaden. Wenn Ihr schulpflichtiges Kind sich weigert, in die Schule zu gehen, und Sie dafür ein Bußgeld bezahlen sollen, dann arbeiten Sie zusammen mit dem Gericht daran, dass dieses Bußgeld in Sozialstunden umgewandelt wird, die Ihr Kind ableisten muss. Wenn Ihr Teenager sich dann weigert, diese abzuarbeiten, dann wird er die entsprechende Zeit im Jugendarrest absitzen müssen. Wenn Ihr Kind beim Schwarzfahren erwischt wird, dann bezahlen Sie diese Geldstrafe nicht, sondern erarbeiten mit dem zuständigen Richter eine Möglichkeit, Ihr Kind diese Strafe in irgendeiner Weise abarbeiten zu lassen.

All diese Strategien befassen sich mit der Frage: Wessen Problem ist es eigentlich? Oder: Wer hat hier ein Problem? Wenn ihr schulpflichtiges Kind die Schule verweigert, dann werden die Eltern dafür verantwortlich gemacht – und damit haben die Eltern ein Problem. Wenn die Eltern mit dem Richter vereinbart haben, dass der Jugendliche Sozialstunden ableisten muss, um das Schuleschwänzen wiedergutzumachen, oder die entsprechenden Stunden in der Jugendhaft verbringt, falls die Sozialstunden nicht an einem festgelegten Termin erledigt sind, dann hat der Jugendliche ein Problem. Denn wer hat das eigentliche Problem, wenn ein Jugendlicher nicht mehr schulpflichtig ist, aber ohne Abschluss die Schule verlassen hat? Wenn dieser Jugendliche den ganzen Tag zu Hause verbringt, den Kühlschrank leer isst, vor dem Computer sitzt und das Telefon mit Beschlag belegt, dann haben die Eltern ein Problem. Wenn dieser Jugendliche aber einen 400-Euro-Job hat und davon etwas zum Haushalt beiträgt – auch wenn das vielleicht nicht alle Kosten deckt –, dann hat keiner ein Problem. Aber Eltern machen sich den fehlenden Schulabschluss ihres Kindes oft selbst zum Problem. Der Jugendliche selbst interessiert sich wenig für den Abschluss, aber die Eltern wünschen sich diesen Abschluss für ihr Kind so sehr, dass sie bereit sind, sich ein Problem zu eigen zu machen, das gar nicht ihr Problem ist. Viele Eltern scheitern daran, ihr Kind dazu zu bringen, diesen Abschluss zu machen. Wenn sie in der Lage sind, ihr Kind effektiv genug zu bestechen oder zu zwingen, den Abschluss doch noch zu machen, dann ist danach von der Beziehung meist nicht mehr viel übrig. Eltern, die ihren Kindern die Wahl lassen zwischen Schule oder Arbeit, und deren Kinder zunächst den Beruf wählen, entdecken oft, dass ihre Kinder mit 20 Jahren auf einmal ganz von selbst den Schulabschluss nachholen wollen. Der fehlende Schulabschluss ist nur das Problem der Eltern, wenn sie sich dieses Problem aneignen, ansonsten wäre es das Problem des Jugendlichen. So ist es mit vielen Themen. Manchmal ist die Situation natürlich etwas weniger eindeutig, da andere Faktoren eine Rolle spielen, die weder die Eltern noch die Jugendlichen beeinflussen können. Wenn der Jugendliche eine Lernstörung hat, die von der Schule nicht ernst genommen wird, dann sollten Eltern versuchen, dem Jugendlichen zu helfen, mit den Lehrern und dem Schulamt zu verhandeln. Aber wenn der Jugendliche keine Hilfe annimmt, dann können Eltern sich entweder das Problem zu eigen machen oder dem Jugendlichen mitteilen, dass er auf sich selbst gestellt ist, solange er keine Hilfe akzeptiert. Bieten Sie Ihrem Kind Hilfe und Unterstützung an, aber drängen Sie sich nicht auf. Es klappt sowieso nicht und schadet nur Ihrer Beziehung.

Solange Eltern einen Weg finden, die Jugendlichen selbst die Konsequenzen ihrer Entscheidungen erleben zu lassen, haben sie oft viel weniger Probleme. Eltern müssen manchmal nur etwas kreativ werden, damit es wirklich die Jugendlichen sind, die den Preis zahlen und nicht sie selbst. Bevor Sie beginnen, ein Problem zu lösen, fragen Sie sich, ob es wirklich Ihr Problem ist.

Wie reagieren Sie als Eltern, wenn Ihr Kind Schwierigkeiten hat? Viele Eltern wollen das Problem für den Jugendlichen lösen – oder ihn zumindest mit guten Ratschlägen überhäufen, damit der Jugendliche es dann so lösen kann, wie die Eltern es wollen. Welche Botschaft senden Eltern, die so auf das Problem ihres Kindes reagieren? Sie teilen ihrem Kind ganz deutlich mit, dass sie glauben, dass ihr Kind unfähig ist, seine Schwierigkeiten alleine zu lösen und auf die Hilfe der Eltern angewiesen ist. Aber wie fühlt sich ein Teenager, der regelmäßig eine solche Botschaft hört? Wahrscheinlich nicht selbstbewusst, zuversichtlich, ermutigt und hoffnungsvoll. Eltern, die ihren Kindern erlauben, ihre Probleme selbst zu lösen, auch wenn sie dabei manchmal Fehler machen, ermutigen sie, kreativ zu denken und an sich selbst zu glauben. Manchen Eltern ist es wichtig, dass ihre Kinder ein Problem auf eine ganz bestimmte Art und Weise lösen. Oft gibt es aber mehrere gute Lösungen und vielleicht hätte das Kind eine Möglichkeit gefunden, die sehr viel kreativer gewesen wäre als jene der Eltern. Erlauben Sie Ihrem Kind, kreativ zu denken und diese Fähigkeit zu stärken.

Was passiert, wenn die Eltern nicht mehr da sind, um die Probleme ihrer Kinder zu lösen? Die Kinder haben die nötigen Fähigkeiten nicht entwickelt und müssen deshalb immer die Hilfe einer anderen Person in Anspruch nehmen, um Probleme zu lösen. Für Jugendliche sind diese anderen Personen normalerweise die Freunde. Freunde sind aber nicht unbedingt die weisesten Ratgeber, wenn es um wichtige Entscheidungen geht. Wenn ein Kind keine innere Stimme entwickelt hat, die ihm beim Durchdenken von Problemen hilft und auf die Notbremse tritt, wenn das Kind dabei ist, eine schlechte Entscheidung zu treffen, dann ist es immer auf Stimmen von außen angewiesen. Weise Eltern stellen Fragen und überlassen ihrem Teenager das Nachdenken und Antworten. Fragen Sie nach Konsequenzen: »Was denkst du, wird passieren, wenn du das tust?« Weisen Sie Ihr Kind darauf hin, dass es wichtige Aspekte des Problems vergessen hat: »Hast du darüber nachgedacht, dass …?« oder: »Es könnte passieren, dass … Was würdest du dann tun?« Fragen Sie danach, wie Jugendliche reagieren, wenn ihre Entscheidungen Konsequenzen haben: »Wie wirst du mit den Konsequenzen umgehen, falls nicht alles so klappt, wie du es dir vorgestellt hast?« Ermutigen Sie Ihren Teenager, Alternativen zu formulieren: »Was ist dein Plan B?« oder: »Manchmal hilft es, Alternativen in Betracht zu ziehen. Was wäre eine andere Lösung?« Weise Eltern bieten ihren Rat erst an, nachdem ihr Kind nachgedacht hat und sie tatsächlich um Hilfe bittet. Und selbst dann formulieren sie ihre Ratschläge als Vorschläge und nicht als Antworten. »Wenn ich an deiner Stelle wäre ...«, »Ich könnte mir vorstellen, dass ...«, »Vielleicht ...« oder: »Unter Umständen ...« Letztendlich sollten Eltern aber die Entscheidung ihres Kindes akzeptieren, solange diese niemanden in Gefahr bringt, auch wenn sie sich ziemlich sicher sind, dass die Lösung nicht optimal ist. Erinnern Sie sich: Menschen lernen am nachhaltigsten aus den eigenen Fehlern, nicht von den Erfolgen. Also auch wenn Sie Ihrem Kind helfen, das Problem erfolgreich zu lösen, bedeutet das nicht, dass Ihr Kind wirklich etwas gelernt hat. Es kann sein, dass es beim nächsten Mal in einer ähnlichen Situation trotzdem den gleichen Fehler machen muss, um die Lektion wirklich zu lernen. Erlauben Sie Ihrem Kind diese Fehler.

Fehler und Herausforderungen

Wie sollten Eltern reagieren, wenn ihr Kind einen Fehler macht oder eine ihrer Ansicht nach dumme Entscheidung trifft? Die Antwort klingt zunächst einfach: Mit Gelassenheit und ohne viele Gefühle zu zeigen. Das Schlimmste, was Eltern tun können, ist, wütend zu werden und dieser Wut entsprechenden Ausdruck zu verleihen. Wenn Eltern wütend werden, geben sie ihren Kindern eine wunderbare Entschuldigung, sich nicht mit dem eigentlichen Fehler und den entsprechenden Konsequenzen zu beschäftigen, sondern mit der Wut der Eltern.

Manchmal treffen Jugendliche Entscheidungen, von denen sie wissen, dass sie eigentlich dumm sind, mit dem einzigen Ziel, ihre Eltern auf die Palme zu treiben. Wenn die Eltern dann wütend reagieren, geben sie den Jugendlichen genau das, was diese wollten. In gewissem Sinne »gewinnen« die Jugendlichen damit. Sie beweisen, dass ihr Verhalten Macht über die Gefühle der Eltern hat und sie somit Macht über ihre Eltern haben. Eltern können diesen Machtspielchen vorbeugen, indem sie mit Gelassenheit auf die Fehler ihrer Kinder reagieren. Letztendlich gibt es auch wenig Grund, wütend zu werden. Ihr Kind macht einen Fehler und bezahlt dafür einen Preis, denn Sie wissen mittlerweile, dass – egal was der Preis ist –, Sie ihn nicht bezahlen werden. Warum sollten Sie also deshalb wütend werden? Eigentlich wäre doch eher Mitleid angebracht. Wenn ein Kollege Ihnen erzählt, dass er einen dummen Fehler gemacht hat, der schwerwiegende Konsequenzen hatte, würden Sie dann nicht sagen: »Mensch, das tut mir leid. Ich hoffe, du biegst das irgendwie wieder hin«? Genauso sollten Sie auch reagieren, wenn Ihr Kind eine unglückliche Entscheidung trifft.

Warum fällt es Eltern so schwer, gelassen zu bleiben, wenn ihr Kind einen Fehler macht? Wenn Eltern wissen, dass ihr Kind sie mit seiner Entscheidung zu einem Machtspielchen herausfordern wollte, dann ist es vielleicht im ersten Moment verständlich, dass sie wütend werden. Sie reagieren auf die Herausforderung und nicht wirklich auf den Fehler des Kindes. Jugendliche stellen ihre Eltern ständig auf die Probe. Sie wollen immer wieder die Kräfte messen, um zu sehen, ob die Eltern tatsächlich mehr Macht haben. Sie wollen sicherstellen, dass die Eltern die etablierten Grenzen wirklich aufrechterhalten werden. Damit prüfen sie gewissermaßen, ob die Eltern sie letztendlich beschützen könnten. Eltern beweisen, dass sie mehr Macht haben, indem sie die wenigen Machtkämpfe, auf die sie sich einlassen, auf jeden Fall gewinnen, und indem sie sich nicht auf unnötige Machtspielchen einlassen, sondern diese einfach ignorieren. Je öfter ein Kind seine Eltern in ein Machtspielchen verwickeln kann, desto größer sind seine Chancen, ab und zu zu gewinnen. Je öfter ein Kind gewinnt, desto weniger sicher fühlt es sich und desto weniger respektiert es seine Eltern. Eine Herausforderung bedeutet nicht zwangsläufig, dass Sie sich darauf einlassen müssen. Ganz im Gegenteil, nur jemand, der das Gefühl hat, etwas beweisen zu müssen, nimmt jede Herausforderung an. Wenn Eltern diese Herausforderungen ignorieren, beweisen sie damit, dass sie sich ihrer Rolle und der damit verbundenen Macht sehr sicher sind und sich durch eine Herausforderung nicht wirklich angegriffen fühlen. Jugendliche respektieren ihre Eltern dafür, dass sie sich nicht auf diese Herausforderungen einlassen, sondern diesen ruhig und gelassen begegnen.

Eltern, die Angst vor ihren Jugendlichen haben und sich ihrer Position in der Familie nicht sicher sind, reagieren oft sofort auf jede kleine Herausforderung, die ihr Kind ihnen anbietet.

Wenn ich mich zum ersten Mal mit einer Familie treffe, frage ich oft jedes Familienmitglied, was er oder sie als das Problem ansieht. Ich erwarte dabei, dass sich die Familienmitglieder nicht unbedingt einig sind und ich widersprüchliche Geschichten zu hören bekomme – und teile das den Familien so mit. Oft biete ich den Jugendlichen an anzufangen.

Normalerweise lehnen sie ab und wollen erst hören, was ihre Eltern zu sagen haben. Wenn dann die Mutter erzählt (Mütter fangen normalerweise an zu erzählen, während Väter erst einmal abwarten), was zu Hause nicht so richtig läuft, wird sie oft ganz schnell von dem Jugendlichen unterbrochen. Entweder berichtigt der Jugendliche etwas, das sie gesagt hat: »So war das doch gar nicht.« Oder etwa: »Erzähl doch keinen Blödsinn.« Oder er stellt ihre Kenntnis des Problems infrage: »Das habe ich noch nie gemacht.« und »Du kennst mich doch gar nicht.« Fast ausnahmslos wendet sich die Mutter – wenn nicht nach der ersten, dann nach der zweiten Unterbrechung – von mir ab (obwohl ich ihr aufmerksam zugehört und den Worten des Jugendlichen keine Aufmerksamkeit geschenkt habe) und fängt an, mit ihrem Teenager zu diskutieren, warum das, was sie sagt, richtig und wahr ist. Sie hat sich auf die Herausforderung eingelassen, das Machtspielchen hat begonnen – und wenn ich nicht unterbreche, gewinnt der Jugendliche meistens – oft, weil er geduldiger ist und es ihm weniger ausmacht, sich in einer sinnlosen Diskussion immer wieder im Kreis zu drehen, bis die Eltern wütend werden. Manchmal muss ich die Aufmerksamkeit der Eltern mehrere Male wieder auf mich zurücklenken, bevor sie in der Lage sind, die Kommentare ihres Teenagers zu ignorieren.

Das Erste, was diese Eltern lernen, ist es, sich nicht ständig angegriffen zu fühlen, nur weil ihr Teenager sie zu einem Machtkampf herausgefordert hat. Wenn sie sich weniger angegriffen fühlen, dann reagieren sie weniger defensiv und sehen weniger Grund, sich beweisen zu müssen. Mit der Zeit werden die Eltern nicht nur ruhiger und gelassener, sondern sie gewinnen auch ein gewisses Maß an Respekt zurück – für sich selbst und von ihren Teenagern.

Aber Eltern werden oft auch wütend, selbst wenn sie wissen, dass der Fehler des Kindes nicht als Herausforderung gemeint war, sondern wirklich einfach auf einer falschen Entscheidung basiert. Sie reagieren oft aus Angst, dass sie die Konsequenzen dieser Entscheidung ausbaden müssen, oder weil sie unrealistische Erwartungen haben. Manchmal sehen Eltern die Fehler ihrer Kinder auch als persönliches Versagen an. Sie glauben, dass die Fehler der Kinder beweisen, dass sie schlechte Eltern sind oder in der Erziehung etwas falsch gemacht haben. In manchen Fällen stimmt es natürlich, daß die dummen oder sogar gefährlichen Entscheidungen eines Jugendlichen nur ein Symptom eines größeren und umfassenderen Familienproblems sind. Der Jugendliche drückt in diesen Fällen durch sein Verhalten aus, dass mit der Familie etwas nicht stimmt und dass die Familie Hilfe braucht. Aber oft machen Jugendliche auch einfach nur Fehler, weil sie etwas Neues ausprobieren wollen oder die beste Lösung wirklich nicht kennen. Fehler sind in diesem Fall ein wichtiger Teil des Lernprozesses, nicht ein Beweis ihrer Inkompetenz.

Die Unterscheidung, ob die Fehlentscheidung des Kindes ein Symptom eines tiefer liegenden Problems oder Teil eines Lernprozesses ist, ist nicht immer einfach. Oft wollen Eltern nicht sehen, dass das Verhalten ihres Kindes der Ausdruck eines Familienproblems ist, denn dann müssen sie Verantwortung für ihre eigenen Fehler übernehmen und bereit sein, sich zu ändern. Manchmal ist es da einfacher, sich auf die Fehler der Kinder zu konzentrieren. Eltern wissen oft tief in ihrem Herzen, dass sie ihr Leben ändern müssen und dass ihr Verhalten, ihr Umgang mit Gefühlen und ihre Beziehungen nicht wirklich gesund und hilfreich sind. Und auch die Eltern, die mit sich selbst im Großen und Ganzen im Reinen sind, können wahrscheinlich ein paar Erziehungsstrategien verändern, um ihr Kind effektiver auf dem Weg ins Erwachsensein zu unterstützen. Manchmal hilft es, Außenstehende um Rat zu bitten. Sprechen Sie mit Menschen, die Ihre Familie kennen und denen Sie zutrauen, dass sie Ihnen gegenüber ehrlich sind, auch wenn sie Ihnen eine harte Wahrheit mitteilen müssen. Statt Ihr Kind zu einem Therapeuten zu schicken, sollten Sie eine Familientherapie beginnen und bereit sein, sich zu verändern.

Erinnern Sie sich: Konkrete Erziehungsstrategien sind das Dachgeschoss der Erziehung. Wie es bei Ihnen im Rest des Hauses aussieht, bestimmt, wie oft Sie sich im Dachgeschoss aufhalten müssen. Je mehr Sie sich mit den Inhalten der anderen Stockwerke beschäftigen, desto weniger Zeit werden Sie damit verbringen, die Fehler Ihrer Kinder zu analysieren.

Die Kraft des wahren Mitgefühls

Letztendlich ist es egal, aus welchem Grund Ihr Kind einen Fehler gemacht hat. Wichtig ist, dass sie auf diesen Fehler mit Gelassenheit reagieren und nicht wütend werden. Zeigen Sie stattdessen Mitgefühl. Es fällt Eltern oft schwer, echtes Mitgefühl zu zeigen. Die einen können es nicht ausstehen, dass es ihrem Kind schlecht geht, und wollen deshalb die Situation verbessern. Damit nehmen Sie dem Kind natürlich die Chance, aus der Konsequenz zu lernen. Menschen sind Gewohnheitstiere. Sie verändern sich oft nur dann, wenn ein Verhalten so schmerzhaft geworden ist, dass das Risiko, das mit der Veränderung verbunden ist, kleiner erscheint als der Schmerz, den die Konsequenzen des Verhaltens mit sich bringen. Damit gilt leider, dass man schmerzhafte Erfahrungen machen muss, um sich zu verändern.

Wenn Eltern den Schmerz eliminieren, statt Mitgefühl zu zeigen, weil sie nicht zusehen können, wenn es ihrem Kind schlecht geht, dann nehmen sie ihrem Kind die Gelegenheit, zu lernen und sich zu entwickeln.

Andere Eltern wiederum haben Schwierigkeiten, Mitgefühl zu zeigen, weil sie sicherstellen wollen, dass ihr Kind die Lektion tatsächlich gelernt hat. Diese Eltern sagen oft: »Das habe ich dir doch gleich gesagt« oder: »Wenn du auf mich gehört hättest, dann müsstest du diese Konsequenzen jetzt nicht ausbaden.« Manchmal erklären diese Eltern in Einzelheiten, warum die Konsequenz gut für das Kind ist, und sagen: »Ich hoffe, du wirst jetzt endlich deine Lektion lernen.« All diese Kommentare zerstreuen den positiven Effekt, den die Konsequenz hätte haben können. Statt darüber nachzudenken, wie er das eigentliche Problem löst und mit der Konsequenz umgeht, wird der Jugendliche jetzt auf die Eltern sauer und konzentriert sich darauf, wie er ihnen diese Kommentare heimzahlen kann.

Bevor Sie eine Moralpredigt halten, bissige Kommentare abgeben oder Ihrem Kind den Schmerz der Konsequenzen ersparen, sagen Sie etwas, das echtes Mitgefühl ausdrückt. Aber seien Sie vorsichtig: Jugendliche wissen genau, wann ihre Eltern etwas sagen, das sie nicht wirklich meinen. Wenn Ihr Mitgefühl nicht von Herzen kommt, wird es als sarkastisch empfunden und als neue Herausforderung gedeutet. Ihr Kind wird dann mit Wut reagieren. Falls es Ihnen schwerfällt, echtes Mitgefühl zu haben, stellen Sie sich vor, dass ein guter Freund oder eine gute Freundin diesen Fehler begangen und diese Konsequenz erlebt hätte. Das Gefühl, das Sie dann empfinden, ist wahrscheinlich echtes Mitgefühl. Versuchen Sie, dasselbe Gefühl Ihrem Teenager gegenüber auszudrücken. Wichtig ist, dass Sie nicht sofort Ihre Hilfe anbieten. Ihr Kind weiß, dass Sie bereit sind, ihm zu helfen, wenn es diese Hilfe wirklich braucht. In Ihrer ersten Reaktion drücken Sie Ihre Zuversicht aus, dass Ihr Kind die Situation regeln kann.

Sätze, die Mitgefühl signalisieren und Mut machen:

- Mensch, das ist aber dumm gelaufen. Tut mir echt leid.
- Echt? So ein Mist. Aber ich glaube an dich. Du wirst das schon irgendwie hinkriegen.
- Autsch. Das tut weh. Wie wirst du damit umgehen?
- Interessant. So hätte ich das niemals interpretiert. Lass mich wissen, welche Lösungsansätze dir einfallen.

- Das tut mir furchtbar leid für dich. Du bist wahrscheinlich ziemlich enttäuscht. Hoffentlich wird es nächstes Mal anders sein.
- Das ist echt schiefgelaufen. Wir machen alle mal Fehler. Es wird nicht leicht sein für dich, aber ich habe Zuversicht, dass du es schaffen wirst.

Wenn Ihr Kind es gewohnt ist, dass Sie entweder das Problem für Ihr Kind lösen oder eine Moralpredigt halten und ihm damit einen guten Grund geben, wütend zu werden, statt sich auf die Konsequenz zu konzentrieren, dann wird Ihr Kind wahrscheinlich versuchen, Sie in die alten Verhaltensmuster zurückzulocken. Widerstehen Sie der Versuchung.

Typische Sätze, die Eltern oft aus der Bahn werfen, und mögliche Reaktionen

Wenn Ihr Teenager sagt:	**Dann sagen Sie:**
»Du hast mich nicht mehr lieb!«	»Guter Versuch.« »Tut mir leid, dass du das Gefühl hast, aber ich hab dich sehr lieb.«
»Was ist denn mit dir passiert?«	»Auch Erwachsene lernen und verändern sich. Ich hoffe, dass du dich daran gewöhnst.«
»Das ist aber unfair!«	»Das kann gut sein.«; »Was wäre fair?« ... Und nach der Antwort: »Interessant.«
»Ich bin dir egal!«	»Tut mir leid, dass du das so siehst.« Oder: »Ich kann verstehen, warum du so ein Gefühl hast. Aber du bist mir ganz und gar nicht egal.«
»Mama/Papa würde das« nie tun!	»Wahrscheinlich nicht.«; »Das kann schon stimmen.« Oder: »Manchmal sehen wir die Dinge unterschiedlich.«

Mit diesen und ähnlichen Kommentaren nehmen Sie Ihrem Teenager den Wind aus den Segeln. Sie lassen sich nicht auf eine sinnlose Diskussion ein, die Sie sowieso nicht gewinnen können. Wichtig ist natürlich, dass Sie auch bei wiederholten Versuchen, Sie zu provozieren, Ihre Antwort nicht ändern. Manchmal hilft es Eltern, sich vorzustellen, dass sie eine kaputte Schallplatte abspielen, und deshalb Wort für Wort wiederholen, was sie gesagt haben. Normalerweise wird das einem Teenager nach spätestens zehn Minuten zu langweilig. Wenn Sie einen sehr geduldigen Teenager haben oder Sie Ihrem Kind beigebracht haben, dass Sie auf jeden Fall wütend werden, wenn es Sie nur lange genug provoziert, dann kann diese »Un-Diskussion« anfangs vielleicht auch 30 Minuten dauern. Geben Sie nicht auf und lassen Sie sich auf *keinen Fall* provozieren. Damit bringen Sie Ihrem Kind dann nur bei, dass es das gewünschte Resultat erreichen kann, wenn es nur lange genug daran arbeitet. So ausdauernde Kinder schrecken dann auch nicht davor zurück, eine Stunde lang zu versuchen, Sie zu provozieren. Je konsequenter Sie sind, indem Sie sich nicht auf eine Diskussion einlassen und trotzdem relativ freundlich bleiben, desto schneller wird Ihr Kind aufgeben. Wenn Sie das Gefühl haben, dass Sie an Ihre Grenzen kommen und drauf und dran sind zu explodieren, weil Sie einen sehr geduldigen Teenager haben, dann nehmen Sie sich eine Auszeit. Schließen Sie sich im Badezimmer ein (und nehmen Sie beispielsweise ein gutes Buch mit). Duschen Sie (die wenigsten Jugendlichen sind daran interessiert, Ihre Eltern ohne Kleidung zu sehen) oder gehen Sie mit dem Hund spazieren. Setzen Sie sich ins Auto und fahren Sie ein paarmal um den Block, verlassen Sie das Haus, um etwas zu erledigen, das Sie eigentlich erst morgen tun wollten, oder rufen Sie einen Freund/eine Freundin an. Wenn Ihr Kind dann endlich aufgibt, belohnen Sie sich dafür, dass Sie nicht wütend geworden sind.

Die Macht des Schweigens und andere Herausforderungen

Sybille ist die alleinerziehende Mutter ihrer 16-jährigen Tochter Krista. Sybille berichtet, dass Krista sie nie anschreit oder ausfallend wird. Aber trotzdem kann Sybille keine Regeln durchsetzen und hat das Gefühl, dass sie mit einer Wand redet, wenn sie mit Krista ein Problem besprechen will, wie etwa, dass Krista ständig zu spät nach Hause kommt und wenig im Haushalt mithilft. Krista hat nämlich einen anderen Weg entdeckt, ihre Mutter in einen Machtkampf zu verwickeln: das Schweigen. Jedes Mal, wenn Krista auf die Fragen ihrer Mutter hin einfach schwieg, hatte Sybille das Gefühl, mehr und mehr reden zu müssen, um Krista dazu zu überreden, etwas zu sagen. Je länger Krista schwieg, desto hilfloser und wütender fühlte sich Sybille. Sie gab zu, dass sie manchmal sogar so wütend wurde, dass sie Krista anschrie und unsinnige Strafen androhte. Krista hatte damit natürlich genau das erreicht, was sie wollte, nämlich ihre Mutter aus der Fassung zu bringen. Dann lernte Sybille eine neue Art und Weise, auf Kristas Schweigen zu reagieren. Statt wie üblich viel zu reden, sagte sie, nachdem Krista auf ihre Frage nach der unaufgeräumten Küche wie immer mit Schweigen antwortete: »Ich bin froh, dass du dir die Zeit nimmst, über diese Frage nachzudenken. Deine fehlende Mitarbeit im Haushalt ist ein wichtiges Thema. Lass uns später darüber reden.« Danach verlies Sybille den Raum. Eine aufgebrachte Krista, die auf einmal viel zu sagen hatte, folgte ihr: »Ich werde nicht darüber nachdenken, dass ich deine dumme Küche nicht geputzt habe. Hast du sie noch alle?« Sybille reagierte nicht weiter und wiederholte nur ihre Antwort: » Lass uns später weiterreden.« Danach schloss sich Sybille eine halbe Stunde mit einer guten Zeitschrift im Badezimmer ein, bis Krista sich beruhigt hatte.

Viele Jugendliche benutzen die Strategie des Schweigens. Denn letztendlich kann niemand sie dazu zwingen, etwas zu sagen. Wenn Ihr Teenager sich weigert, Ihnen eine Antwort zu geben oder mit Ihnen zu reden, dann sagen Sie so etwas wie: »Ich kann verstehen, dass das ein schwieriges Thema für dich ist. Es ist gut, dass du erst darüber nachdenken willst, bevor du antwortest. Lass uns später darüber reden.« Und dann gehen Sie weg und lassen sich auf keine weitere Diskussion ein, auch wenn Ihr Teenager auf einmal viel zu sagen hat. Wiederholen Sie einfach, dass Sie später darüber reden werden. Sprechen Sie dann das Thema zu einem späteren Zeitpunkt wieder an, und wenn Ihr Teenager immer noch schweigt, dann teilen Sie ihm mit, dass er anscheinend noch etwas mehr Zeit zum Nachdenken braucht. Da das Schweigen normalerweise dazu dient, Sie in einen Machtkampf zu verwickeln, und nicht dazu, das Thema zu vermeiden, wird Ihre Strategie, sich nicht auf den Machtkampf einzulassen, wahrscheinlich bald dazu führen, dass das Schweigen gebrochen wird.

Manchmal machen Jugendliche die verrücktesten Aussagen, nur um zu sehen, ob es ihnen gelingt, die Eltern in eine sinnlose Diskussion (oder sogar einen Machtkampf) zu verwickeln. Diese Aussagen betreffen oft Bereiche, die den Eltern besonders wichtig sind, wie zum Beispiel Drogen, Sex, Schule/Ausbildung, Glaubenssätze, Kleidungsstil, Musikgeschmack und politische Einstellungen: »Kiffen sollte erlaubt werden. Es ist doch nur eine Pflanze«; »Ich verstehe nicht, warum du dich so aufregst, alle meine Freunde denken, dass Schule sich nicht lohnt. Man kann viel mehr Geld machen, wenn man Drogen verkauft« oder: »Du kannst mir nicht sagen, dass du noch nie Sex hattest, um im Leben weiterzukommen.« Statt auf diese provozierenden Aussagen einzugehen, sagen Sie einfach: »Interessant. Ich wollte schon immer wissen, wie heutige Teenager das sehen.« Falls Ihr Teenager weiter fragt, benutzen Sie auch hier die kaputte Schallplatte.

Obwohl die meisten provokanten Aussagen dazu dienen, die Eltern auf die Palme zu bringen, provozieren Jugendliche ab und zu auch, um ihren Eltern einen kurzen Einblick in ihre Seele zu erlauben. Es ist nicht immer einfach, diese zu erkennen. Wenn Sie das Gefühl haben, dass sich mehr hinter der Provokation verbergen könnte, dann sprechen Sie das Thema später noch einmal an und haken ein bisschen nach, wenn Sie beide gute Laune haben und ruhig sind. Lassen Sie sich jedoch auf keinen Fall im Moment des Gefechts auf die Provokation ein.

Natürliche und logische Konsequenzen

Weder Ihre Wut noch eine Strafpredigt werden Ihr Kind dazu bringen, sein Verhalten oder seine Meinungen zu ändern. Verhalten hat Konsequenzen. Erlauben Sie diesen Konsequenzen, Ihrem Kind etwas beizubringen. Es hat sich immer wieder herausgestellt, dass Konsequenzen tatsächlich die besten Lehrer sind. Dabei gibt es zwei Arten von Konsequenzen: natürliche und logische. Zwar ist diese Unterscheidung leider nicht ganz korrekt, denn auch natürliche Konsequenzen sind logisch, zum besseren Verständnis möchte ich der Kategorisierung dennoch folgen:

Natürliche Konsequenzen folgen automatisch und betreffen die Person, die eine falsche Entscheidung getroffen hat. Wenn ein Kind vergisst, das Pausenbrot einzustecken, wird es hungrig in der Schule sitzen. Wenn ein Teenager im Kaufhaus eine CD stiehlt und dabei erwischt wird, gibt es eine Anzeige und einen Gerichtstermin. Wenn ein Erwachsener nicht regelmäßig zur Arbeit geht, verliert er irgendwann seinen Job. Wenn Teenager natürliche Konsequenzen erfahren, dann finden diese zwischen dem Teenager und dem Rest der Welt statt, die Eltern sind eigentlich nur Zuschauer. Wenn die Eltern nicht versuchen, das Problem für den Jugendlichen zu lösen, und damit die Konsequenzen auf sich nehmen, dann sollte das Leben der Eltern von diesen Konsequenzen nicht wirklich betroffen sein.

Im Gegensatz dazu sind logische Konsequenzen kreativ konstruierte Maßnahmen, die vor allem dann notwendig sind, wenn die falsche Entscheidung eines Kindes das Leben der Eltern negativ beeinflusst. Eltern denken sich logische Konsequenzen aus, damit sie das Problem ihres Kindes nicht zu ihrem machen müssen. Väter und Mütter, die gelernt haben, dass es ihrem Kind nicht hilft, wenn sie seine Probleme lösen, entwickeln oft ein beachtliches Repertoire an kreativen logischen Konsequenzen und delegieren damit die Verantwortung für das Problem zurück an das Kind.

Manchmal verwechseln Eltern logische Konsequenzen mit Bestrafung. Bestrafung sendet die Botschaft, dass die Eltern mehr Macht und damit das Recht haben, das Kind den Schmerz erleben zu lassen, den es anderen zugefügt hat. Deshalb wird Bestrafung oft als aggressiv empfunden. Sie zwingt dem Kind oder dem Jugendlichen etwas Schmerzhaftes auf, weil sie »böse« waren oder etwas »Böses« getan haben. Eine Strafe hat das Ziel, den Jugendlichen dazu zu bringen, für seinen Fehler »zu bezahlen.« Sind Strafen also hilfreich? Leider nicht wirklich. Im kleinen Rahmen führen sie oft dazu, dass der Jugendliche Rachepläne schmiedet und sich darauf konzentriert, es demjenigen zurückzuzahlen, der ihn bestraft hat. Strafen führen zu einem angespannten Verhältnis zwischen Eltern und Jugendlichen und haben selten den erwünschten Effekt, nämlich dass der Jugendliche sich beim nächsten Mal anders verhält. Der Jugendliche verbringt all seine Zeit damit, darüber nachzudenken, wie er sich rächen kann, und nicht damit, darüber nachzudenken, wie er sein Problem lösen kann.

Wenn man die Effektivität von Bestrafung im großen Rahmen betrachtet, dann sieht es nicht viel besser aus. Die folgenden Angaben gehen auf amerikanische, australische und deutsche Statistiken aus den Jahren 2007 und 2008 zurück.[1] Die Rückfallquote innerhalb eines Jahres von jugendlichen Straftätern in Amerika, die Zeit in einer Jugendstrafvollzugsanstalt verbracht haben, liegt bei 33 bis 40 Prozent. In Australien liegt sie sogar bei 50 Prozent innerhalb der ersten sechs Monate nach ihrer Entlassung. In Deutschland liegt die Rückfallquote nach dem Jugendarrest sogar bei 70 Prozent.

Strafe wird oft als Mittel zur Abschreckung eingesetzt, scheint diese Aufgabe aber nicht wirklich zu erfüllen. Weder die Androhung von Strafe noch die Bestrafung selbst scheinen Jugendliche davon abzuhalten, dumme Entscheidungen zu treffen.

---

1 Bureau of Justice Statistics (USA 2007), Australian Institute of Criminology (2008) und DBH-Fachverband für soziale Arbeit, Strafrecht und Kriminalpolitik (2008).

Wenn Eltern eine logische Konsequenz ziehen, dann bringen sie damit natürlich auch zum Ausdruck, dass sie von der Entscheidung ihres Kindes negativ beeinflusst wurden und deshalb selbst ein Problem haben. Das Ziel der Konsequenz ist es, die Verantwortung für die Lösung des Problems wieder dem Kind zu übertragen. Manchmal können Eltern ihren Kindern diesen Prozess erklären, indem sie ihr Kind auf einfühlsame Weise wissen lassen, dass sie nicht bereit sind, den Preis für die falschen oder leichtsinnigen Entscheidungen ihrer Kinder zu zahlen. Manchmal können Kinder sogar in die Entwicklung von Konsequenzen mit einbezogen werden. Oft denken sich Kinder sehr viel strengere Konsequenzen aus, als ihre Eltern es sich je hätten träumen lassen. Wenn aber Kinder nicht bereit sind, sich selbst realistische und logische Konsequenzen aufzuerlegen, dann müssen natürlich die Eltern diese Aufgabe übernehmen. Zu Unrecht trauen viele Eltern ihren Kindern nicht zu, Teil dieses Prozesses zu sein. Bieten Sie Ihrem Kind immer wieder an, sich selbst eine Konsequenz auszudenken.

Kreative logische Konsequenzen

Was kennzeichnet eine solide, kreative logische Konsequenz, die die Würde des Kindes nicht angreift?

Folgende Fragen können helfen, logische Konsequenzen zu entwickeln:

- Hat die Konsequenz irgendetwas (wenn auch nur entfernt) mit dem Verhalten des Kindes zu tun? Wenn das Verhalten in der Schule stattfand, sollte nach Möglichkeit auch die Konsequenz dort stattfinden. Wenn das Fehlverhalten beim Ausgehen am Wochenende passierte, sollte die Konsequenz, falls möglich, das Ausgehen betreffen.
- Wenn ein Erwachsener sich ähnlich verhalten würde, welche Konsequenzen hätte das? Die Konsequenzen für den Jugendlichen sollten so ähnlich wie möglich aussehen.
- Was würde passieren, wenn die Eltern gar nicht reagieren würden? Oft vergessen Eltern, dass das Verhalten der Jugendlichen schon natürliche Konsequenzen hatte. Manchmal sind diese Konsequenzen nach Meinung der Eltern nicht unmittelbar oder streng

genug und sie wollen deshalb noch weitere Konsequenzen ziehen. Diese Konsequenzen erscheinen dann oft wie eine Strafe und helfen dem Lernprozess wenig. Sie geben dem Jugendlichen nur einen weiteren Grund, die natürliche Konsequenz zu ignorieren.

- Kann der Jugendliche klar erkennen, dass er derjenige ist, der sich die Konsequenz eingebrockt hat? Gibt es eine offensichtliche Verbindung zwischen dem Verhalten des Jugendlichen und der Konsequenz? Wie einfach wird es für den Jugendlichen sein, die Eltern oder jemand anderen für die Konsequenz verantwortlich zu machen? Das bedeutet natürlich nicht, dass der Jugendliche nicht versuchen wird, die Verantwortung abzuschieben – natürlich werden die meisten Jugendlichen das erst einmal versuchen. Die wichtigere Frage ist: Wie wahrscheinlich ist es, dass ihm dies gelingt?
- Ist es möglich, den Verlust von Privilegien oder Freiheiten in einer positiven Weise auszudrücken? »Da du dieses Wochenende nicht mit deinen Freunden rausgehen kannst, möchtest du mit uns ins Kino gehen?«; »Wie ich sehe, hast du dich diese Woche dafür entschieden, dass du kein Taschengeld brauchst« oder: »Wie möchtest du mich für die Zeit bezahlen, die ich damit verbringen musste, für dich das Badezimmer zu putzen?« Vermeiden Sie unbedingt jeden Ton von Ironie oder Sarkasmus. Diese Feststellungen sollten entweder ganz neutral klingen oder etwas Mitgefühl zeigen.
- Greift die Konsequenz das Selbstbewusstsein oder die Würde des Jugendlichen an? Es ist unglaublich wichtig, dass Sie es dem Jugendlichen erlauben, sein Gesicht zu wahren. Dazu gehört auch, dass Sie Ihrem Teenager niemals im Beisein seiner Freunde eine Konsequenz mitteilen. Manchmal hilft es, in die Konsequenz eine Wahlmöglichkeit einzubauen. »Möchtest du mir dein Handy sofort geben oder heute Abend? Ich werde es dann die vereinbarten 24 Stunden behalten.«
- Hilft die Konsequenz dem Jugendlichen, etwas über seine Stärken zu lernen? Konsequenzen, die Jugendliche nur an ihre Schwächen erinnern, beeinträchtigen schnell ihr Selbstbewusstsein. Und Jugendliche mit einem fehlenden Selbstbewusstsein treffen mehr dumme Entscheidungen als Jugendliche, die glauben, dass sie eigentlich ganz kompetente Menschen sind.

- Ganz, ganz ehrlich: Wessen Problem ist es? Haben Sie das Problem Ihres Teenagers zu Ihrem gemacht, frustriert realisiert, dass Sie es nicht lösen können, und versuchen jetzt, es durch eine Konsequenz Ihrem Kind zurückzugeben? Sind Ihnen die Noten Ihres Kindes wichtiger, als sie es Ihrem Kind sind? Wollen Sie, dass Ihr Kind nicht sitzen bleibt? In diesem Fall würden Sie Ihrem Kind eine Konsequenz für *Ihr* Problem androhen.
- Wer ist am stärksten betroffen von dem Verhalten des Jugendlichen? Derjenige, der am meisten betroffen ist, sollte sich die Konsequenz ausdenken. Das kann die Schule sein oder der Nachbar. Wenn es die Geschwister sind, sollten die Eltern diese dabei unterstützen, eine kreative Konsequenz zu entwickeln. Wenn die Tochter das Sparschwein des jüngeren Bruders geplündert hat, sollte der Bruder bestimmen dürfen, wie ihn die Schwester entschädigt. Die Eltern sollten dann nur sicherstellen, dass der Gegenstand, den der Bruder sich nimmt, einen ähnlichen Wert hat (vielleicht mit Zinsen). Wenn im Sparschwein 5 Euro waren, dann ist der MP3-Player der großen Schwester vielleicht keine gerechtfertigte Rückzahlung – auch dann nicht, wenn der kleine Bruder ihn wirklich haben will.
- Steht die Konsequenz im Großen und Ganzen proportional zum Verhalten des Jugendlichen? Wenn der Jugendliche eine Stunde zu spät nach Hause kommt, dann sind vier Wochen Stubenarrest sicherlich keine angemessene Konsequenz.
- Ist die Konsequenz durchsetzbar? Viele kreative Konsequenzen scheitern daran, dass Sie Ihren Teenager letztendlich zu nichts zwingen können. Wenn Sie ein Internet- oder Computer-Benutzungsverbot aussprechen, Sie aber den ganzen Tag arbeiten und die Konsequenz weder durchsetzen noch überwachen können, dann ist es eine unrealistische Konsequenz. Wenn Sie sich nicht wirklich sicher sind, dass Sie die Konsequenz durchsetzen können, dann sollten Sie sich eine andere ausdenken.

Die Entwicklung realistischer, logischer Konsequenzen, die das Selbstwertgefühl des Jugendlichen nicht negativ beeinträchtigen, ist eine Kunst. Erwarten Sie nicht zu viel von sich, wenn Sie beginnen, sich Konsequenzen auszudenken. Übung macht den Meister. Bei kleinen Kindern ist es wichtig, dass die Konsequenz dem Verhalten so schnell wie möglich folgt. Für

Jugendliche ist diese zeitliche Nähe von Verhalten und Konsequenz weniger wichtig. Nehmen Sie sich deshalb Zeit, um eine passende Konsequenz zu entwickeln. Lassen Sie sich nicht unter Zeitdruck setzen. Es ist völlig in Ordnung, einem Jugendlichen zu sagen: »Ich bin mir im Moment nicht sicher, wie ich reagieren soll und was für Konsequenzen dein Verhalten haben wird. Aber ich werde darüber nachdenken und dir spätestens heute Abend/morgen/nächsten Montag/am Wochenende ... Bescheid sagen. Mach dir in der Zwischenzeit keine Gedanken darüber.« Wenn Ihnen nach einigem Nachdenken immer noch nichts einfällt, dann fragen Sie Freunde, Verwandte, Bekannte, Nachbarn, Therapeuten, Pfarrer, Lehrer oder Ausbilder um Rat. Obwohl Sie Ihrem Teenager geraten haben, sich weiter keine Gedanken über das Problem zu machen, sitzt dieser natürlich wie auf heißen Kohlen – was an und für sich schon eine kleine Konsequenz ist.

Eine Notfallkonsequenz

Wenn Ihnen trotz allem nichts Passendes einfällt, dann können Sie die folgende Konsequenz als einen letzten Ausweg benutzen. Wählen Sie diese Konsequenz aber wirklich nur, wenn Ihnen absolut nichts Besseres einfällt – sie nutzt sich schnell ab: »Ich habe viel Zeit damit verbracht, über eine angemessene Konsequenz nachzudenken, aber mir fällt nichts ein. Die Zeit, die ich mit Nachdenken verbracht habe, war eigentlich dazu gedacht, die Küche und das Bad zu putzen. Sobald du die beiden Räume geputzt hast, werde ich mir keine weiteren Gedanken über dein Problem machen. Du musst nicht sofort mit dem Putzen anfangen. Die beiden Zimmer müssen aber am Samstag um 18 Uhr sauber sein.« Wenn Ihr Teenager sich weigert oder »vergisst«, dass er Küche und Bad putzen sollte, dann muss er Sie für Ihre Zeit bezahlen. Das kann entweder durch eine Kürzung des Taschengeldes geschehen oder durch Bezahlung in Wertgegenständen, die dann zur Pfandleihe gehen.

Respekt

Was passiert, wenn Sie trotz besseren Wissens wütend geworden sind und Ihren Teenager angeschrien haben? Nehmen Sie sich zunächst eine Auszeit und beruhigen Sie sich. Wenn Sie dann wieder gelassen sind, entschuldigen Sie sich bei Ihrem Kind. Danach entscheiden Sie – je nachdem, wie groß Ihr Wutausbruch war –, ob Sie damit jede weitere Konsequenz verspielt haben. Jedes Fehlverhalten sollte nur *eine* Konsequenz haben. Einen elterlichen Wutausbruch über sich ergehen zu lassen, zählt in diesem Fall als Konsequenz – auch wenn diese nicht besonders hilfreich oder effektiv ist. Dies ist ein weiterer Grund, warum es so wichtig ist, dass Eltern gelassen und ruhig reagieren, wenn ihre Kinder sie in einen Streit oder Machtkampf verwickeln wollen: Jedes Mal, wenn Sie wütend werden, wählen Sie eine Konsequenz, die Ihrem Kind wenig hilft, und verspielen damit die Gelegenheit, Ihr Kind aus seinen Fehlern lernen zu lassen. Nur in Ausnahmefällen sollten Eltern, nachdem sie wütend geworden sind, eine weitere Konsequenz verhängen.

Wenn Eltern in ihrer Frustration eine unangemessene Konsequenz angedroht haben: »Wenn du das noch einmal machst, wirst du bist zu deinem 18. Geburtstag Stubenarrest haben!«, sollten sie sich entschuldigen und ihrem Kind dann die neue, realistische Konsequenz mitteilen. Leider haben auch diese Ausrutscher Konsequenzen. Jedes Mal, wenn Sie eine Konsequenz ändern, verlieren Sie in den Augen Ihres Teenagers ein bisschen an Respekt. Ohne gegenseitigen Respekt versagt aber auch die beste Erziehungsstrategie. Eltern tun sich daher selbst einen Gefallen, wenn sie es vermeiden, Konflikte zu lösen oder Konsequenzen anzudrohen, wenn sie wütend sind. Gute Kommunikation findet nur statt, wenn alle Beteiligten einigermaßen ruhig und damit aufnahmefähig und kompromissbereit sind.

Wenn Ihr Teenager auf eine sofortige Antwort drängt, dann vermeiden Sie einen Streit, indem Sie sagen: »Mir ist unsere Beziehung zu wichtig, um mit dir über … zu streiten. Lass uns später darüber reden, wenn wir uns beide beruhigt haben (oder: wenn ich mich beruhigt habe).« Oder: »Ich bin im Moment zu wütend, um dieses Problem zu diskutieren. Wir werden später darüber reden.« Je wütender Sie sind, desto leiser sollte Ihre Stimme werden. Wenn das Ihrem Teenager nicht reicht, erinnern Sie sich an die kaputte Schallplatte.

Worte, die nachdenklich machen

In all Ihren Unterhaltungen mit Ihrem Teenager sollten Sie Worte benutzen, die zum Nachdenken anregen, und Redewendungen vermeiden, die zum Streit einladen. Dies gilt insbesondere für Situationen, in denen es um Konsequenzen geht, denn in diesen ist das Machtgefälle zwischen Eltern und Jugendlichen besonders spürbar. Deshalb legen die Jugendlichen jedes Wort der Eltern auf die Goldwaage. Wenn Sie sich die folgenden Ausdrücke durchlesen, dann sehen Sie wahrscheinlich schnell, wie diese Ihren Teenager geradezu zu einem Streit herausfordern und für zusätzliche Konflikte sorgen können:

Eltern sagen:	**Jugendliche denken:**
»Du musst …«	»Du kannst mich nicht zwingen …«
»Sofort …«	»Mal sehen, wie lange ich das hinauszögern kann …«
»Ich werde es nicht dulden …«	»Das werden wir ja sehen …«
»Ich werde nie wieder …«	»Glaube ich nicht. Hast du schon so oft gesagt …«
»Du kannst/wirst/darfst nicht …«	»Kann ich doch …«

Wie können Eltern diese Kampfansagen vermeiden und ihren Teenager stattdessen zum Nachdenken anregen? Indem sie ihrem Kind Wahlmöglichkeiten geben: »Sobald du aufgeräumt hast, kannst du mit deinen Freunden rausgehen«, »Ich wasche alle Wäsche, die Montagmorgen im Wäschekorb liegt« oder: »Wir essen heute als Familie. Du kannst gerne mit uns Pizza essen oder warten, ob was übrig bleibt, und es dann alleine essen.«

Spaß trotz Konsequenzen?

Für jüngere Kinder ist die Familie ihre ganze Welt. Konsequenzen bestehen oft darin, dass sie für eine bestimmte Zeit nicht an den Aktivitäten des Familienlebens teilnehmen können. Kinder empfinden das oft als »langweilig.« Für Jugendliche dagegen sind Freundschaften oft sehr viel wichtiger als die Familie. Daher bestehen Konsequenzen für Jugendliche oft darin, dass sie weniger Zeit mit ihren Freunden verbringen können. Eltern denken dann oft, dass sie sich in der Gegenwart eines Jugendlichen, der nur zu Hause ist, weil er »bestraft« wird, grimmig, ernst und verärgert geben müssen. Aber genau das Gegenteil ist der Fall. Wenn Ihr Kind zu Hause ist, wenn auch nur als Resultat einer dummen Entscheidung, dann sollten Sie so viel Spaß miteinander haben wie möglich. Die Konsequenz für Ihren Teenager ist, dass er keine Zeit mit seinen Freunden verbringen kann, nicht dass er Zeit mit griesgrämigen Eltern verbringen muss oder dass er nicht lachen darf. Spielen Sie ein Gesellschaftsspiel, kochen Sie zusammen, erzählen Sie Witze, gehen Sie zusammen essen, gehen Sie als Familie ins Kino. Sie wollen Ihrem Kind mitteilen, dass sein Verhalten Konsequenzen hat, nämlich den Verlust von Zeit mit Freunden. Sie wollen nicht, dass es sich in Ihrer Gegenwart unwohl fühlt und es deshalb auch in Zukunft vermeiden wird, zu Hause zu sein. Egal, wie viel Spaß Sie haben, Ihr Kind würde trotz allem lieber mit seinen Freunden zusammen sein. Nehmen Sie das nicht persönlich, das ist Teil der normalen Entwicklung eines Jugendlichen und hat nichts mit der Qualität Ihrer Erziehung zu tun.

Aber so haben Sie Ihrem Kind bewiesen, dass Sie eigentlich doch ganz nette Menschen sind – auch wenn Sie diese furchtbaren Konsequenzen verhängen – und dass Ihr Haus kein Gefängnis ist.

Je mehr Sie diese neuen Erziehungsstrategien üben und praktizieren, desto wahrscheinlicher ist es, dass sich das Verhalten Ihres Teenagers verändert. Bedenken Sie aber, dass das Korrigieren von Fehlverhalten die letzte Ebene der Erziehung ist. Ihr Ziel ist nach wie vor, sich so wenig wie möglich im Dachgeschoss aufzuhalten. Bevor Sie all die Strategien, die in diesem Kapitel beschrieben sind, einsetzen, arbeiten Sie daran, die Ratschläge, die Sie in den folgenden Kapiteln finden, ebenfalls in die Tat umzusetzen. Die Lösung zu einem Problem befindet sich oft auf der Erziehungsebene unter dem Problem. Machen Sie sich auch darauf gefasst, dass es oft schlimmer wird, bevor es besser wird. Ihr Teenager wird Sie und Ihre neuen Erziehungsstrategien auf die Probe stellen. Wenn ein Jugendlicher es gewohnt ist, dass die Eltern schnell wütend werden, wird er sich nicht so schnell davon überzeugen lassen, dass sich seine Eltern auf einmal verändert haben. Seine Versuche, die Eltern zu provozieren, werden erst einmal häufiger und stärker werden. Wenn die Eltern sich aber trotz allem nicht provozieren lassen, dann wird der Jugendliche ihnen langsam glauben und die Versuche, sie zu provozieren, werden zurückgehen. Jedes Mal, wenn Eltern in alte Verhaltensweisen zurückfallen, müssen sie wieder ganz von vorne anfangen. Denn damit haben sie ja nun bewiesen, dass sie sich nicht geändert haben und dass der Jugendliche sie letztendlich doch immer noch provozieren – und damit kontrollieren – kann, wenn er nur lange genug daran arbeitet.

Abschließend nochmals zusammenfassend ein paar »Lernhilfen«:

- Unterstützen Sie Ihr Kind dabei, aus Fehlern zu lernen:
  1. Drücken Sie ehrliches Mitgefühl aus.
  2. Glauben Sie an Ihr Kind und lassen Sie es wissen, dass Sie zuversichtlich sind, dass es das Problem lösen kann.
  3. Helfen Sie Ihrem Kind, verschiedene Optionen zu formulieren.
  4. Helfen Sie Ihrem Kind dabei, sich über die Konsequenzen aller Optionen bewusst zu werden.
  5. Wünschen Sie Ihrem Kind Erfolg beim Lösen des Problems. Falls nötig, verhindern Sie zunächst gefährliche Optionen.

- Das Ziel der Erziehung ist es, Kinder und Jugendliche auf die Realität des Erwachsenseins vorzubereiten.
- Vermeiden Sie Machtkämpfe, indem Sie Ihrem Kind möglichst viele Entscheidungen überlassen.
- Bevor Sie nach einer Lösung suchen, fragen Sie sich, wessen Problem es eigentlich ist.
- Reagieren Sie nicht wütend, denn damit geben Sie Ihrem Kind eine wunderbare Möglichkeit, nicht über sein Verhalten nachzudenken, sondern sich mit Ihrer Wut zu beschäftigen.
- Zeigen Sie ehrliches Mitgefühl und vertrauen Sie darauf, dass Ihr Kind aus seinen Fehlern lernen kann.
- Wenn Sie Konsequenzen entwickeln, dann achten Sie darauf, dass diese logisch, *realistisch* und durchsetzbar sind und das Selbstwertgefühl Ihres Kindes nicht infrage stellen.
- Wenn Eltern echtes Mitgefühl zeigen, dann erlauben sie dem Jugendlichen, seinen Schmerz und seine Frustration zu fühlen, ohne dass sie ihn vor diesen Gefühlen retten oder sein Problem für ihn lösen.
- Menschen verändern sich, wenn das alte Verhalten zu schmerzhaft geworden ist.
- Aus Fehlern lernt man besser als von Erfolgen.

Kapitel 2: Die Identitätsfindung Das Obergeschoss: Lehren und Lernen

Auf dieser Ebene der Beziehung bringen Eltern ihren Kindern bei, wie man beim Erwachsenwerden so wenig negative Konsequenzen wie möglich erlebt. Dafür aber müssen Eltern ihre Kinder verstehen und wissen, wie sie lernen. Die Welt, in der heutige Teenager aufwachsen, unterscheidet sich in mancher Weise von der Welt, in der die Eltern aufwuchsen. Aber obwohl vieles anders ist, sind die Entwicklungsstadien, die ein Jugendlicher während der Pubertät durchlaufen muss, gleich geblieben. Das Gehirn des Jugendlichen macht ungemeine Veränderungen durch. Es wird von einem Schwamm, der alles aufsaugt, zu einer effizienten Denkmaschine, die Gehirnzellen, die nicht regelmäßig gebraucht werden, eliminiert. Während dieser Umbau des Gehirns stattfindet, muss der Jugendliche gleichzeitig eine eigene Identität entwickeln. Dabei spielen die Freunde eine immer wichtigere Rolle, aber der Einfluss der Eltern ist weiterhin größer, als Sie vielleicht dachten.

Was ist richtig? Was ist falsch? Die Jugendlichen von heute leben in einer schnelllebigen Welt, in der die Antworten oft weniger eindeutig sind, als sie es waren, während Sie, die Eltern, Teenager waren. Darum ist es umso wichtiger, dass Eltern sich ihrer Rolle als Vorbilder und Lehrer bewusst sind und sich Zeit für ihre Kinder nehmen – sonst werden Freunde, Fernsehen und Internet die Erziehung übernehmen.

Wussten Sie, dass laut Europabarometer

- ein Drittel der 6- bis 7-Jährigen in Europa Zugang zum Internet haben?
- ein Zehntel der Kinder im Vorschulalter das Internet nutzen?
- mehr als 40 Prozent der befragten Eltern keine Regeln für die Internetbenutzung aufgestellt hatten?[2]
- gestern 5.000 neue Videos auf »youtube« veröffentlicht wurden?
- User von »My Space« im Durchschnitt 400 »Freunde« haben?

2 Europabarameter

Auch wenn vieles gleich geblieben ist, gibt es Bereiche, in denen die Welt der heutigen Jugendlichen sich ungemein von der Welt unterscheidet, in der ihre Eltern aufwuchsen. Die größten Veränderungen fanden in den folgenden Bereichen statt:

1. Technologie und Kommunikation
2. die Vertrautheit und der Umgang mit Gewalt
3. die Zusammensetzung der Familie

Lassen Sie uns diese drei Bereiche etwas genauer betrachten:

1. Technologie und Kommunikation

Die Art und Weise, wie Jugendliche miteinander und auch mit ihren Eltern kommunizieren, hat sich stark verändert. Vor 15 Jahren waren es nur Manager und Geschäftsleute, die sich ein Handy leisten konnten, heute besitzen 94 Prozent der 12- bis 19-Jährigen ihr eigenes Handy. Über 80 Prozent dieser Handys haben eine Kamera und sind internetfähig. Ungefähr 95 Prozent der Haushalte, in denen Jugendliche aufwachsen, sind ans Internet angeschlossen. Fast 50 Prozent dieser Jugendlichen haben Zugang zum Internet – mitunter sogar im eigenen Zimmer. Die Jugendlichen surfen jeden Tag etwa zwei Stunden im Internet. Der größte Teil dieser Zeit wird damit verbracht, mit anderen Menschen zu kommunizieren. Etwa 70 Prozent der Jugendlichen tauschen sich regelmäßig via Instant Messenger aus, 60 Prozent benutzen E-Mail und 30 Prozent suchen Chatrooms auf. Jugendliche benutzen das Internet aber auch als Informationsquelle, um sich über Themen zu informieren, die sie interessieren (40 Prozent), um Nachrichten anzusehen oder aktuelle Geschehnisse zu verfolgen (38 Prozent) oder um schulische oder berufliche Belange zu recherchieren (36 Prozent). Viele Jugendliche benutzen das Internet, um Musik zu hören (49 Prozent).

Eltern sollten wissen, dass sie in Sachen Internet viel Aufklärungsarbeit zu leisten haben, denn etwa ein Viertel aller Jugendlichen glaubt, dass die ins Internet gestellten Informationen auf ihre Richtigkeit hin überprüft wurden und somit korrekt sind.

Auch über Sicherheit im Internet sollten Eltern unbedingt mit ihren Kindern sprechen. Etwa die Hälfte der jugendlichen Internet-Nutzer hat Erfahrung mit Chatrooms, zwei Drittel davon suchen mehrmals pro Woche oder sogar täglich einen Chatroom auf. Einige dieser Jugendlichen haben wenigstens einmal in einem Chatroom eine schlechte Erfahrung gemacht. Wissen Sie, was Ihr Kind am Computer macht? Mit wem es redet? Es gibt Computerprogramme, die es Ihnen erlauben, zu sehen, mit wem Ihr Kind »redet« und über was geredet wird. Sprechen Sie mit Ihrem Teenager darüber, dass jedes Foto und jedes Wort, das in die Weiten des Internets gesendet wird, damit »verewigt« ist. Wenn Ihr Teenager sich um eine Ausbildungsstelle bewirbt, ist es immer wahrscheinlicher, dass sich der Arbeitgeber erst mal im Internet über Ihr Kind schlaumacht. Da sind dann die Fotos von der letzten Party, in der sich Ihr Kind betrunken übergeben hat, nicht mehr so lustig. Das coole Foto von Ihrem Teenager im spärlichen Badeanzug kann auf einmal dazu führen, dass ein zukünftiger Arbeitgeber »Nein danke« sagt. Miss America verlor wegen solcher Fotos ihren Titel, ein Senator wegen rassenfeindlicher Instant Messages seinen Job und viele Bewerber wegen naiver Entscheidungen einen möglichen Arbeitsplatz. Eltern sollten deshalb auf jeden Fall mit ihrem Teenager über das Thema Internet reden und darauf bestehen, dass keine persönlichen Daten wie Name, Alter, Adresse, Telefonnummer oder Name der Schule ins Internet gestellt oder in einem Chatroom weitergegeben werden.

Wenn Jugendliche miteinander reden, worüber reden sie dann? Die wichtigsten Themen sind Liebe und Freundschaft sowie Musik. Je älter Jugendliche werden, desto öfter reden sie über ihre Ausbildung und den Beruf. Internet und Computer sind weitere Gesprächsthemen, gefolgt vom aktuellen Weltgeschehen und den neuesten Mode- und Kleidungstrends. Ungefähr die Hälfte der Jugendlichen interessiert sich für Schule, Gesundheitsfragen und Musikstars oder Bands. Auch Umweltschutz ist ein Thema, für das sich zumindest 44 Prozent der Jugendlichen interessieren. Nur wenige Jugendliche reden über Kunst, Kultur, Wirtschaft oder Politik.

Das Fernsehen spielt nach wie vor eine große Rolle im Leben der Jugendlichen, auch wenn sie mittlerweile fast genauso viel Zeit vor dem Computer und im Internet verbringen. Etwa 90 Prozent der Jugendlichen sehen regelmäßig fern, 63 Prozent sogar täglich. Zwei Drittel der Jugendlichen haben einen eigenen Fernseher. Im Durchschnitt sehen Jugendliche etwa zwei Stunden am Tag fern.

Während ihre Eltern auf Radio und Kassettenrekorder angewiesen waren, um Musik zu hören, besitzen heute 85 Prozent der Jugendlichen einen MP3-Player, von diesen Jugendlichen benutzen 62 Prozent den Player jeden Tag.

Die Jugendlichen von heute wachsen in einer komplexen und immer besser werdenden Technologie auf. Sie haben Zugang zu mehr Informationen, als sie jemals verarbeiten könnten. Multitasking ist normal. Nur selten benutzen sie nur eins der elektronischen Geräte. Oft sitzen sie mit dem MP3-Player im Ohr und mehreren geöffneten Bildschirmfenstern am Computer. In einem chatten sie mit einer Gruppe von Gleichgesinnten über das neueste Musikvideo ihrer Lieblingsband, in einem anderen schicken sie ihrer besten Freundin eine Instant Message und in einem dritten suchen sie bei Online-Auktionshäusern wie eBay® nach einem T-Shirt mit einem ganz bestimmten Logo.

Wie verbringen die heutigen Jugendlichen ihre Freizeit, wenn sie nicht fernsehen, am Computer sitzen oder Musik hören? Laut der JIM-Studie von 2007 ist die beliebteste Freizeitaktivität der 12- bis 19-Jährigen das Zusammensein mit Freunden. Fast drei Viertel der Jugendlichen treiben regelmäßig Sport, aber zwei Drittel verbringen genauso viel Zeit mit Nichtstun und faulenzen. Etwa 20 Prozent unternehmen regelmäßig etwas mit der Familie oder machen selbst Musik. Danach folgen Sportveranstaltungen, Einkaufsbummel und Partys. Je älter Jugendliche werden, desto mehr gewinnt der Freundeskreis an Bedeutung und damit nimmt auch das Besuchen von Partys und Discos zu.[3] Mit anderen Worten: In diesem Bereich tun sie also genau das, was ihre Eltern in diesem Alter getan haben.

2. Gewalt in den Medien

Die Auswirkung von Gewalt in Filmen, im Fernsehen und in Video- und Computerspielen ist immer noch umstritten. Fest steht aber, dass heutige Jugendliche mehr Zeit mit diesen Medien verbringen als Jugendliche vor 15 Jahren und damit in ihrem Leben einer größeren Anzahl von brutalen Bildern ausgesetzt sind. Warum ist das eine erwähnenswerte Beobachtung? Jugendliche sind dabei, sich Werte und Normen anzueignen und ihr eigenes Moralverständnis zu entwickeln und sind deshalb beeinflussbarer als Erwachsene. Außerdem suchen Jugendliche im Rahmen der Identitätsentwicklung immer wieder nach Vorbildern und finden diese manchmal in Filmstars und Fernsehhelden. Gewalt wird dort oft als legitimes Mittel des Helden geduldet, um ein edles Ziel zu erreichen. Das ist allerdings eine Interpretation, die zu einem verzerrten Weltbild führen kann. Je realistischer die Darstellung der Gewalt ist, desto enger scheinen Jugendliche sich mit dem aggressiven Helden zu identifizieren. Oft führt das ständige Sehen von brutalen Bildern zu einer Abstumpfung gegenüber von Gewalt.

3 JIM-Studie 2007 (Jugend, Information, Multi-Media)

Sie erscheint als normaler Bestandteil des Alltags und nicht als Ausnahmezustand, der erschreckt und traurig macht. Es scheint, dass Jugendliche, die viel Gewalt im Fernsehen konsumieren, sich allgemein aggressiver verhalten als Jugendliche, die weniger fernsehen. Allerdings kann man daraus nicht unbedingt folgern, dass das Sehen von Gewalt zu größerer Aggressivität führt. Vielmehr gilt wahrscheinlich, dass Gewalt Jugendliche aggressiver machen kann und dass aggressive Jugendliche wiederum mehr Gewalt konsumieren.

Wenn man die Jugendlichen fragt, ob Spiele oder Filme mit hohem Gewaltinhalt eine Auswirkung auf sie haben, dann glauben sie alle, dass allenfalls andere von den brutalen Bildern beeinflusst werden, sie selber aber immun seien. Und was sagen die Eltern dieser Jugendlichen dazu? Eltern wissen oft gar nicht, womit ihre Kinder spielen oder was sie sehen.

Nur wenige nehmen sich die Zeit, mit ihren Kindern vor dem Bild- oder Fernsehschirm zu sitzen, um zu sehen, wie viel Gewalt ihr Kind tatsächlich konsumiert.

Bei Computerspielen scheint der Einfluss, den gewalttätige Inhalte ausüben, außerdem von den familiären und sozialen Beziehungen des Spielers abhängig zu sein. Ein relativ ausgeglichener Mensch, der in gesunde soziale Systeme eingebunden ist, sieht oft eher den Unterhaltungswert des Spiels, während ein einsamer, isolierter, unzufriedener Spieler eher an der Brutalität des Spiels Gefallen findet. Da Jugendliche oft aufgrund der Natur ihrer Entwicklungsphase eher emotional labil sind, sich meist unverstanden fühlen und ihr soziales Netzwerk nicht immer tragfähig ist, ist die Gefahr groß, dass sie sich zu der Gewalt des Spiels hingezogen fühlen und nicht nur spielen, weil es Spaß macht.

Amerikanische Hirnforscher haben in Studien festgestellt, dass brutale Video- oder Computerspiele bei Jugendlichen die Aktivität in den Hirnbereichen verringern, die für logisches Denken und Selbstkontrolle zuständig sind, und stattdessen die Regionen stimulieren, die für Gefühle und impulsives Verhalten zuständig sind. In Jugendlichen, die ohnehin Schwierigkeiten mit Selbstkontrolle haben, kann diese erhöhte emotionale Erregung leicht zu impulsiven Entscheidungen und möglicherweise gewalttätigem Verhalten führen.

Eine deutsche Studie zeigt, dass brutale Computerspiele eine negative Auswirkung auf die Schulleistungen von Jugendlichen haben, da die aufregenden Bilder das nur flüchtig gespeicherte Schulwissen davon abhalten, ins Langzeitgedächtnis zu gelangen. Jugendliche, die nicht nur einen Fernseher, sondern auch eine Spielekonsole und einen Computer in ihrem

Zimmer stehen haben, scheinen am meisten gefährdet zu sein. Aber auch jüngere Kinder, die viel fernsehen, scheinen ihre Mitschüler öfter zu hänseln und sogar zu schlagen als Kinder, die weniger oft fernsehen.[4]

3. Die Familie

Die Zusammensetzung der Familie hat sich im Laufe der letzten hundert Jahre sehr verändert. Laut einer Untersuchung des Statistischen Bundesamtes stieg die allgemeine Scheidungsrate in Deutschland von 2 Prozent im Jahr 1900 bis über 50 Prozent im Jahr 2000. Auch die Zahl der nichtehelichen Geburten ist stark angestiegen. So sind beispielsweise in den neuen Bundesländern 41 Prozent aller Geburten unehelich. Nach Angaben des Statistischen Bundesamtes gab es 2001 in Deutschland 9,2 Millionen Familien mit minderjährigen Kindern. Davon waren etwa 1,5 Millionen (also ungefähr 16 Prozent) Einelternfamilien. Nach wie vor leben vorwiegend Frauen mit ihren minderjährigen Kindern zusammen. Im Jahr 2001 waren 87 Prozent der Alleinerziehenden in Deutschland Mütter, während der Anteil der alleinerziehenden Väter bei 13 Prozent lag. Voraussichtlich wird der Anteil von Eltern, die irgendwann im Laufe ihres Lebens vorübergehend alleinerziehend werden, weiter ansteigen. Auch die Anzahl von Patchworkfamilien wächst. Mittlerweile gibt es zwischen 1,5 und 2,5 Millionen Familien in Deutschland, in denen unverheiratete Lebenspartner oder Stiefeltern neben den eigenen Kindern auch Kinder aus früheren Beziehungen eines oder beider Partner erziehen.

Seit den 1990er-Jahren ist die Zahl der Eheschließungen stetig zurückgegangen. Außerdem fällt die Entscheidung für die eheliche Bindung an den Partner im Durchschnitt immer später. Bei ledigen Männern ist das durchschnittliche Heiratsalter von 28,5 Jahren im Jahr 1991 auf 32,6 Jahre im Jahr 2006 angestiegen. Bei ledigen Frauen hat sich das durchschnittliche Heiratsalter im selben Zeitraum von 26,1 auf 29,6 Jahre erhöht.[5]

Was bedeuten diese Veränderungen für die Entwicklung der Jugendlichen? Sie müssen sich öfter als ihre Eltern damals immer wieder neuen Situationen anpassen, neue Beziehungen aufbauen, von anderen Beziehungen Abschied nehmen und insgesamt oft selbstständiger ihr Leben gestalten. Mehr Eltern arbeiten und Jugendliche verbringen mehr Zeit alleine oder mit Freunden. Großeltern und andere Verwandte wohnen oft weiter entfernt und können deshalb weder die Jugendlichen noch die Eltern wirk-

4 Im Literaturverzeichnis finden Sie interessante Bücher zu dieser Thematik.
5 Vgl. Angaben vom Statistischen Bundesamt.

lich unterstützen. Schulen sind größer und unpersönlicher geworden. Insgesamt haben die Jugendlichen weniger Erwachsene in ihrem Leben, auf die sie zählen können, und die Erwachsenen, die eine Rolle in ihrem Leben spielen, haben oft weniger Zeit. Daher verlassen sich die Jugendlichen immer mehr auf gleichaltrige Freunde, um Aufmerksamkeit, Anerkennung und Ratschläge zu bekommen. Das Leben der Jugendlichen ist komplexer, komplizierter und stressiger geworden und gleichzeitig hat sich das verlässliche System von wohlgesonnenen Personen verkleinert.

Hilfe, mein Körper spielt verrückt!

Jugendliche machen eine Vielzahl von körperlichen Veränderungen durch. Arme und Beine, Hände und Füße wachsen oft schneller als der Rest des Körpers. Sie sind manchmal ähnlich tollpatschig wie ein Kleinkind. Hormonelle Umstellungen führen dazu, dass aus Menschen, die sich voller Ekel abwenden mussten, wenn sie sahen, wie sich ein verliebtes Pärchen küsste, auf einmal Menschen werden, die ständig an Sex denken und deren Körper sich entsprechend verändern. Diese körperlichen Veränderungen sind aufregend und gleichzeitig Furcht einflößend. Es ist den meisten Jugendlichen unglaublich wichtig zu wissen, dass sie »normal« sind. Sie denken ständig darüber nach, ob ihre Ohren zu groß, ihre Brüste zu klein, ihre Nase zu stupsig, ihre Füße zu breit, ihr Bauch zu rund, ihre Beine zu dick und ihre Haare zu fettig sind. Das Akzeptieren des neuen Körpers und der Geschlechtsreife gehört heute genauso wie damals zum Erwachsenwerden dazu. Wenn sich Eltern daran erinnern, wie verwirrend diese Entwicklung für sie selbst war, und ihr Kind sooft wie möglich dazu ermuntern, über diese Themen zu sprechen, helfen sie viel.

Auch wenn es nicht so aussieht: Ihr Teenager ist tatsächlich an Ihrer Meinung zum Thema Sexualität interessiert. Er wird sich das natürlich nicht anmerken lassen und vielleicht sogar erst einmal das Gegenteil von dem tun, was Sie sagen, aber das bedeutet nicht, dass Sie aufhören sollten, Ihrem Teenager Ihre Gedanken mitzuteilen. Ermutigen Sie Ihren Teenager auch mit anderen vertrauenswürdigen Erwachsenen über das Thema Sexualität zu reden (oder bitten Sie die entsprechenden Menschen, das Thema bei Gelegenheit anzusprechen). Eltern nehmen oft an, dass ihre Kinder sexuell weit aufgeklärter sind, als sie es wirklich sind. Sie können sich aber darauf verlassen, dass Ihr Kind seine Informationen von jemand anderem (wahrscheinlich Freunden) bekommen wird, wenn Sie als Eltern zu diesem Thema schweigen. Und diese anderen Quellen sind nicht unbedingt verlässlich – oder vertreten wahrscheinlich nicht die gleichen Ansichten, die Sie Ihrem Kind mitgeteilt hätten. Sie können und sollten Ihrem Kind in diesem Bereich einiges vermitteln und beibringen.

Wer bin ich eigentlich?

Teil der Jugend ist immer auch – gestern wie heute – die Identitätsfindung. Jugendliche müssen herausfinden, wer sie sind – und wer sie sein wollen. Das Konzept der Adoleszenz ist relativ neu. Vor nicht allzu langer Zeit wurden aus Kindern im Alter von 14 oder 15 Jahren Erwachsene, die zu diesem Zeitpunkt arbeiten gingen, heirateten und ihre eigenen Kinder hatten. Heutzutage werden aus Kindern im Alter von 12 bis 13 Jahren Jugendliche und im Alter von 19 bis 21 Jahren dann Erwachsene – oder auch nicht (Sie kennen wahrscheinlich wenigstens einen »40-jährigen Teenager« in Ihrer Familie oder Nachbarschaft). Das Ziel der Adoleszenz ist es, sich von der Familie abzunabeln, selbstständig zu werden und die eigene Identität zu finden. Zu diesem Prozess gehört die Auflehnung gegen die Werte und Einstellungen der Eltern. Erst kommt diese Rebellion in Form von Kleidung, Haarfarbe, Piercings und Musikgeschmack zum Ausdruck. Wenn das nicht genug erscheint, um sich von der Generation der Eltern zu unterscheiden, dann greifen Jugendliche zu drastischeren Maßnahmen: Drogen, Alkohol, Tattoos, Gewalt, Gangs, Kriminalität, radikale Sekten und Interessengruppen. Die meisten wissenschaftlichen Studien zur Adoleszenz werden in Nordamerika und Europa durchgeführt. Aber vereinzelte Beobachtungen von Anthropologen zeigen, dass Jugendliche in Kulturen in Afrika und Asien weniger auffälliges Verhalten zeigen. Dies liegt wahrscheinlich weniger an biologischen oder genetischen Unterschieden, sondern vor allem an den gesellschaftlichen Rahmenbedingungen. In diesen Kulturen wird der Übergang ins Erwachsensein durch oft schmerzhafte und mehrere Tage andauernde Riten gefeiert. Außerdem ist der damit verbundene neue Status klarer und eindeutiger definiert. Nach Konfirmation, Firmung oder Jugendweihe erlebt ein europäischer Jugendlicher kaum mehr eine Veränderung im täglichen Leben. Jugendliche, für die es unklar ist, wann sie erwachsen sind und was das eigentlich bedeutet, scheinen stärker rebellieren zu müssen.[6]

6 Geo Wissen, Nr. 41 Pubertät, Seite 80-92.

Wechselnde Freundeskreise, Freizeitaktivitäten und das Persönlichkeitsprofil auf Internetseiten wie »My Space« erlauben es Jugendlichen, mit verschiedenen Identitäten zu experimentieren. Einige dieser Identitäten werden sie beibehalten, viele andere sind nur temporär und werden schnell aufgegeben. Je mehr ein Jugendlicher mit verschiedenen Identitäten experimentieren kann, desto schneller wird er herausfinden, welche sich authentisch anfühlen und welche nur Masken sind.

Auch wenn Jugendliche diesen Prozess der Selbstfindung durchlaufen müssen, um als Erwachsene das Leben erfolgreich zu meistern, bedeutet das nicht, dass sie ihre Eltern während dieses Prozesses nicht mehr brauchen. Im Gegenteil: Die Wahlmöglichkeiten sind heutzutage so vielfältig, dass Teenager ohne elterlichen Einfluss schnell in negative Verhaltensweisen verfallen, die ihre Identitätsentwicklung prägt.

Wegen Umbau bis auf Weiteres geschlossen – Die Gehirnentwicklung bei Jugendlichen[7]

Anders als oft angenommen, entwickelt sich das menschliche Gehirn bis zum 25. Lebensjahr weiter. Vor allem während der Pubertät wird das Gehirn dramatisch umstrukturiert. Im Gegensatz zur Gehirnentwicklung, die im Kleinkind vorgeht und zum größten Teil vom Umfeld bestimmt wird, kann der Jugendliche die Umstrukturierung seines Gehirns in großem Maße beeinflussen.

Nur in den Monaten vor der Geburt produziert das Gehirn eine ähnlich große Anzahl von grauen Gehirnzellen wie während der Pubertät. Diese Gehirnmasse wird dann strukturiert, indem einzelne Zellen miteinander vernetzt werden. Gehirnzellen, die nicht benutzt und damit vernetzt werden, sterben ab – bis zu 30.000 pro Sekunde. Je nachdem, wie Jugendliche ihre Zeit verbringen, bestimmen sie mit, wie ihr Gehirn für den Rest ihres Lebens aussehen wird. Heranwachsende, die Sport machen, ein Instrument spielen und Hobbys haben, behalten nicht nur mehr Gehirnzellen, sondern bilden auch schnellere Verbindungen zwischen diesen Gehirnzellen. Die Nervenfasern oder weißen Gehirnzellen,

7 Im Literaturverzeichnis finden Sie interessante Bücher zu dieser Thematik, u. a. bei Giedd, Dahl oder Winters.

die diese Zellen miteinander verbinden, verdichten sich bis weit ins Erwachsenalter und sorgen dafür, dass das Gehirn weniger, aber dafür schnellere Verbindungen hat. Dieser Verdichtungsprozess endet um das 40. Lebensjahr. Der Nachteil kann dabei sein, dass sich Gewohnheiten immer schwerer verändern lassen, dass das Erlernen und Speichern von neuen Informationen komplizierter wird und das Überwinden von negativen, prägenden Erfahrungen unwahrscheinlicher wird. Die Entwicklung des Gehirns hängt damit nicht nur von genetischen Faktoren ab, sondern auch von der Nutzung.

Das Gehirn entwickelt sich von hinten nach vorne oder von einfach bis komplex. Der letzte Teil, der während der Pubertät beginnt, sich zu entwickeln, ist der Bereich hinter der Stirn (die Frontallappen), der für abstraktes Denken und reife Entscheidungen zuständig ist. Die Frontallappen sind auch für Einsicht, Zukunftsplanung, Selbstkontrolle, Abwägen von Konsequenzen, Eigenmotivation und Werteentwicklung zuständig. Wenn Eltern und Lehrer somit erwarten, dass Jugendliche gut durchdachte Entscheidungen treffen oder erkennen, wie schwerwiegend die langfristigen Konsequenzen ihrer Entscheidungen sein werden, dann erhoffen sie sich manchmal etwas, was das Gehirn eines Jugendlichen noch nicht wirklich kann. Die Frontallappen funktionieren zwar, aber die Jugendlichen müssen sich mehr anstrengen als Erwachsene, um die Weisheit dieses Gehirnbereichs anzuzapfen.

In ruhigen Momenten können Jugendliche oft eindrucksvolle Einsichten haben, großartige Pläne schmieden und weise Entscheidungen treffen. In anderen Situationen, vor allem dann, wenn die noch nicht ausgereiften Frontallappen »zu langsam« reagieren, frustrieren Jugendliche oft mit ihrem unreifen Verhalten und ihren »dummen« Entscheidungen. Mit anderen Worten: Wenn eine schnelle Entscheidung getroffen werden muss oder die Emotionen auf Hochtouren laufen, dann übernehmen »alte Teile« des Gehirns die Kontrolle und liefern wenig durchdachte Entscheidungen. Und wenn die Frontallappen sich dann endlich einschalten, ist es oft schon zu spät, um das Gesagte zurückzunehmen oder die Situation anders anzugehen.

Was bedeuten diese Erkenntnisse für Eltern?

Um den empörten Aufschreien gleich vorzubeugen: Dies bedeutet nicht, dass Eltern aufhören sollten, gute Entscheidungen und wachsende Selbstkontrolle von ihren Teenagern zu erwarten. Im Gegenteil: Es bedeutet, dass Eltern ihren Teenagern sooft wie möglich die Gelegenheit geben sollten, die Frontallappen zu benutzen. Je öfter ein Jugendlicher erfährt, dass es sich lohnt, wohlüberlegte Entscheidungen zu treffen, desto stärker werden die entsprechenden Verbindungen im Gehirn. Ein Sprichwort sagt: »Gute Entscheidungen sind das Ergebnis von Erfahrung. Erfahrung ist das Ergebnis von schlechten Entscheidungen.«

Es gilt auch hier: Konsequenzen sind die besten Lehrer. Positive Konsequenzen verstärken Nervenverbindungen und damit das Verhalten. Unangenehme Konsequenzen bilden Verbindungen im Gehirn, die die Jugendlichen beim nächsten Mal daran erinnern, dass ihr Verhalten nicht wirklich die gewünschte Konsequenz hatte und sie deshalb vielleicht eine andere Entscheidung treffen sollten. Je mehr Entscheidungen ein Jugendlicher im Alltag treffen kann, desto mehr Gelegenheit hat er, sein Gehirn zu benutzen und es zu strukturieren.

Ein Beispiel, das wahrscheinlich viele Eltern von Teenagern aus ihrem Alltag kennen, illustriert dies sehr schön:

Susis Vater hat gerade herausgefunden, dass Susi in der letzten Woche dreimal die Schule geschwänzt hat.

Vater: »Susi, ich mache mir Sorgen um dich. Ich habe gerade von der Schule gehört, dass du geschwänzt hast.«

Susi (aufbrausend): »Das kann dir doch egal sein. Ich hab sowieso keine Lust mehr auf Schule. Warum müssen Kinder überhaupt zur Schule gehen? Julia geht auch nicht mehr zur Schule und ihre Eltern haben damit kein Problem.«

Vater: »Gute Frage. Du denkst also, dass Schule nichts bringt?«

Susi: »Wir lernen sowieso nur Zeug, das man nie wieder braucht.«

Vater: »Du hast in der Schule Lesen, Schreiben und Rechnen gelernt. Das sind Fähigkeiten, die du jeden Tag nutzt.«

Susi: »Ja, aber das kann ich ja jetzt. Jetzt lernen wir nur noch Zeug, das keiner wirklich wissen will.«

Vater: »Du scheinst da eine recht feste Meinung zu haben. Andere Frage: Was tust du denn so den ganzen Tag, wenn du nicht in der Schule bist?«

Susi: »Mit Freunden abhängen, fernsehen, ausschlafen, einkaufen gehen und am Computer sein.«

Vater: »Wie viele Jahre denkst du, dass du so leben kannst?«

Susi: »Bis ich erwachsen bin und dann fange ich an zu arbeiten.«

Vater: »Das ist in ungefähr vier Jahren. Was denkst du, als was du arbeiten wirst?«

Susi: »Ich will Krankenschwester werden.«

Vater: »Hast du dich schon mal erkundigt, was du tun musst, um Krankenschwester zu werden?«
Susi: »Keine Ahnung … Aber ich bin doch erst 14.«
Vater: »Ich kenne eine Krankenschwester, die hier im Kinderkrankenhaus arbeitet. Bist du daran interessiert, mit ihr zu reden, damit du genau weißt, ob es wirklich eine gute Idee ist, jetzt mit der Schule aufzuhören?«
Susi (nach einer langen Pause): »Na gut.«

Susis Eltern wissen, dass sie Susi nicht dazu zwingen können, zur Schule zu gehen. Statt sich also auf einen Machtkampf mit Susi einzulassen, versucht ihr Vater, ihr dabei zu helfen, ihre Frontallappen zu benutzen, um diese Entscheidung zu treffen. Lassen Sie uns das Gespräch genauer betrachten.

Vater: »Susi, ich mache mir Sorgen um dich. Ich habe gerade von der Schule gehört, dass du geschwänzt hast.«
Susis Vater ist wütend. Eigentlich will er Susi anschreien und sagen: »Was fällt dir eigentlich ein? Du wirst mir sofort versprechen, niemals wieder die Schule zu schwänzen.« Er weiß aber, dass er sie nicht wirklich dazu zwingen kann. Aus Erfahrung weiß er, dass Jugendliche oft unvernünftige Entscheidungen treffen, wenn die Gefühle auf Hochtouren laufen. Was er wirklich erreichen will, ist, dass Susi sich Gedanken über ihr Verhalten macht und über die Konsequenzen ihrer Entscheidungen nachdenkt. Deshalb bleibt er ruhig, sagt ihr, was in ihm vorgeht, und beschreibt die Situation in einer neutralen Tonlage.

Susi (aufbrausend): »Das kann dir doch egal sein. Ich hab' sowieso keine Lust mehr auf Schule. Warum müssen Kinder überhaupt zur Schule gehen? Julia geht auch nicht mehr zur Schule und ihre Eltern haben damit kein Problem.«
Susi erwartet eine Levitenpredigt und eine Strafe. Um dem vorzubeugen, fängt sie sofort an, sich zu rechtfertigen, und versucht, das Gespräch auf die Gefühlsebene zu ziehen, denn sie weiß, dass sie ihren Vater dort »besiegen« kann. Seien Sie ehrlich: Wenn Ihr Kind Sie erst mal dazu gebracht hat, den Kampf auf der Gefühlsebene auszutragen, dann hat Ihr Kind so gut wie gewonnen. Was würde passieren, falls Susis Vater sich auf einen Streit auf dieser Ebene einließe? »Ich bin dein Vater. Solange du unter meinem Dach wohnst, wirst du tun, was ich dir sage.« Woraufhin Susi zurückschreien würde: »Ich kann dich sowieso nicht ausstehen. Dann ziehe ich eben aus.«

Und so würden sich die Gefühle weiter aufschaukeln, leere Drohungen würden hin- und herfliegen und mehr und mehr schmerzhafte Anklagen würden die Beziehung belasten. Zuletzt würde einer der beiden aus dem Zimmer laufen und sie würden mehrere Tage lang nicht miteinander reden. Beide würden ihre Wut als gerechtfertigt empfinden und die Kluft zwischen ihnen würde täglich größer werden. Susi hätte damit einen guten Grund gefunden, nicht in die Schule zu gehen: »Wenn mein Vater mich mit Respekt behandeln würde, dann würde ich auch zur Schule gehen.«

Vater: »Gute Frage. Du denkst also, dass Schule nichts bringt?«
Glücklicherweise lässt sich Susis Vater nicht auf die Provokation ein. Er begibt sich nicht auf die Gefühlsebene und ignoriert den »Köder«, den Susi ihm zuwirft, indem sie Julia und ihre Eltern erwähnt. Was will Susi mit diesem »Köder« bewirken? Julia ist eine Ablenkung. Wenn Susi das Gespräch auf ihre Freundin umlenken kann, dann braucht sie nicht über sich selbst und ihr Verhalten nachzudenken. Eltern denken oft, dass sie zumindest klarstellen müssen, dass sie anders sind als Julias Eltern oder dass Julias Eltern keine guten Eltern sind. Aber all das lenkt nur vom wirklichen Thema ab. Ist es wirklich wichtig, zu erwähnen, dass Sie nicht so sind wie andere Eltern? Sie wissen das und Ihr Kind auch. Haben Sie das Gefühl, sich rechtfertigen zu müssen? Denken Sie, dass Sie begründen müssen, warum Sie Ihr Kind anders erziehen? Die Ursachen dieses Gefühls sind oft die eigenen Schuldgefühle und Zweifel. Haben Sie wirklich alles richtig gemacht? Vielleicht machen die anderen Eltern ja doch alles besser? Haben Sie als Eltern versagt? Ihr Kind weiß genau, dass Sie diese Zweifel haben, und benutzt sie deshalb als cleveres Ablenkungsmanöver. Vielleicht sind Ihre Zweifel sogar gerechtfertigt. Aber das ist etwas, das Sie mit Ihren Freunden, einem Therapeuten oder Familienhelfer besprechen und nicht mit Ihrem Teenager. Und schon gar nicht, wenn es nur dazu dienen würde, das wirkliche Thema zu vermeiden. Susis Vater bleibt beim Thema und konzentriert sich auf sein Ziel, nämlich Susi dabei zu helfen, ihre Frontallappen zu benutzen, um ihre Entscheidung zu überdenken.

Susi: »Wir lernen sowieso nur Zeug, dass man nie wieder braucht.«
Susi ist nicht mehr ganz so emotional. Durch seinen neutralen Ton und die Tatsache, dass ihr Vater sich nicht auf die Gefühlsebene begeben hat, hat er Susi dabei geholfen, ihr Gehirn etwas zu beruhigen. Jetzt ist sie wenigstens in der Lage, ihre Frontallappen zu benutzen, die in Jugendlichen nicht wirklich arbeiten, wenn starke Emotionen vorhanden sind.

Vater: »Du hast in der Schule Lesen, Schreiben und Rechnen gelernt. Das sind Fähigkeiten, die du jeden Tag benutzt.«
Susis Vater versucht jetzt, Susi dazu zu bringen, sich Gedanken über ihre Entscheidung zu machen. Er erinnert seine Tochter daran, dass ihr die Schule in der Vergangenheit etwas gebracht hat. Es wäre verlockend für Susis Vater, diese Bemerkung in einem leicht ironischen Ton zu machen und seine Überlegenheit zu demonstrieren. Schließlich ist es doch offensichtlich, dass er recht hat und dass Susi den Zusammenhang zwischen Vergangenheit, Gegenwart und Zukunft nicht wirklich erkennt. Damit würde er aber nicht nur an Respekt und Glaubwürdigkeit verlieren, sondern das Gespräch auch zurück auf die Gefühlsebene katapultieren. Und die Konsequenzen dieses Ebenenwechsels haben wir ja schon ausführlich besprochen: Sie würden nicht mehr über das eigentliche Problem sprechen.

Susi: »Ja, aber das kann ich ja jetzt. Jetzt lernen wir nur noch Zeug, das keiner wirklich wissen will.«
Susi lässt sich nicht auf die Argumente des Vaters ein. Sie wiederholt ihren Standpunkt, ohne auf die größeren Zusammenhänge einzugehen, wie ihr Vater es sich erhofft hatte. Er muss es also auf einem anderen Weg versuchen, um das Gespräch in die richtige Richtung zu lenken.

Vater: »Du scheinst da eine recht feste Meinung zu haben. Andere Frage: Was tust du denn so den ganzen Tag, wenn du nicht in der Schule bist?«
Statt sein Argument zu wiederholen und damit die Überlegenheit seines Gehirns und seiner Denkfähigkeit zu demonstrieren, akzeptiert der Vater Susis Standpunkt und versucht, sein Ziel auf anderem Wege zu erreichen. Er wechselt das Thema komplett.

Susi: »Mit Freunden abhängen, fernsehen, ausschlafen, einkaufen gehen und am Computer sein.«
Susi ist erstaunt, dass ihr Vater ihre Meinung respektiert und nicht versucht, sie von seiner Meinung zu überzeugen. Sie antwortet ehrlich und vielleicht sogar mit etwas Neugier.

Vater: »Wie viele Jahre denkst du, dass du so leben kannst?«
Der Vater bleibt neutral. Er verurteilt Susi weder für ihre Wahl noch versucht er, sie davon zu überzeugen, dass sie ihre Zeit verschwendet. Er versucht weiterhin, ihre Frontallappen dazu zu bringen, die Entscheidung zu durchdenken.

Susi: »Bis ich erwachsen bin und dann fange ich an zu arbeiten.«
Susis Antwort zeigt, dass sie, ihrem Alter entsprechend, wenig über die entfernte Zukunft nachdenkt und sich auf das konzentriert, was sich in der Gegenwart und der unmittelbaren Zukunft ereignet.

Vater: »Das ist in ungefähr vier Jahren. Was denkst du, als was du arbeiten wirst?«
Es wäre einfach für Susis Vater, ihr zu sagen, wie kurzsichtig sie denkt, wie unrealistisch sie ist und wie dumm ihr Argument ist. Stattdessen akzeptiert er, dass ihr Gehirn noch nicht weit genug entwickelt ist, um vorausblickend zu planen, und dass es unsinnig ist, etwas von ihr zu erwarten, das sie einfach nicht kann. Das wäre, als würde man von einem Einjährigen erwarten, dass er keine Windeln mehr braucht und nur aus böser Absicht in die Hosen macht, obwohl es doch eine Tatsache ist, dass ein Einjähriger körperlich einfach nicht in der Lage ist, die entsprechenden Muskeln und Impulse zu kontrollieren.

Susi: »Ich will Krankenschwester werden.«
Da sie sich respektiert und in ihrer Meinung ernst genommen fühlt, gibt sie ihm eine ehrliche Antwort.

Vater: »Das ist ein interessanter Beruf. Hast du dich schon mal erkundigt, was du tun musst, um Krankenschwester zu werden?«
Susis Vater geht nur kurz darauf ein, was Susi werden will – ohne es als gut oder schlecht zu bewerten – denn er weiß, dass sie sich höchstwahrscheinlich noch einmal anders entscheiden wird, bevor sie 18 ist. Es ist ihm nicht wichtig, dass sie in vier Jahren Krankenschwester wird, sondern dass sie jetzt zur Schule geht. Es würde von seinem Ziel ablenken, wenn er jetzt darüber reden würde, wie gut Susi als Krankenschwester sein würde und dass sie schon als kleines Kind immer Tiere verarzten wollte. Sein Ziel ist es auch weiterhin, Susi dabei zu helfen, ihre Frontallappen zu benutzen, um zu sehen, dass die Vorteile des Schulbesuchs sehr viel größer sind als die Nachteile.

Susi: »Keine Ahnung... Aber ich bin doch erst 14.«
Jetzt fangen Susis Frontallappen an zu arbeiten. Sie wimmelt die Frage zwar ab, aber sie hat sich auf die Argumentation ihres Vaters eingelassen, und erlaubt ihm damit, den folgenden Vorschlag zu machen.

Vater: »Ich kenne eine Krankenschwester, die hier im Kinderkrankenhaus arbeitet. Bist du daran interessiert, mit ihr zu reden, damit du genau weißt, was die Voraussetzungen sind und ob es wirklich eine gute Idee ist, jetzt mit der Schule aufzuhören?«
Susis Vater hat erst mal sein Ziel erreicht. Sie besteht nicht mehr darauf, die Schule zu schmeißen. Sie denkt über ihre Zukunft nach, mithilfe ihrer Frontallappen. Der Vater lässt sich auf ein kleines Risiko ein, indem er die Schulfrage direkt anspricht. In diesem Fall lohnt es sich. Er hätte aber auch ohne den letzten Teil des Satzes sein Ziel erreichen und einfach nach »... was die Voraussetzungen sind« aufhören können. In diesem Fall hatte Susis Vater das Gefühl, dass das Gespräch positiv genug war und seine Beziehung zu seiner Tochter gut genug ist, um das eigentliche Thema, das Schwänzen, direkt anzusprechen.

Susi (nach einer langen Pause): »Na gut.«
Susi hat das Gefühl, dass sie von ihrem Vater ernst genommen wird, dass ihm ihre Gedanken und Gefühle wichtig sind und dass ihr Vater ihr zutraut, eine gute Entscheidung zu treffen. Sie kann sich deshalb auf ein Gespräch mit der Krankenschwester einlassen und danach gegebenenfalls ihre Meinung ändern. Es ist für Jugendliche elementar wichtig, dass sie eine Meinungsänderung nicht als Gesichtsverlust erfahren. Sobald sie das Gefühl haben, dass jemand sagen könnte: »Siehst du! Das habe ich doch gleich gesagt! Du hättest mir auch einfach glauben können! Ich hatte recht und du nicht!«, haben Jugendliche das Gefühl, an der ursprünglichen Meinung festhalten zu müssen, egal ob sie diese für richtig halten oder nicht. Eltern müssen deshalb darauf achten, dass sie nach einer Meinungsänderung keine Scham- und Minderwertigkeitsgefühle in ihren Kindern hervorrufen.
Hier folgt nun das Ende des Gesprächs zwischen Susi und ihrem Vater:

Vater (im Umdrehen): »Ich werde Veronika morgen früh anrufen – denkst du, dass du, bis du dich mit ihr getroffen hast, regelmäßig in die Schule gehen kannst?«
Susi: »Wenn's sein muss.«
Vater: »Susi, noch eine Sache. Willst du, dass wir zusammen mit dem Direktor darüber reden, was für Konsequenzen dein Schwänzen haben wird und wie du den Stoff nachholst oder möchtest du dich alleine mit ihm treffen und ihr ruft mich dann an?«

Susi: »Muss das sein? ... (Stille) Dann eben zusammen.«

Zu schön, um wahr zu sein? Nicht unbedingt. Zugegeben, Susis Vater wusste zum Zeitpunkt dieses Gesprächs einiges über Erziehung und die Gehirnentwicklung bei Jugendlichen. Doch erst im letzten Jahr hatte er viel in eine gute Beziehung zu seiner Tochter investiert, nachdem er bis dahin immer nur derjenige war, der ihr Standpauken hielt, wenn sie wieder einmal etwas falsch gemacht hatte. Es war nicht einfach, aber je mehr er über sich selbst und seine Beziehungen lernte, desto mehr wollte Susis Vater eine gute Beziehung zu ihr haben. Da er an dieser Beziehung gearbeitet hat, ist Susi jetzt bereit, ihm zuzuhören, wenn er ihr etwas sagt.

Vom konkreten zum abstrakten Denken

Nach den Erkenntnissen des schweizer Psychologen Jean Piaget fangen Jugendliche im Alter von 12 bis 14 Jahren an, abstrakt zu denken.[8] Er nennt diese Art des Denkens formal-operatorisch. Jugendliche sind in der Lage, sich von der konkreten Ausgangssituation zu lösen und in Hypothesen oder Möglichkeiten zu denken. Während jüngere Kinder die Welt oft als schwarz oder weiß, richtig oder falsch sehen, können Jugendliche die Grautöne wahrnehmen. Während für jüngere Kinder ein Problem oft nur eine Lösung hat, können sich Jugendliche eine Vielzahl von »Lösungen« vorstellen. Sämtliche in Betracht kommende Erklärungen (auch die – oder vor allem die –, die so weit hergeholt sind, dass sie schon fast aus einem anderen Universum stammen) werden berücksichtigt.

Wenn Sie Ihrem Zehnjährigen im Herbst sagen konnten: »Sei zu Hause, wenn es dunkel wird«, und sie gegen 18 Uhr mit ihm rechnen konnten, dann wird ein Teenager die zahlreichen Interpretationen des Wortes »dunkel« diskutieren wollen: »Wie dunkel? Wenn die Straßenlaternen angehen? Aber die gehen an, bevor es richtig dunkel wird. Wenn man seine Hand nicht mehr vor Augen sehen kann? Das passiert nie, denn die Straßenlaternen sind ja an. Wenn man die ersten Sterne sehen kann? Aber man kann ja den ganzen Tag über Sterne sehen, man muss nur genau hinschauen ...« Wie viele ähnliche Konversationen haben Sie mit Ihrem Teenager schon gehabt? Jede dieser Diskussionen gibt Ihrem

8 Inhelder B. und Piaget J.: *The Growth of Logical Thinking from Childhood to Adolescense.* Basic Books. New York 1958.

Teenager die Gelegenheit, abstraktes Denken zu üben und das Gehirn in dieser neuen Denkweise zu schulen.

Erinnern Sie sich noch an die Zeit, als Ihr Kind zwei oder drei Jahre alt war? Damals gingen Sie durch eine ähnliche Phase. Egal, was Sie sagten, die Antwort Ihres Kindes war fast immer: »Nein.« Ihr Kind schreit, Sie sagen: »Möchtest du dein Stofftier?« – »NEIN.« – »Möchtest du etwas zu essen?« – »NEIN.« – »Etwas zu trinken?« – »NEIN.« – »Möchtest du weiterweinen?« – »NEIN.« Damals lernte das Gehirn des Kleinkindes gerade, dass es unabhängig von Mutter und Vater handeln und Entscheidungen treffen kann. Bis zu diesem Zeitpunkt sah das Kind sich als eins mit der Mutter. Was die Mutter fühlte, fühlte das Kind. Was das Kind brauchte, brauchte die Mutter. Diese neu gefundene eigene Identität musste dann natürlich gebührend erforscht werden – und das Nein, das so klar Unabhängigkeit und Individualität ausdrückt wie kein anderes Wort, zu jeder möglichen und unmöglichen Gelegenheit eingesetzt werden. Damals wurde der ganze Lernprozess wahrscheinlich als süß oder lustig empfunden. Teenager machen einen ähnlichen Lernprozess durch. Sie sehen jede Situation als Gelegenheit, diese neue Fähigkeit ihres Gehirns auszuprobieren. Auf einmal gibt es keine klaren Antworten mehr, sondern nur noch eine Vielzahl an Möglichkeiten, die alle diskutiert werden müssen. Eigentlich ist das doch auch lustig – oder?

Für Sie als Eltern ist es wichtig, dass Sie das Bedürfnis Ihres Teenagers, ständig und alles zu diskutieren, nicht immer gleich persönlich nehmen. Ihr Kind lernt eine neue Fähigkeit, das hat wenig mit Ihnen und Ihrer Erziehung zu tun, es ist normal – wenn auch nicht unbedingt einfach zu tolerieren.

Jugendliche fangen auch an, Interesse an abstrakten und theoretischen Fragen zu zeigen. Sie stellen sich die unterschiedlichsten Fragen, die nicht mehr einfach mit Ja oder Nein zu beantworten sind:

Was ist Liebe? Warum verhungern Kinder in Afrika? Was ist Identität? Wer bin ich, wenn keiner mich sieht? Falls das Haus brennen würde, wen oder was würde ich retten? Was ist Glaube? Warum haben Menschen ein Gewissen? Ist es falsch, Lebensmittel zu stehlen, wenn man nichts zu essen hat?

Jugendliche wollen und müssen ihre eigenen Antworten auf diese Fragen finden. Dazu müssen sie alle möglichen Variablen überprüfen und durchdenken, ihre Schlussfolgerungen ziehen und dann eine Antwort finden. Diese Antwort wird sich im Laufe der Pubertät wahrscheinlich mehrere Male verändern, während der Jugendliche die Kunst des abstrakten Denkens übt und praktiziert.

Hormone und Gefühlsschwankungen

Neben der Gehirnstruktur stellen sich in Jugendlichen auch die Hormone um, was ein weiterer Faktor ist, der zu Gefühlsschwankungen, fehlender Motivation und höherer Risikobereitschaft beizutragen scheint. Sie suchen nach Situationen, die sie als aufregend empfinden und starke Gefühle in ihnen auslösen. Deshalb mögen Jugendliche Horrorfilme, Achterbahnen und laute Musik. Dieses Verhalten erlaubt es ihnen, ihre Umwelt in einem neuen Licht zu sehen, einen Schritt in das eigene Leben zu tun, anderen Jugendlichen ihre Kompetenz zu beweisen und ihr Gehirn zu stimulieren.

Die Amygdala ist der Teil des Gehirns, der für Emotionen, vor allem für Angst und Furcht, zuständig ist. Wenn Jugendliche gestresst sind oder sich in gefühlsgeladenen Situationen befinden, wird ihr Verhalten oft von der Amygdala gesteuert. Erwachsene dagegen verlassen sich in ähnlichen Situationen eher auf ihre Frontallappen, um die Situation zu beurteilen und entsprechend zu reagieren.

Obwohl Jugendliche oft mehr von ihren Gefühlen als von logischem Denken geleitet werden, deuten sie die Gefühle anderer häufig falsch. Sie sehen Ärger und Ablehnung in Situationen, in denen diese gar nicht vorhanden sind. Daher sind Jugendliche auch schnell davon überzeugt, dass keiner sie ausstehen kann, dass der Lehrer sie nicht mag und dass sie dumm angemacht worden sind.

Generell sind Jugendliche verstärkt dazu bereit, Risiken einzugehen und sich zu beweisen, aber wenn sie sich in einer Gruppe Gleichaltriger befinden, dann tendieren sie dazu, noch größere Risiken einzugehen, als wenn sie alleine sind. Vor allem, wenn es um Drogen und Alkohol geht, kann diese Risikobereitschaft weitreichende Folgen haben. Es stellt sich also die Frage, ob Jugendliche anfälliger für Drogenmissbrauch sind als Erwachsene. Es hat den Anschein, dass Heranwachsende mehr Alkohol vertragen als Erwachsene und sich weniger schnell betrunken fühlen. Sie scheinen auch die entspannenden und enthemmenden Folgen von Alkohol mehr zu genießen. Wenn darüber hinaus der Alkoholkonsum auch im Freundeskreis akzeptiert wird, dann steigt damit die Wahrscheinlichkeit, dass Jugendliche regelmäßig Alkohol zu sich nehmen.

Es ist nicht klar erwiesen, aber wahrscheinlich und schlüssig, dass Alkoholkonsum im Jugendalter zu langfristigen Änderungen im Gehirn führen kann. Vor allem das Gedächtnis scheint betroffen zu sein. Aber auch die Frontallappen können in ihrer Entwicklung gestört werden und damit auch die Entscheidungsfähigkeit und das logische Denken.

Wieder stellt sich die Frage: Was können Eltern tun, damit sich das Gehirn ihrer Kinder gesund entwickeln kann? Zum einen bedeuten diese Einsichten, dass Jugendliche noch nicht in der Lage sind, ihr Leben alleine in die Hand zu nehmen und alle Entscheidungen zu treffen. Eltern können ihren Teenagern helfen, die Frontallappen zu trainieren, Nervenverbindungen zu festigen und hormonelle Veränderungen und die damit einhergehenden Stimmungsschwankungen mit mehr Gelassenheit hinzunehmen. Sie können ihren Kindern beibringen, was während der Pubertät in ihren Gehirnen vorgeht und wie sie diese Vorgänge beeinflussen können, und wie sie innehalten und nachdenken, also die Weisheit der Frontallappen anzapfen können, wenn sie sich in emotionsgeladenen Situationen befinden. Mit anderen Worten: Eltern spielen eine wichtige Rolle in der Gehirnentwicklung ihrer Kinder, nicht nur am Anfang des Lebens, sondern auch während der Pubertät.

Die moralische Entwicklung[9]

Mit ihrem »neuen« Gehirn, das abstrakt denken, neue Ideen analysieren und Wahrscheinlichkeiten abschätzen kann, fangen Jugendliche an, sich über die Werte und Glaubenssätze Gedanken zu machen, die sie als Kinder einfach übernommen und nie hinterfragt haben. Sie fragen sich, ob all das, was ihnen ihre Eltern beigebracht haben, tatsächlich wahr ist. Eltern, die diese Fragen nach Glaubenssätzen und Werten abfällig beantworten oder ihrem Teenager für das Nachfragen Schuldgefühle vermitteln, stellen sich damit selbst ins Abseits. Negative oder dogmatische Antworten bestärken den Jugendlichen nur in seiner Meinung, dass alles, was die Eltern sagen und glauben, sowieso falsch ist. Ermutigen Sie Ihren Teenager, diese Fragen zu stellen und seine eigenen Antworten zu finden. Beantworten Sie seine Fragen ehrlich und ohne ihn zu konfrontieren. Wenn Sie die Antworten nicht kennen, dann schlagen Sie ihm eine Person vor, die seine Fragen wahrscheinlich besser beantworten kann. Weisen Sie ihn auf Bücher, Internetseiten und DVDs hin, die sich mit diesen Themen beschäftigen.

Jugendliche müssen als Teil ihrer moralischen Entwicklung Werte, die sie in der Vergangenheit blind angenommen haben, überprüfen und sich zu eigen machen. Man kann Teenagern keine Werte und Glaubenssätze

9 Hierzu finden Sie mehr bei Mietzel, *Wege in die Entwicklungspsychologie* und Montada, *Moralische Entwicklung und moralische Sozialisation.*

aufzwingen. Oft genug entscheiden sich Jugendliche nach ein paar Jahren des Suchens und Fragens für die Werte und Glaubenssätze, mit denen sie aufgewachsen sind. Wenn die Eltern diesen Prozess des Hinterfragens nicht zulassen, dann steigt die Wahrscheinlichkeit, dass der Jugendliche immer wieder Werten in seinem Leben einen Platz einräumt, die sich von denen seiner Eltern so weit wie möglich unterscheiden.

Lassen Sie uns die moralische Entwicklung eines Menschen betrachten. Auch wenn das Modell von Lawrence Kohlberg nicht unumstritten ist, hilft es, zu erklären, warum es so wichtig ist, einen Jugendlichen dabei zu unterstützen, die bisher nicht hinterfragten Werte und Glaubenssätze zu analysieren:

Je älter ein Kind ist, desto mehr kann es sich in die Position eines anderen Menschen hineinversetzen und die Welt aus einer Perspektive betrachten, die sich von der eigenen unterscheidet. Dieses Einfühlungsvermögen ist ein zentrales Element der moralischen Entwicklung. Weiterhin muss ein Kind lernen, Werte und Normen nicht einfach anzunehmen, sondern sie zu verstehen und sogar erklären zu können. Deshalb müssen sie die Glaubenssätze, die sie bislang bedingungslos akzeptiert haben, hinterfragen und analysieren. Das letzte wichtige Element der moralischen Entwicklung ist die zunehmend komplexere Erklärung von Verhaltensweisen. Warum tun Menschen, was sie tun? Dazu gehört natürlich auch die Frage, warum man selbst in einer bestimmten Weise handelt. Je weiter ein Kind sich entwickelt, desto weniger oft erklärt es sein Verhalten damit, dass es Lust dazu hatte – oder eben nicht.

Der Psychologe und Erziehungswissenschaftler Lawrence Kohlberg unterscheidet drei Ebenen der moralischen Entwicklung mit jeweils zwei Unterstufen:

Die moralische Entwicklung

Präkonventionelle Ebene
1. Stufe: Egoistische Motive
2. Stufe: Gegenseitigkeit von Beziehungen

Konventionelle Ebene
3. Stufe: Erwartungen von Bezugspersonen
4. Stufe: Erfüllung gesellschaftlicher Erwartungen

Postkonventionelle Ebene
5. Stufe: Einschränkung gesellschaftlicher Normen
6. Stufe: Abstrakte ethische Prinzipien

Auf der ersten Stufe der präkonventionellen Ebene ist Verhalten vor allem von egoistischen Motiven geprägt. Hier kümmern sich Kinder wenig um moralische Konventionen. Sie erkennen, dass Erwachsene mehr Macht haben und befolgen die von Autoritätspersonen gesetzten Regeln vor allem, um Strafen oder negative Konsequenzen zu vermeiden oder um etwas zu bekommen. Die meisten Kinder bleiben bis zum Alter von etwa neun Jahren auf dieser Ebene. Erfahrungswerte zeigen, dass viele Straftäter (Jugendliche und Erwachsene) sich immer noch auf dieser Stufe der moralischen Entwicklung befinden.

Auf der zweiten Stufe dieser Ebene erkennen Kinder, dass Beziehungen auf Gegenseitigkeit beruhen. Obwohl ihr Verhalten in der Regel immer noch von den eigenen Bedürfnissen gesteuert wird, handeln sie oft nach dem Prinzip: »Wie du mir, so ich dir.« Ihr Gerechtigkeitsempfinden ist oft sehr stark und sie bestehen darauf, dass das Leben »fair« ist. Sie reagieren kooperativ auf kooperatives Verhalten und schmieden Rachepläne, wenn ihnen Unrecht angetan wurde.

Jugendliche und die meisten Erwachsenen befinden sich auf der zweiten Ebene der moralischen Entwicklung, der konventionellen Ebene. Hier werden die moralischen Erwartungen, die an sie herangetragen werden, als solche erkannt. Es geht nicht mehr nur darum, die eigenen Interessen zu wahren und Strafen zu vermeiden. Die Person ist sich bewusst, dass ein Netz von moralischen Normen existiert und diese einem guten Zweck dienen.

Auf der dritten Stufe geht es darum, den Erwartungen von wichtigen Bezugspersonen gerecht zu werden. Wenn der Jugendliche das nicht schafft, dann empfindet er Schuldgefühle. Auf dieser Stufe kann sich der Jugendliche in andere Menschen hineinversetzen und deren Verhalten und Intention verstehen. Da es als wichtig empfunden wird, es anderen recht zu machen, ist es auch wichtig, sich um andere zu kümmern und ihnen zu helfen – sogar, wenn das dazu führt, dass gesellschaftliche Normen verletzt werden. Das Argument ist dann oft: »Aber es war doch gut gemeint.«

Auf der vierten Stufe steht die Erfüllung gesellschaftlicher Erwartungen im Mittelpunkt. Es geht nicht mehr nur darum, es den Menschen recht zu machen, die dem eigenen sozialen Gefüge angehören (also Familie und Freunde), sondern darum, die moralischen Normen zu erfüllen, die für das Funktionieren der Gesellschaft als Ganzes notwendig sind. Menschen erfüllen ihre gesellschaftlichen Pflichten, um Schuldgefühle zu vermeiden und die soziale Ordnung aufrechtzuerhalten. Viele Jugendliche und Erwachsene entwickeln sich nie über diese Stufe hinaus.

Um sich von einer Ebene auf die andere zu bewegen, ist es wichtig, moralische Normen zu hinterfragen und Autoritäten nicht blind zu folgen. Leider hat es oft den Anschein, dass Jugendliche, die sich auf der dritten Ebene befanden, wieder auf die erste Ebene der moralischen Entwicklung zurückgefallen sind, wenn sie beginnen, Werte und Normen zu hinterfragen, denn in der Übergangsphase gelingt es ihnen noch nicht, ihre eigenen Normen logisch zu begründen oder konsequent danach zu handeln. Sie scheinen moralisch orientierungslos, denn sie verhalten sich nach ihren persönlichen Ansichten und Emotionen, nicht nach Prinzipien. Ihre Moral ist von eher willkürlicher Natur. Was heute als moralisch richtig angesehen wird, kann morgen falsch sein. Sie haben Schwierigkeiten, zu definieren, was sie als ihre Pflichten ansehen, und zu begründen, warum es wichtig ist, diese zu erfüllen. Im ungünstigsten Fall verbleiben Jugendliche in dieser Übergangsstufe. Ansonsten kehren sie zu einem Verhalten zurück, das mit der konventionellen oder sogar mit der postkonventionellen Ebene in Einklang ist.

Nur eine Minderheit von Erwachsenen erreicht die letzte, die postkonventionelle Ebene der moralischen Entwicklung, und das meist erst nach dem 20. Lebensjahr. Auf dieser Ebene lösen sich Menschen von den etablierten Normen und Regeln und orientieren sich in ihrem Verhalten vielmehr daran, was gerecht, nützlich, vernünftig und respektvoll ist. Ein Stufenmodell impliziert oft, dass die höheren Stufen erstrebenswerter oder besser sind als die niedrigeren. In diesem Fall ist das nicht unbedingt richtig. Stellen Sie sich vor, dass sich die Mehrheit der Erwachsenen in einer Gesellschaft auf der postkonventionellen Ebene befindet. Damit würden gesellschaftliche Normen und Regeln nur sporadisch eingehalten, Konventionen würden sich ständig ändern und Stabilität wäre nahezu unmöglich.

Auf der fünften Stufe akzeptieren Menschen gewisse gesellschaftliche Normen, weil sie diese als gerecht und hilfreich empfinden. Andere Regeln werden hinterfragt und nur eingehalten, wenn es eine befriedigende Begründung gibt.

Auf der sechsten Stufe wird das Verhalten nicht mehr von Regeln und Normen gelenkt, sondern von abstrakten ethischen Prinzipien, die das Gemeinwohl und das harmonische Miteinander in den Mittelpunkt stellen.

Kohlbergs Modell erklärt, warum es für Jugendliche wichtig ist, die elterlichen Werte und die gesellschaftlichen Normen zu hinterfragen. Dieses Modell sollte aber nicht unkritisch akzeptiert werden. Teilweise können sich auch Kinder im Grundschulalter schon auf der konventionellen Ebene befinden. Außerdem scheint dieses Modell Frauen zu benachteiligen, weil sie im Allgemeinen mehr Wert auf Beziehungen, Fürsorge, und Mitgefühl legen. Sie verletzen unter Umständen gesellschaftliche Normen, weil ihnen der Dialog und das Miteinander in ihrem sozialen Netzwerk wichtiger sind als abstrakte gesellschaftliche Pflichten. Damit entwickeln sie sich praktisch nie über die dritte Stufe hinaus. Männer dagegen scheinen oft eher pflichtbewusst und gerechtigkeitsorientiert zu sein. Damit würden sie sich auf der vierten Stufe befinden. Ein anderer Kritikpunkt ist, dass moralische Urteile oft situationsgebunden sind und es damit schwer ist, Menschen einer bestimmten Stufe zuzuordnen.

Eltern sollten das Ziel haben, Ihrem Teenager dabei zu helfen, die konventionelle Ebene der moralischen Entwicklung zu erreichen. Dazu gehört einerseits, dass sie ihm ihre Werte mitteilen und vorleben, und andererseits, dass sie seinen Entwicklungsprozess, und damit sein Hinterfragen, so gut wie möglich unterstützen.

Verschiedene Lernstile

Nachdem Sie bereits viel darüber gelernt haben, was mit Ihrem Teenager passiert und Sie ihn und sein manchmal merkwürdiges Verhalten besser verstehen können, lassen Sie uns nun betrachten, wie Menschen lernen. Sie sind einer der wichtigsten Lehrer im Leben Ihres Kindes. Je besser Sie verstehen, wie Ihr Kind lernt, desto spezifischere Hilfestellungen können Sie ihm geben. Es gibt viele verschiedene Methoden, Lernstile zu kategorisieren. Lassen Sie uns ein paar Modelle ansehen und dabei jeweils über die praktischen Anwendungen für Sie und Ihre Familie nachdenken.

In der ersten Aufteilung von Lerntypen geht es darum, wie man Information am besten aufnimmt, verarbeitet und behält:[10]

1. Der visuelle Lerntyp lernt durch das Sehen. Er liest gerne und sieht gerne Bilder, Illustrationen, Grafiken oder Karten an, um neue Dinge zu verstehen. Außerdem schreibt er gerne mit und erinnert sich am

10 Decker, Franz: Alles beginnt im Kopf – Mindfitness für jedermann. Lexika 1999

besten an das, was er gelesen und gesehen hat. Visuelle Lerner brauchen eine schöne, ruhige und geordnete Lernumgebung. Unordnung und zu viel visuelle Stimulation lenken ihn leicht ab. Sie beobachten, was jemand tut, und lassen sich etwas Neues zeigen, um es zu verstehen. Ein Beispiel:

Melanies 15-jährige Tochter Tanja lernt visuell. Bevor die beiden das wussten, stand Tanjas Schreibtisch am Fenster und der Fernseher in ihrem Zimmer lief ständig. Ob es ein Arzttermin war oder die Bitte, den Müll rauszubringen, Tanja vergaß immer wieder, was ihre Mutter ihr sagte, egal wie oft Melanie sie erinnerte. Als Melanie etwas über Lerntypen hörte, veränderte sich in der Familie einiges zum Besseren. Jetzt hängt eine Tafel neben der Wohnungstür, auf die Melanie alle wichtigen Termine und Aufgaben schreibt. Wenn Melanie Tanja an etwas erinnern will, schickt sie ihr eine SMS, statt sie anzurufen. Seit der Schreibtisch an der Wand steht, an der das Bild einer Berglandschaft hängt, das Tanja sich ausgesucht hat, alle ihre Bücher, Papiere und Schreibutensilien in einem neuen Regal geordnet sind und der Fernseher im Schlafzimmer steht, sind Tanjas Noten besser geworden. Auch ihren Lehrern ist positiv aufgefallen, dass sie jetzt fast immer alle Hausaufgaben macht, die sie sich in den neuen Planer schreibt, den ihre Mutter ihr gekauft hat.

2. Der auditive Lerntyp lernt durch das Hören. Dieser Lerntyp lernt am besten, wenn ihm der Lernstoff vorgelesen oder erzählt wird oder er ihn sich selbst laut vorliest. Dieser Typ kann gut auswendig lernen, lässt sich aber in schriftlichen Prüfungen schnell durcheinanderbringen, wenn die Fragestellung von dem abweicht, was er auswendig gelernt hat. Ihm liegen mündliche Aufgaben besser. Nebengeräusche lenken ihn schnell ab. Ein Beispiel:

Thomas und sein 16-jähriger Sohn Mark sind beide auditive Lerntypen. Thomas las seinem Sohn jahrelang alle möglichen Bücher vor, bis Mark dafür zu cool war und dankend ablehnte. Auf lange Autofahrten nahmen die beiden immer ausreichend CDs mit Hörspielen mit. Mark hat ein ausgezeichnetes Grundwissen und die Schule sollte ihm eigentlich leichtfallen, er bekommt in Klausuren aber immer unterdurchschnittliche Noten, obwohl er darauf besteht, dass er gelernt und den Stoff verstanden hat. Mark ist sehr ehrgeizig und möchte gerne Medizin studieren, aber er hat einfach nicht die Noten dafür. Als die Familie vom Konzept der unterschiedlichen Lerntypen erfuhr, trafen sich Thomas und Mark mit Marks Lehrern und seinem Konrektor. Dabei stellte sich heraus, dass Mark in seinen Klassenräumen meistens am

Fenster saß, die – vor allem im Sommer – oft offen waren. Die Schule lag an einer Straßenbahnhaltestelle und Mark wurde durch das ständige Kommen und Gehen vom Unterricht abgelenkt. Um ihm bei Klausuren zu helfen, vereinbarte er mit seinen Lehrern, dass, wenn möglich, die Aufgabenstellung laut vorgelesen wurde (oder er die Gelegenheit bekam, sie sich selbst laut vorzulesen). Außerdem bekam er die Erlaubnis, Oropax während der Klausuren zu benutzen, um Nebengeräusche auszuschalten.

3. Der kommunikative Lerntyp lernt durch Gespräche. Er versteht den Lernstoff am besten, wenn er sich durch Diskussionen und Gespräche damit auseinandersetzen kann. Gespräche sind besonders dann hilfreich, wenn der Lernende sowohl die Fragen stellt als auch die Erklärungen abgibt. Auch mit Rollenspielen kann man hier gute Ergebnisse erzielen. Ein Beispiel:

Moritz ist 14. Seine Eltern sind frustriert und genervt, weil er ständig alles hinterfragt und über alles diskutieren will. Egal, was sie sagen oder um was sie ihn bitten, er fragt immer wieder nach und will alles genau ausdiskutieren, bis er bereit ist, etwas zu tun. Bevor seine Eltern herausfanden, dass Moritz ein kommunikativer Lerntyp ist, dachten sie, dass er aufsässig, stur und faul sei und sich durch das viele Reden um die Aufgaben herumdrücken wollte. Mittlerweile wissen sie, dass Moritz nicht böswillig ist, wenn er Fragen stellt oder eine Aufgabe diskutieren will, sondern dass er durch den Dialog lernt und zu verstehen versucht, was genau von ihm erwartet wird. Mittlerweile gehen sie die vielen Diskussionen gelassener an und begrüßen, dass Moritz genau wissen will, was er tun soll.

4. Der motorische Lerntyp lernt durch Bewegung. Dieser Lerntyp versteht neue Konzepte am besten, wenn er Handlungsabläufe selbst durchführen oder imitieren kann. Er lernt am besten durch Übung, das sogenannte »learning by doing.« Ein Beispiel:

Jessica ist 17 und möchte Hotelfachfrau werden. Sie hat ein Praktikum in einem guten Hotel absolviert und dort jeden Tag etwas dazugelernt. Mittlerweile hat sie eine Ausbildung in einem anderen Hotel begonnen und ist völlig frustriert. Vor allem die Berufsschule fällt ihr schwer, aber auch die langen Vorträge ihres Ausbilders und die schriftliche Information, die er den Azubis fast jeden Tag mitgibt, empfindet sie als wenig hilfreich. Sie hat das Gefühl, in den drei Wochen des Praktikums mehr gelernt zu haben als in den drei Monaten ihrer Ausbildung. Frustriert spricht sie mit einer

Berufsberaterin. Durch dieses Gespräch wird ihr klar, auf welche Art sie gut lernen kann: Während des Praktikums hatte sie jede Woche einen anderen »Mentor«, der ihr Aufgaben zeigte und sie diese dann üben ließ, bis sie diese selbstständig erledigen konnte. Durch die Hilfe der Berufsberatung findet Jessica eine Ausbildung, die auf dem Mentorkonzept beruht. Jessica ist glücklich an ihrem neuen Ausbildungsplatz und lernt schneller.

Unabhängig davon, welcher Lerntyp man ist, ist es sehr hilfreich, neue Informationen durch so viele Lernarten wie möglich aufzunehmen, denn je vielfältiger man sich den Lernstoff aneignet, desto mehr Möglichkeiten hat das Gehirn, die Informationen zu verarbeiten und sie auch zu behalten. Die Erinnerungsquote für neue Inhalte steigt deutlich an, je mehr Wahrnehmungskanäle am Lernprozess beteiligt waren. Wissenschaftliche Studien zeigen, dass man von einer neuen Information, die man akustisch wahrnimmt, etwa 20 Prozent behält. Wenn man sie sieht, behält man 30 Prozent. Wenn man sie sieht und hört, behält man 50 Prozent. Wenn man neue Informationen sieht, hört und darüber diskutiert, behält man 70 Prozent, und wenn man etwas sieht, hört, darüber diskutiert und schließlich handelt, dann behält man 90 Prozent.

Der amerikanische Bildungstheoretiker und Psychologe David Kolb teilt den Lernprozess in vier Phasen ein, die jede neue Erfahrung durchlaufen muss, um »gelernt« zu werden:[11]

In Phase eins (Erleben) macht der Jugendliche eine neue Erfahrung. Das setzt voraus, dass er neuen Erfahrungen gegenüber offen ist und diese ohne Vorurteile betrachten kann, ohne sie sofort durch bekannte Erklärungsmuster zu interpretieren.

In Phase zwei (Beobachten) betrachtet der Jugendliche dann diese neue Erfahrung von allen Seiten, beobachtet genau und reflektiert, was denn da eigentlich passiert ist.

In Phase drei (Denken) versucht der Jugendliche, diese neue Erfahrung zu erklären. Er entwickelt eine Theorie oder eine Regel, die es möglich macht, diese neue Erfahrung zu generalisieren.

In der vierten Phase (Tun) wird dieser Erklärungsansatz dann getestet und erprobt. Damit will der Jugendliche herausfinden, ob diese Erfahrung ein einzelnes Erlebnis war oder tatsächlich Ausdruck einer allgemeinen Lebensregel ist. Wenn sich diese Erfahrung verallgemeinern lässt, dann hat der Jugendliche damit eine neue Erkenntnis gewonnen, die er nun auf den Rest seines Lebens anwenden kann. Je nach individuel-

---

11 Kolb, David A.: *Experimental Learning*. Prentice Hall. Englewood Cliffs, NJ 1984

lem Lernstil legen Menschen mehr Wert auf eine bestimmte Phase und verweilen dort am längsten.

Ein Beispiel soll die Bedeutung dieses Modells für Eltern illustrieren:

Frank und Susanne haben eine 15-jährige Tochter, Sophia. Bereits als kleines Mädchen konnte Sophia ihren Vater um den Finger wickeln. Am Anfang war es »süß«, dass der Papa Sophia rettete, wenn sie sich in eine verfahrene Situation gebracht hatte. Mittlerweile ist das ein elementarer Streitpunkt zwischen Frank und Susanne. Die Familie erinnert sich gut an die Zeit, als Sophia – ohne zu fragen – das neue Fahrrad des Nachbarsjungen nahm und damit gegen einen Baum fuhr. Sophia blieb bis auf ein paar Schrammen unverletzt, aber das Fahrrad war ziemlich verbogen. Ihr Vater kaufte dem Jungen ein neues Fahrrad und die Familie sprach nie wieder davon, dass Sophia ein Fahrrad gestohlen hatte. Ähnliche Erfahrungen häuften sich über die Jahre. Mittlerweile geht Sophia jeden Tag mit Freunden aus, kommt nach Hause, wann sie will, und hilft nur im Haushalt mit, wenn ihr Vater sie dafür bezahlt. Ihre Mutter vermutet, dass Sophia regelmäßig trinkt. Frank glaubte das nicht, bis zu jenem Abend, an dem das Krankenhaus anrief, um den Eltern mitzuteilen, dass Sophia mit einer Alkoholvergiftung eingeliefert wurde. Frank und Susanne fingen daraufhin endlich an, miteinander über Sophia zu reden. Susanne hatte ein Buch gelesen, das sich mit natürlichen und logischen Konsequenzen befasste. Frank erklärte sich bereit, diese neuen Strategien auszuprobieren.

Als Sophia aus dem Krankenhaus nach Hause kam, erwartete sie, dass mit einer Entschuldigung alles wieder beim Alten sein würde. Sie war geschockt (Phase eins: neue Erfahrung), als sie sah, dass ihre Eltern ihr Zimmer umgeräumt hatten. Der Fernseher war weg, der Computer stand im Wohnzimmer. Und sie bekam ihren eigenen Wohnungsschlüssel nicht zurück. An der Wand hing eine Tafel mit einer Liste von Aufgaben und entsprechenden Konsequenzen, sollte sie diese Aufgaben nicht erledigen. In Panik rief sie ihre beste Freundin an (Phase zwei: Analysieren der Situation), die ihr bestätigte, dass sich nicht wirklich etwas verändert hatte, sondern dass ihre Eltern ihr all ihre Sachen schnell zurückgeben würden und alles beim Alten bleiben würde (Phase drei: Erklärungsversuch, leider ohne die Offenheit und Vorurteilslosigkeit, die das Lernen von neuen Dingen erlauben würde). Sophia blieb ein paar Tage lang zu Hause und kam immer pünktlich zurück, wenn sie wegging. Aber sie erledigte keine der Aufgaben, die auf der Tafel standen. Als sie dann am folgenden Sonntag nach ihrem Taschengeld fragte, erklärte Frank, dass sie diese Woche durch ihre Entscheidung, nicht im Haushalt mitzuhelfen, klar und deutlich kommuniziert hatte, dass sie kein Taschengeld brauchte – und er ihre Entscheidung respektierte. Sophia blieb der Mund offen stehen (Phase eins: neue Erfahrung). Dann fing sie an zu weinen (etwas, das ihren Vater sonst immer dazu brachte, ihr das zu geben, was sie wollte). Aber Frank teilte ihr nur seine Hoffnung mit, dass sie sich nächste Woche anders entscheiden würde. Nach einer erneuten Beratung mit ihrer Freundin (Phase zwei) entschied sich Sophia, ihre Eltern auf die Probe zu stellen (Phase drei: Erklärungsansatz und Plan, diesen zu testen). Glücklicherweise hatten die Eltern mittlerweile Kontakt zu einem Therapeuten aufgenommen, sonst wären die nächsten Wochen noch anstrengender geworden. Sophia stellte den Computer zurück in ihr Zimmer (Phase vier: Testen der Hypothese »Alles wird beim Alten bleiben«), nur um festzustellen, dass der Computer am nächsten Tag ganz verschwunden war. Nachdem sie vor Wut regelrecht in die Luft gegangen war, bot Frank ihr an, dass sie sich selbst beruhigen könne oder dass er einen Krankenwagen rufen könne, um sie in die Klinik einzuweisen, bevor sie sich verletzte (Phase eins: neue Erfahrung). Es folgten vier Wochen, in denen Sophia ihre Eltern immer wieder auf die Probe stellte, bis sie glaubte, dass diese sich wirklich verändert hatten und dass ihr altes Verhalten nicht mehr die gewünschten Resultate haben würde (Phase drei: Erklärungsansatz, der dieses Mal berücksichtigt, dass die neuen Erfahrungen tatsächlich neu und anders sind). Danach wurde es etwas einfacher – nicht wirklich einfach, aber wenigstens etwas einfacher. Sophia ging ein paarmal mit den Eltern zur Therapie. Die Familie entwarf einen Vertrag, der Grenzen, Konsequenzen und Erwartungen ausführlich und klar darlegte. Sophia versuchte immer wieder einmal, ihr altes Verhalten durchzusetzen, merkte aber schnell, dass durch das neue System von Konsequenzen sie diejenige war, die einen Preis für ihre dummen Entscheidungen bezahlen musste und sie ihren Eltern zwar Mitgefühl entlocken konnte, diese sie aber die Konsequenzen alleine ausbaden ließen (Phase vier: Testen des neuen Erklärungsansatzes).

David Kolb entwickelte vier Lernstile, die jeweils zwei der Lernphasen betonen:

Der **Divergierer** nimmt sich viel Zeit, neue Informationen zu sammeln (Erleben und Beobachten). Er hat Spaß daran, Situationen aus verschiedenen Perspektiven zu betrachten und Menschen und ihr Verhalten zu beobachten. Divergierer interessieren sich oft für Kunst und Kultur, sind fantasievoll und emotional, haben eine starke Vorstellungskraft, arbeiten gerne in Gruppen und begegnen neuen Erfahrungen mit Offenheit. Divergierern fällt es oft schwer, ihre detaillierten Beobachtungen in Erklärungsansätze umzusetzen oder praktische Anwendungen zu entwickeln.

Assimilierer beobachten ausführlich und entwickeln dann ein passendes Erklärungsmodell (Beobachten und Denken). Ihnen sind Ideen und abstrakte Konzepte oft wichtiger als Menschen. Sie suchen nach guten Erklärungen und sind nicht unbedingt an der praktischen Anwendung interessiert. Neue Ideen organisieren sie logisch und präzise und brauchen viel Zeit, um Dinge zu durchdenken. Sie arbeiten oft in wissenschaftlichen Berufen.

Konvergierer konzentrieren sich darauf, Lösungen von praktischem Nutzen zu finden (Denken und Tun). Sie experimentieren gerne und können oft praktische Anwendungen theoretischer Ideen finden. Ideen als solche sind ihnen zu trocken und auch Beziehungen sind ihnen weniger wichtig als das Tüfteln, Basteln und Ausprobieren.

Der **Akkomodierer** verlässt sich auf seine Intuition. Er spürt oder erfährt etwas und probiert dann aus, was man aus dieser Erfahrung machen kann (Erfahren und Tun). Er verbringt wenig Zeit damit, die neue Information zu analysieren oder zu organisieren, sondern fängt lieber gleich an zu experimentieren. Auch er arbeitet gerne in einer Gruppe, denn dann kann er sich auf andere Menschen verlassen, um das neue Material zu durchdenken und Ideen zu entwickeln, die er dann gekonnt in die Praxis umsetzt.

Der Lernstil eines Jugendlichen hat natürlich Einfluss auf seine Berufswahl, aber auch Eltern, die versuchen, ihrem Teenager etwas beizubringen, können die Kenntnis seines Lernstils dazu nutzen, um effektivere Lehrer zu sein.

Erwartungen

Eltern bringen ihren Kindern bewusst, aber eben auch unbewusst jeden Tag etwas bei. Allerdings denken Eltern manchmal auch irrtümlicherweise, dass sie ihrem Kind etwas beigebracht haben. In diesen Situationen erwarten Eltern, dass ihr Kind genau weiß, was sie meinen, wenn sie eine Anweisung geben, um etwas bitten oder eine Aufgabe stellen, ohne dass sie ihrem Kind je wirklich erklärt haben, was sie erwarten. Wie oft haben Sie Ihrem Teenager gesagt: »Putz das Badezimmer!«? Dann haben Sie zwei Stunden später ins Badezimmer geschaut und es sah genauso unordentlich aus wie vorher, während Ihr Kind darauf besteht, dass es geputzt hätte.

Wenn ihr Kind sich nicht um die Arbeit herumgedrückt hat (was, wie Sie wissen, durchaus passieren kann), dann haben Sie wahrscheinlich beide recht – und ein total unterschiedliches Bild davon, was es bedeutet, ein Badezimmer zu putzen.

Um solche Missverständnisse in Zukunft zu vermeiden, lassen Sie Ihr Kind genau wissen, was Sie erwarten. Nutzen Sie aus, was Sie über den Lernstil Ihres Teenagers gelernt haben, während Sie die folgenden Schritte durchgehen:

- Erklären Sie, was Sie erwarten: »Alle Handtücher müssen gefaltet im Regal liegen oder aufgehängt werden. Die Toilette muss mit der Toilettenbürste und diesem Putzmittel geputzt werden. Die Badewanne und die Waschbecken werden mit diesem Lappen ausgewischt ...« (Hören)
- Machen Sie vor, was Sie erwarten. Zeigen Sie Ihrem Kind, wie man Badetücher faltet, wie man eine Toilette sauber macht, wie man einen Spiegel putzt. (Sehen)
- Dann lassen Sie sich von Ihrem Kind zeigen, dass es verstanden hat, was Sie ihm beigebracht haben. Putzen Sie das Badezimmer zusammen. Schauen Sie zu, während Ihr Kind die Toilette putzt und verbessern Sie unter Umständen seine Technik. Bedenken Sie aber, dass es mehr als einen Weg gibt, ein Badezimmer zu putzen. Wenn das Ziel erreicht wird, ist es nicht wichtig, dass Ihr Kind es genauso macht wie Sie. (Tun)
- Ein paar Tage später bitten Sie Ihren Teenager darum, das Badezimmer zu putzen. Stehen Sie für Fragen zur Verfügung.
- Wenn Ihr Kind fertig ist, lassen Sie sich von ihm zeigen, was es gemacht hat. Falls nötig, machen Sie Verbesserungsvorschläge. Zeigen Sie Ihrem Kind, was es vergessen oder übersehen hat. Machen Sie es noch einmal zusammen. Loben Sie, was richtig oder gut gemacht wurde. (Diskutieren)
- Geben Sie Ihrem Teenager ein paar Tage später die gleiche Aufgabe.

- Auch dieses Mal lassen Sie sich zeigen, was Ihr Kind gemacht hat. Falls nötig, machen Sie erneut Verbesserungsvorschläge. Zeigen Sie ihm auch dieses Mal, was es vergessen oder übersehen hat. Machen Sie es noch einmal zusammen. Loben Sie, was richtig oder gut war.
- Erst, wenn Sie sich sicher sind, dass Ihr Kind wirklich weiß, was Sie erwarten, ziehen Sie Konsequenzen für unerledigte Aufgaben.

Genauso erklären Sie, was Sie erwarten, wenn Sie darum bitten, dass Ihr Teenager die Küche aufräumt, den Tisch deckt, sein Zimmer in Ordnung bringt, den Rasen mäht oder auf die kleinen Geschwister aufpasst. Je nach Lernstil Ihres Teenagers benutzen Sie mehr oder weniger Worte, lassen Sie Ihr Kind mit verschiedenen Reinigungsmitteln experimentieren, um selbst zu entdecken, wie man streifenfreie Fenster erreicht, oder diskutieren Sie den Sinn und Unsinn eines perfekt gebügelten Hemdes. Versuchen Sie außerdem, etwas Spaß in die Sache zu bringen – so lernt es sich leichter.

Folgendes Experiment zeigt, wie wichtig genaue Anweisungen und Erwartungen sind. Es führt außerdem oft zu lustigen Ergebnissen. Sie brauchen drei bis vier Teilnehmer, damit es sich lohnt. Geben Sie jedem ein Blatt Papier und einen Stift. Dann bitten Sie die Teilnehmer, eine schrittweise Anleitung zu schreiben, wie man Spiegeleier brät, Spaghetti kocht, ein Pausenbrot schmiert, einen Tomatensalat zubereitet oder Pfannkuchen backt. Sie werden den Anweisungen anschließend folgen müssen, wählen Sie deshalb möglichst ein Gericht, das sich im Beisein aller zubereiten lässt und dessen Zubereitung nicht zu lange dauert. Sammeln Sie die Anleitungen ein und folgen Sie dann jeder Anweisung wortwörtlich.

Hanna, ihr Mann Egon, zwei Söhne und ein Freund führten dieses Experiment mit Pausenbroten durch. Hanna hatte eine Salami, ein Stück Käse, einen Laib Brot, Butter, ein Messer, einen Kopfsalat und ein paar Tomaten auf den Tisch gestellt und die Männer gebeten, ihr genaue Anweisungen zu geben, um ein Pausenbrot zu schmieren.

Egon hatte folgende Idee, die von Hanna durchgeführt wurden:

- Schneide zwei Scheiben Brot ab und lege die Wurst auf das Brot.

Hanna schnitt zwei dicke Scheiben Brot ab und legte die ganze Salami auf eine Brotscheibe.

- Lege dann eine Scheibe Käse auf das Brot.

Hanna schnitt eine zwei Zentimeter dicke Scheibe Käse ab und balancierte diese auf der Salami.

- Lege die andere Scheibe Brot auf den Käse.

Hanna versuchte, die andere Brotscheibe auf dem Salami-Käse-Turm zu balancieren.

Währenddessen gratulierte ihre Familie dem Vater lachend zu seinem Pausenbrot.

Der 14-jährige Stefan beschrieb das Belegen eines Pausenbrotes folgendermaßen:

- Nimm eine Scheibe Brot und lege eine Scheibe Tomate und Salat drauf.

Hanna nahm eine der Scheiben, schnitt eine Scheibe Tomate und legte sie auf das Brot. Dann nahm sie den Salat und legte ihn ebenfalls auf das Brot.

- Lege eine Scheibe Käse auf das Brot und dann das andere Brot.

Hanna legte die vorher abgeschnittene Scheibe Käse auf die Brotscheibe mit der Tomate und dem Salat und legte dann den restlichen Brotlaib auf das Ganze.

Auch Stefan bekam lauten Applaus für seine Kreation, auch wenn sie niemand essen wollte.

Der 16-jährige Gerrit gab die folgenden Anweisungen:

- Nimm das Brot und beschmiere es mit Butter.

Hanna nahm den Laib Brot und schmierte Butter über den gesamten Brotlaib.

Da sich an dieser Stelle vor Lachen keiner mehr halten konnte, brach die Familie das Experiment ab. Aber es führte dazu, dass die Familie sich noch eine Weile über Erwartungen, ungenaue Anweisungen und die Fähigkeit des Gehirns, Anweisungen zu interpretieren, unterhielt. Gerrits Freund ging anschließend nach Hause, um das gleiche Experiment mit seiner Familie zu machen.

Jugendliche beschweren sich oft, dass ihre Eltern sie »nerven«, wenn sie immer wieder das Gleiche sagen und sie ständig daran erinnern, etwas zu tun. Um dieser Kritik vorzubeugen, lassen Sie Ihr Kind wissen, wann Sie erwarten, dass eine bestimmte Aufgabe erledigt ist. »Räum bitte dein Zimmer auf. Ich werde Freitagabend um 18 Uhr dein Zimmer anschauen. Du kannst dann gerne mit deinen Freunden ausgehen, wenn dein Zimmer aufgeräumt ist.« Oder: »Putz bitte heute vor 19 Uhr das Badezimmer.« Falls das Badezimmer um 19 Uhr nicht sauber ist, dann hat das eine Konsequenz. Begehen Sie auf keinen Fall den Fehler, Ihr Kind mehrmals darauf hinzuweisen, dass das Badezimmer immer noch nicht geputzt ist oder dass es schon 18:30 Uhr ist. Um 19:15 Uhr räumen Sie dann das Badezimmer auf und ziehen die vereinbarte Konsequenz.

Kalender, Listen, Tafeln und Notizzettel sind sehr hilfreich, um Kindern und Jugendlichen Erwartungen vor Augen zu halten, Termine und Zeitbegrenzungen aufzuschreiben und sicherzustellen, dass Ihr Kind genau weiß, was wann von ihm erwartet wird. Finden Sie einen Platz in Ihrer Wohnung, wo diese Hinweise schwer zu übersehen sind, zum Beispiel neben der Eingangstür oder am Kühlschrank.

Warum ist es so wichtig, Kindern und Jugendlichen beizubringen, was genau von ihnen erwartet wird? Wenn Kinder Erwartungen erfüllen, dann haben sie einen Grund, auf sich und ihre Leistungen stolz zu sein. Sie fühlen sich kompetent und fähig. Sie entwickeln Selbstvertrauen und Selbstsicherheit. Die Kinder lernen außerdem wichtige Fähigkeiten und Fertigkeiten, die ihnen im späteren Leben helfen werden – vom Wäschewaschen bis zu gutem Zeitmanagement. Wenn Sie Ihren Kindern erlauben, als Teil des Lernprozesses Fehler zu machen, dann können Ihre Kinder aus ihren Fehlern lernen und erleben, dass Übung tatsächlich den Meister macht. Viele Jugendliche geben heutzutage schnell auf, wenn etwas nicht sofort klappt oder wenn sie sich anstrengen müssen, um etwas zu erreichen. Sie sind es gewohnt, dass alles »sofort« passiert und werden schnell ungeduldig, wenn sie auf etwas warten müssen – das Resultat einer Welt, in der Handys, SMS, Instant Messaging, E-Mail, MTV und Mikrowellen den Alltag bestimmen. Diese Erwartung, dass Bedürfnisse schnell und ohne große Anstrengung erfüllt werden, ist wenig hilfreich, wenn es darum geht, Ausdauer, Durchhaltevermögen und Geduld zu entwickeln. Klare Erwartungen, detaillierte Anweisungen und wiederholtes Üben helfen Jugendlichen nicht nur, diese Eigenschaften zu entwickeln, sondern auch verantwortungsbewusster und selbstständiger zu werden.

Lob ist ein wichtiger Teil des Lernprozesses. Wenn Sie Ihrem Kind immer nur zeigen, was es falsch gemacht hat und was es noch nicht gelernt hat, dann wird Ihr Kind schnell entmutigt und verliert die Lust daran, überhaupt etwas lernen zu wollen. Loben Sie viel und oft, loben Sie Teilerfolge und Anstrengung. Seien Sie aber vorsichtig, dass Sie nicht loben und doch gleichzeitig kritisieren: »Das hast du gut gemacht, *aber* …« Kinder und vor allem Jugendliche hören nur das *Aber* und nicht das Lob. Mit dem *Aber* löschen Sie alles, was Sie vorher gesagt haben. Sagen Sie stattdessen »*und*« oder loben Sie zunächst einfach nur und finden später Zeit, etwas zu verbessern und Ihre Erwartungen genauer zu definieren: »Danke, dass du den Herd geputzt hast. Man kann sich fast darin spiegeln. Danke.« Ein paar Stunden später sagen Sie dann: »Können wir noch einmal üben, was man mit dem dreckigen Geschirr macht?« Jugendliche erkennen aber auch sehr schnell, wenn ihre Eltern sie nur loben, um nett zu sein, und nicht, weil tatsächlich etwas geleistet wurde. Eltern meinen es gut, erreichen damit aber oft das Gegenteil. Der Jugendliche wundert sich dann, ob er wirklich ein solcher Versager ist, dass sogar seine Eltern so wenig Lobenswertes an ihm finden, dass sie sich etwas ausdenken müssen. Sein Selbstwertgefühl und seine Zuversicht werden dadurch negativ und nicht – wie von den Eltern beabsichtigt – positiv beeinflusst. Wenn Sie loben, dann loben Sie etwas wirklich Lobenswertes.

In diesem Kapitel haben Sie viel darüber gelernt, wie Ihr Teenager die Welt sieht und wie Sie ihm etwas vermitteln können. Jugendliche sind aber oft sehr wählerisch, wenn es darum geht, sich etwas beibringen zu lassen. Je besser die Beziehung zwischen den Eltern und dem Jugendlichen ist, desto bessere und effektivere Lehrer können die Eltern sein. Auch wenn Ihr Teenager Ihnen klar zu verstehen gibt, dass er Sie nicht mehr braucht, geben Sie nicht so schnell auf. Natürlich ist es einfacher, einem kleinen Kind etwas beizubringen, aber wie Sie wissen, haben auch 17-Jährige ihre Identitätsentwicklung noch nicht abgeschlossen und können positiv beeinflusst werden, solange Sie bereit sind, Zeit und Energie in die Beziehung zu Ihrem Kind zu investieren.

Bevor Sie das nächste Kapitel lesen, nehmen Sie sich bitte etwas Zeit, um über Ihre Beziehung zu Ihrem Kind nachzudenken. Wer ist dieser Teenager? Beschreiben Sie Ihr Kind in zehn Worten. Was sind seine Stärken? Seine Schwächen? Wer sind die wichtigen Erwachsenen im Leben Ihres Kindes? Beschreiben Sie diese Beziehungen etwas genauer. Wer sind die Freunde Ihres Kindes? Welche Eigenschaften schätzt Ihr Kind an diesen Freunden? Beschreiben Sie Ihre Beziehung zu Ihrem Kind. Wenn Sie Zeit miteinander verbringen, was tun Sie dann in dieser Zeit? Sitzen Sie nebeneinander und sehen fern? Streiten Sie miteinander? Reden Sie über wichtige Themen? Beschreiben Sie, wie sich Ihre Beziehung zu Ihrem Kind verändert hat, seit es in die Pubertät gekommen ist. Wie hat sich sein Freundeskreis verändert? Wie haben sich die Beziehungen Ihres Kindes zu anderen Erwachsenen in seinem Leben verändert? Auch Eltern mit den besten Absichten tun Dinge, die ihren Kindern peinlich sind. Was machen Sie nicht mehr, weil es Ihrem Kind peinlich war? Und beobachten Sie schließlich, wie Sie mit Ihrem Teenager im Alltag umgehen. Machen Sie eine Liste und schreiben Sie drei bis fünf Tage lang auf, wie oft Sie Ihrem Kind ein Kompliment machen, es kritisieren, ermutigen und miteinander lachen. Wie viele Minuten reden Sie mit Ihrem Kind? Wie lange sind Sie im gleichen Raum, ohne miteinander zu sprechen? Wann sehen Sie miteinander fern? Wie oft essen Sie gemeinsam? Worüber reden Sie? Sprechen Sie Themen wie Sexualität, Gewalt, Glauben, Alkohol, Drogen und Beziehungen an? Kennt Ihr Kind Ihre Einstellungen bezüglich dieser Themen?

Was haben Sie durch dieses Experiment über Ihre Beziehung zu Ihrem Kind gelernt?

Kapitel 3: Die Sprachen der Liebe
Das Erdgeschoss: Wie liebt man ein Stachelschwein?

Wie oft haben Sie versucht, Ihrem Teenager mitzuteilen, dass Sie ihn lieb haben, und sind auf glatte Ablehnung gestoßen? Hat Ihr Kind Ihnen klargemacht, dass jede liebevolle Geste »peinlich« ist? Dass Ihre Komplimente bedeutungslos sind (»Du musst das ja sagen, weil du meine Mutter bist …«)? Und dass Ihre Meinung unwichtig ist (das berühmt-berüchtigte Augenrollen)? Aber zwei Stunden später bittet derselbe Teenager darum, dass Sie seinen Rücken streicheln, oder schickt Ihnen eine nette E-Mail, die Ihnen das Herz erwärmt. Fühlen Sie sich verwirrt, entmutigt, frustriert oder missverstanden? Geben Sie bitte nicht auf. Ihr Teenager braucht Sie und Ihre Zuwendung – wird das aber erst wirklich zugeben können, wenn er eben kein Teenager mehr ist. Seien Sie sich in der Zwischenzeit der Tatsache bewusst, dass jedes Ihrer Worte wichtig ist und Ihr alltägliches Verhalten genau beobachtet wird. Ihre Worte und Taten können Ihrem Teenager helfen oder ihm große Schmerzen zufügen – und das sogar dann, wenn Sie das Gefühl haben, dass alles, was Sie tun und sagen, sozusagen rechts rein- und links wieder hinausgeht.

Was wollen Jugendliche wirklich von ihren Eltern? Sie wollen sich geliebt fühlen, wissen, dass sie wichtig sind und dass sie auch dann akzeptiert werden, wenn sie Fehler machen. Die Pubertät ist eine Zeit der Selbstfindung und damit eine Zeit des Umbruchs, der Unsicherheit und der Veränderung. Einerseits wollen Jugendliche einzigartig und besonders sein, andererseits aber wollen sie dazugehören und sich verbunden fühlen.

Auf die Frage: »Wer bin ich?«, müssen die Jugendlichen ihre eigene Antwort finden. Was sie von ihren Eltern brauchen, ist die Zusage: »Egal, wer du bist, wir haben dich lieb.« Alle Jugendlichen leben mit der Frage: »Bin ich normal?« Die Antwort ist wahrscheinlich »Ja«, aber von ihren Eltern wollen sie hören: »Auch wenn du nicht normal wärst, würden wir dich lieb haben.« Die Tatsache, dass Sie Ihr Kind akzeptieren, bedeutet *nicht*, dass Sie mit all seinen Verhaltensweisen einverstanden sind. Sie akzeptieren den Menschen, nicht das Verhalten.

Der Anthropologe Ronald Rohner studierte jahrelang den Einfluss von Ablehnung und Gleichgültigkeit der Eltern auf die Entwicklung von

Kindern und Jugendlichen in verschiedenen Kulturen. Seine Beobachtungen zeigen klar und deutlich, dass Ablehnung, egal wie sie in der jeweiligen Kultur ausgedrückt wird, zu einem höheren Anteil von psychologischen Problemen bei den betreffenden Kindern führt. Diese Probleme reichen von geringem Selbstwertgefühl über fehlende Selbstkontrolle bis zu Aggression und Gewissenlosigkeit.[12]

Sie lesen dieses Buch wahrscheinlich, weil Sie an einer guten Beziehung mit Ihrem Kind interessiert sind und wollen, dass sich Ihr Teenager geliebt und akzeptiert fühlt. Gary Chapman beschreibt in seinem Buch *Die fünf Sprachen der Liebe*, dass jeder Mensch mit dem Bedürfnis, geliebt zu werden, geboren wird. Wie ein Auto einen Benzintank hat, so hat jeder Mensch einen »Liebestank.« Dieser Tank wird durch tägliche Erfahrungen gefüllt und entleert. Eltern, die lernen, die bevorzugte Liebessprache ihres Kindes zu sprechen, werden ihrem Teenager erfolgreich mitteilen können, dass er liebenswert, geliebt und akzeptiert ist. Jede Art von Liebesausdruck ist gut und hilfreich, aber jeder Jugendliche hat eine Sprache, die ihn besonders stark anspricht. Diese Lieblingssprache füllt den Liebestank literweise, während die anderen dies nur tropfenweise tun. Wenn Ihr Kind eine andere Sprache spricht als Sie, dann werden Sie eine »Fremdsprache« lernen müssen. Sie werden sich komisch vorkommen. Sie werden sich wundern, warum bestimmte Dinge Ihrem Kind so wichtig sind. Und Sie werden Fehler machen, denn Ihre Sprache wird anfangs holprig sein, aber geben Sie nicht auf. Je besser Sie die bevorzugte Liebessprache Ihres Teenagers sprechen, desto stärker wird Ihre Beziehung zu ihm.

Denken Sie daran: Eine positive Beziehung zu Ihrem Kind ist die Grundlage dafür, dass Sie ihm etwas beibringen können. Jugendliche lernen oft nur von Menschen, die sie respektieren. Je mehr gegenseitige Liebe und Respekt Sie und Ihr Teenager füreinander haben, desto effektiver werden Ihre Versuche sein, ihm beizubringen, wie er zu einem lebensfrohen und erfolgreichen Erwachsenen werden kann.

Der Liebestank eines Menschen wird ständig durch ganz alltägliche Ereignisse mehr und mehr entleert. Der Streit mit der Freundin, die Matheklausur, die Sorge, ob man den Praktikumsplatz bekommt, der Plan für das kommende Wochenende, die Angst um den Freund, der Drogen nimmt, und der Konflikt zwischen den Eltern – all diese Sorgen, Ängste, Befürchtungen und Beziehungsprobleme entleeren den Tank. Je mehr Stress man im Leben hat, desto leerer wird der Tank. Eine Krise

12 Rohner, Roland P.: *Introduction to Parental Acceptance-Rejection Theory, Methods, Evidence and Implications.*

oder ein traumatisches Ereignis kann den ganzen Tank in einem Zug völlig leeren. Die meisten Menschen brauchen einen etwa halb vollen Tank, um sich einigermaßen selbstsicher, akzeptiert und kompetent zu fühlen. Deshalb sollte man versuchen, jeden Tag genauso viel Liebe in den Tank zu füllen, wie man regelmäßig »ausgibt.« An Tagen, an denen man mehr bekommt, als man braucht, kann man dann für die Tage etwas ansparen, an denen man weniger bekommt oder mehr braucht. Wenn man mehrere Tage oder sogar Wochen mit einem fast leeren Tank lebt, dann hat das Auswirkungen auf die allgemeine Lebensqualität. Menschen werden ungeduldiger, ungehaltener, haben weniger Energie, vermeiden Beziehungen (denn diese bereiten oft noch mehr Stress) und verlieren letztendlich die Lust am Leben. Auch wenn es so aussieht, als ob sich das Leben eines Jugendlichen um seine Freunde dreht, spielen Eltern immer noch eine große Rolle, wenn es darum geht, den Liebestank ihres Teenagers zu füllen.

Worte des Lobes und der Anerkennung[13]

Jugendliche, die diese Sprache bevorzugen, brauchen ermutigende Worte und ehrliche Komplimente. Komplimente, die vage oder nicht ernst gemeint sind, werden sofort als solche erkannt und stellen Ihre Glaubwürdigkeit infrage. Beschreiben Sie genau, was Sie beobachtet haben und warum es Ihnen positiv aufgefallen ist: »Du hast vorhin deinen Bruder das Fernsehprogramm auswählen lassen. Das zeigt eine gewisse Reife. Vor einem Jahr hättest du das nicht getan. Danke.« Das ist sehr viel besser als: »Danke, dass du nett zu deinem Bruder bist«, was wahrscheinlich so auch nicht ganz stimmt – vor allem dann nicht, wenn Sie und Ihr Teenager sich an den Streit erinnern, der sich zwischen den Geschwistern am gleichen Morgen über den letzten Tropfen Orangensaft entwickelt hatte …

Falls das nicht Ihre bevorzugte Sprache ist, werden Sie etwas üben müssen und dabei viel über Ihre eigenen Worte stolpern. Schreiben Sie ein paar Beispiele auf und benutzen Sie diese eine Woche lang jeden Tag. Von: »Ich hab' dich lieb«, über: »Danke«, und: »Ich bin beeindruckt«, bis hin zu: »Ich bin stolz, dein Vater/deine Mutter zu sein.« Flechten Sie diese oder ähnliche Worte mit den betreffenden Beobachtungen drei- bis

13 Gary Chapmans Konzept der fünf Sprachen der Liebe darf ich Ihnen hier mit freundlicher Erlaubnis von Northfield Publishing vorstellen.

fünfmal täglich in ein Gespräch mit Ihrem Teenager ein und beobachten Sie, was passiert. Ein Beispiel:

Sabines Eltern machten sich Sorgen um sie, da sie sich immer weiter zurückzog und kaum noch mit ihnen reden wollte. Sie befürchteten, dass sie Drogen nahm. Mir gegenüber war Sabine sehr aufgeschlossen und fand die Sorgen ihrer Eltern überflüssig und nicht gerechtfertigt. »Nur weil meine Noten in Mathe und Bio dieses Jahr nicht so gut sind, bedeutet das nicht, dass ich Drogen nehme. Ich kann es ihnen sowieso nie recht machen.« In der Hoffnung, Sabine zu motivieren, waren ihre Eltern sehr kritisch geworden und hatten vergessen, sie für ihre guten Leistungen auf anderen Gebieten zu loben. Sabines Liebessprache war Lob und Anerkennung. Mathematik und Biologie waren einfach nicht ihre Sache. Je mehr sich ihre Eltern auf dieses Problem konzentrierten, desto ungeliebter fühlte sie sich, desto weniger Motivation spürte sie, und desto mehr suchte sie Abstand von ihren Eltern. Glücklicherweise hatte sie noch nicht angefangen, woanders nach Lob und Anerkennung zu suchen. Denn wenn die Eltern den Liebestank nicht füllen und ihn in diesem Fall sogar leeren, dann fangen Jugendliche oft an, ihren Liebestank durch die Zuwendung Gleichaltriger zu füllen. Um andere Jugendliche zu beeindrucken und von diesen anerkannt zu werden, greifen sie dann oft zu Drogen, Alkohol, schwänzen die Schule oder werden gewalttätig – je nachdem, was in der betreffenden Gruppe »dazugehört«. Wenn das eintritt, wird es sehr viel schwerer für die Eltern, das Verhalten eines Jugendlichen positiv zu beeinflussen und zurück in die rechte Bahn zu lenken. Nachdem Sabine ihren Eltern in einer Familientherapiesitzung erklärte, warum sie sich von ihnen zurückgezogen hatte, waren Sabines Eltern schnell bereit und in der Lage anzuerkennen, wie ihr Verhalten zu diesem Problem beitrug. Leider passiert es in der Familientherapie oft, dass Eltern erhebliche Schwierigkeiten haben zu akzeptieren, dass sie trotz guter Intentionen zu dem Problem beitragen. Viele Eltern wollen, dass sich ihr Teenager ändert, sind aber nicht bereit, sich ebenfalls zu ändern. Sabines Eltern zählen glücklicherweise nicht zu dieser Gruppe und lobten Sabine sofort für das, was sie auch weiterhin gut machte. Je mehr ihr Liebestank sich füllte, desto motivierter war Sabine und desto offener sprach sie mit ihren Eltern über ihre Probleme in Mathematik und Biologie. Diese Diskussionen führten letztendlich dazu, dass Sabine auf eine andere Schule wechselte, die weniger Wert auf Naturwissenschaften legte, dafür aber ihre Begabung für Sprachen förderte.

In Sabines Fall erkannten die Eltern früh genug, dass sich ein Problem entwickelte und konnten Schlimmeres verhindern. In vielen Fällen müssen Eltern sehr viel kreativer werden, um den Liebestank ihres Kindes wieder aufzufüllen, nachdem sich ihr Kind emotional weit von ihnen entfernt und mit zweifelhaften Freunden umgeben hat, die den Liebestank mit Anerkennung füllen.

Jugendliche, deren Liebessprache Lob und Anerkennung ist, reagieren sehr stark auf Kritik. Wenn Worte in einem Streit als Waffen benutzt werden, dann empfinden sie tiefen Schmerz und große Ablehnung. So fällt es diesen Jugendlichen sehr schwer, das Gesagte loszulassen und zu vergeben, wenn Dinge gesagt oder angedroht werden, die vielleicht nicht so gemeint waren. Sie werden sich auch dann noch an den genauen Wortlaut des Streits erinnern, wenn die Eltern die ganze Auseinandersetzung schon lange vergessen haben. Deshalb ist es wichtig, dass die Eltern sich ihrer Worte sehr bewusst werden, damit die Sprache, die Verbundenheit und Nähe ausdrücken sollte, nicht auf einmal zu einer Wortbombe wird, die im Liebestank des Jugendlichen explodieren und große Löcher hinterlassen kann. Wenn Worte die bevorzugte Liebessprache ihres Kindes sind, dann müssen Eltern ganz besonders aufpassen, wie sie sich ausdrücken, wenn es um Kritik, Konsequenzen und Konflikte geht.

Die meisten Jugendlichen sind dazu bereit, zuzuhören und über das Gesagte nachzudenken, wenn jemand über sich und seine Gefühle spricht. Wenn dagegen jemand auf einen Jugendlichen einredet, ihm sagt, dass er dumm, langsam, faul oder frech ist, und auflistet, was er alles falsch macht, dann wird das im besten Falle einfach überhört. Bei einem Jugendlichen, dessen bevorzugte Liebessprache Lob und Anerkennung sind, werden solche Worte großen Schaden anrichten. Wenn Sie wollen, dass Ihr Teenager Ihnen zuhört, dann sagen Sie ihm, wie Sie sich fühlen, was Sie sich wünschen und warum. Fangen Sie ein Gespräch mit »Ich« an, nicht mit »Du«. Auch wenn es sich komisch und gekünstelt anfühlt, wird Ihnen diese Kommunikationsstrategie helfen können, effektiver mit Ihrem Teenager zu kommunizieren: Zuerst beschreiben Sie Ihre Gefühle: »Ich fühle mich/ Ich bin …« Dann erläutern Sie die Situation oder die Umstände, die zu diesem Gefühl beitragen: »Wenn du …« Falls es angebracht erscheint, geben Sie Hintergrundinformation zu der Situation oder Ihren Gefühlen: »Weil ich …« Zuletzt sagen Sie, was Sie sich erhoffen, oder schlagen eine Lösung vor: »Und in Zukunft wünsche ich mir, dass …/Und in Zukunft werde ich …/In Zukunft könnten wir …« Ein Beispiel, in dem eine Mutter ihrer 17-jährigen Tochter mitteilt, wie das Verhalten der Tochter das Leben der Mutter beeinflusst, verdeutlicht diese Strategie: »Ich bin frustriert und sauer, wenn du mich ignorierst , wenn ich versuche, mit dir über deine Zukunft zu reden, weil es mich an meine eigenen Fehler erinnert.

Ich wünsche mir, dass du in Zukunft zuhörst, wenn ich versuche, dir dabei zu helfen, meine Fehler nicht zu wiederholen.« Ob die Tochter der Mutter in Zukunft zuhört oder nicht, ist nicht wirklich wichtig. Wichtig ist, dass die Mutter ihre Gefühle und ihre Hoffnung ausgedrückt hat, ohne die Tochter anzugreifen – und damit der Beziehung zu schaden.

Vermeiden Sie Verallgemeinerungen. Wenn Sie sagen: »Du hörst mir nie zu« oder: »Du kommst immer zu spät«, dann geben Sie Ihrem Kind einen guten Grund, das, was Sie sagen, als falsch zu ignorieren, denn *manchmal* hört Ihr Kind ja zu und *manchmal* ist ihr Kind auch pünktlich.

Vermeiden Sie außerdem Schimpfwörter und Moralpredigten. Beide bewirken wenig. Sagen Sie, was Sie tun werden, und nicht, was Sie von Ihren Kindern wollen. Damit vermeiden Sie Machtkämpfe, die Sie nicht gewinnen können. »Du musst jetzt sofort dein Zimmer aufräumen!«, ist eine Einladung zu einem Machtkampf. Sagen Sie stattdessen: »Ich spendiere Pizza für alle, die heute beim großen Hausputz mithelfen.«

Zeit und Aufmerksamkeit

Jugendliche, die diese Liebessprache bevorzugen, wollen Zeit mit ihren Eltern verbringen, in der sie deren ungeteilte Aufmerksamkeit haben. Sie wollen, dass ihre Eltern etwas mit ihnen unternehmen – und nein, das gemeinsame Fernsehen zählt da nicht. Von allen fünf Liebessprachen ist diese die Sprache, die für Eltern am anstrengendsten ist, da sie am meisten Zeit in Anspruch nimmt.

Kindern reicht es oft, dass die Eltern für sie da sind oder ihnen etwas beibringen. Für Jugendliche ist das meistens nicht mehr genug. Wenn es für einen Zehnjährigen genug war, dass er mit seinem Vater angeln ging und dabei über Fische erzählte, dann reicht das dem Fünfzehnjährigen wahrscheinlich nicht mehr. Der Jugendliche möchte wissen, dass er normal ist, auch wenn er sich immer noch nicht rasieren muss, wo doch alle seine Freunde das mindestens zweimal die Woche tun (oder zumindest sagen, dass sie es tun). Es ist die Aufgabe des aufmerksamen Vaters zu erkennen, dass er das Gespräch von Fischen auf Barthaare umlenken muss, damit die gemeinsame Zeit den Liebestank des Sohnes füllt und er nicht unverstanden und leer vom Angeln zurückkommt (»Fische sind meinem Vater wichtiger als ich.«) – und danach nie wieder mitgehen will.

Jugendliche verändern sich schnell. Die Pubertät ist die Zeit des Umbruchs und der Suche nach einer Identität. Heute will Ihre Tochter *unbedingt* reiten lernen. Sie lassen sich endlich davon überzeugen, dass sie es ernst meint, und kaufen die nötige Ausrüstung. Fünf Monate später ist Reiten blöd und sie muss unbedingt Tanzstunden nehmen. Drei Monate später …

Alle Eltern von Teenagern haben diese oder ähnlich frustrierende Erfahrungen gemacht. Ich werde oft gefragt, warum sich Kinder nicht entscheiden können und wie sie es dazu bringen können, Dinge nicht nur anzufangen, sondern auch langfristig durchzuziehen. Mein Ratschlag: Leihen Sie die Ausrüstungen oder kaufen Sie sie gebraucht. Vereinbaren Sie mit Ihrem Teenager, wie lange er oder sie regelmäßig an der Aktivität teilnehmen muss, damit Sie bereit sind, dafür zu bezahlen. Verpflichtungen von sechs bis zwölf Monaten scheinen da am besten zu funktionieren. Wenn Ihr Sohn dann nach vier Monaten Eishockey sagt, dass er keine Lust mehr hat, dann muss eine Vereinbarung getroffen werden, wie er für den »Schaden«, also die ungenutzten, aber bezahlten Trainingseinheiten, aufkommt und kann erst dann eine neue Aktivität anfangen, auch wenn er während dieser Zeit nicht zum Training geht. Erlauben Sie ihm aber dann auch, diesem Plan zu folgen, ohne ihm dafür weitere Schuldgefühle zu machen. Als Teil der Identitätsfindung ist es besser, mehrere Hobbys auszuprobieren, als überhaupt nichts zu tun. Wenn Jugendliche dann aber erleben, dass ihre Eltern diese »Suche« persönlich nehmen, dann hören sie oft auf zu suchen und sich zu orientieren. Das bedeutet dann zumeist, dass sie ihre Zeit mit den anderen Jugendlichen verbringen, die nichts weiter tun als »abhängen« – und das sind oft nicht die Freunde, die Sie sich für Ihr Kind erhoffen.

Lassen Sie Ihr Kind experimentieren – innerhalb von klaren Grenzen – und versuchen Sie vielleicht sogar, Spaß an den jeweiligen Aktivitäten zu finden. Dann kann dieses Experiment dazu dienen, Sie und Ihr Kind einander näherzubringen und Sie können die gemeinsame Zeit dazu nutzen, den Liebestank Ihres Kindes zu füllen.

Während ein Jugendlicher, dem Worte wichtig sind, genau darauf achtet, was Sie sagen, achtet ein Teenager, dem die gemeinsame Zeit wichtig ist, eher darauf, wie gut Sie zuhören und wie willig Sie sind, sich auf Gespräche einzulassen, die unter Umständen mehrere Stunden lang dauern können. Wenn Sie ein guter Zuhörer werden, dann wird sich Ihr Kind wahrscheinlich nach und nach öffnen. Ihr Kind muss erkennen, dass Sie nicht nur zuhören, sondern auch an dem interessiert sind, was es zu sagen hat.

Benutzen Sie dabei eine Körpersprache, die Aufmerksamkeit signalisiert. Wenden Sie Ihren Körper in Richtung Ihres Kindes und lehnen Sie sich leicht nach vorne. Nicken Sie ab und zu mit dem Kopf. Arme oder Beine, die vor dem Körper verschränkt sind, signalisieren Verschlossenheit und weisen ab. Halten Sie bewusst den Augenkontakt, egal ob Sie reden oder zuhören: Augenkontakt signalisiert immer Aufmerksamkeit, Offenheit und Interesse. Das bedeutet nicht, dass Sie Ihr Kind anstarren sollen, denn das wird natürlicherweise als sehr unangenehm empfunden. Konzentrieren Sie sich erst auf das eine Auge, dann auf das andere. Wenn Sie eine Pause brauchen, dann blicken Sie nach unten, denn wenn Sie an Ihrem Kind vorbeischauen, dann hat es das Gefühl, dass hinter ihm etwas Interessanteres passiert und manchmal wird es sich sogar umdrehen, um zu sehen, was Sie da so fasziniert.

Beobachten Sie aber auch die Körpersprache Ihres Kindes. Beißt es die Lippen zusammen? Hat es die Hände zu Fäusten geballt? Wippt es mit dem Fuß? Sprechen Sie Ihre Beobachtung aus: »Du scheinst die Lippen zusammenzubeißen. Magst du mir sagen, was das bedeutet?« Oder vielleicht sogar: »Wenn dein Fuß reden könnte, was würde er gerade sagen?«

Stellen Sie Fragen, haken Sie nach. Erkundigen Sie sich nach Einzelheiten und Details. Fragen Sie nach Gefühlen und Gedanken, die mit dem Gesagten zusammenhängen. Formulieren Sie Aussagen zu Fragen um, indem Sie mit der Stimme am Ende des Satzes nach oben gehen. »Das kann nicht einfach sein?«; »Was hast du dann getan?« oder: »Kannst du das genauer beschreiben?« Doch übertreiben Sie die Fragen nicht. Wenn Sie Ihr Kind ständig unterbrechen, dann wird es wahrscheinlich eher ungehalten werden, als Ihr Interesse zu schätzen.

Um sicher zu sein, dass Sie wirklich verstanden haben, was Ihr Teenager gesagt hat, wiederholen Sie, was Sie gehört haben, oder fassen Sie es zusammen. »Habe ich dich richtig verstanden: …? Du hast gesagt, … Ist das richtig? Meinst du …?« Auch diese Strategie sollten Sie nicht zu häufig benutzen, sonst wird Ihr Teenager Ihnen wahrscheinlich vorwerfen, dass Sie doof sind und gar nichts kapieren.

Unterbrechen Sie insgesamt so wenig wie möglich (am besten gar nicht). Warten Sie auf Pausen und geben Sie Ihrem Kind Zeit, seine Gedanken auszudrücken, bevor Sie nachfragen. Denken Sie daran, dass es darum geht, Zeit mit Ihrem Kind zu verbringen, nicht darum Themen abzuhandeln. Sie wollen keine schnellen Dialoge, sondern lange Gespräche – und dazu gehört manchmal auch das gemeinsame Schweigen.

Drücken Sie Verständnis aus. Auch wenn Sie mit der Schlussfolgerung Ihres Kindes nicht einverstanden sind, lassen Sie es wissen, dass Sie der Logik oder dem Argument folgen können, oder zumindest, dass Sie verstehen, warum man so fühlen oder denken kann. Vergessen Sie nicht: Verstehen bedeutet *nicht*, einverstanden zu sein. Um die Beziehung zu Ihrem Kind zu stärken, ist es wichtig, dass Sie Ihr Kind verstehen – und das auch zu sagen. Erst nachdem Ihr Kind weiß, dass Sie es verstehen, sollten Sie erklären, warum Sie die Situation anders sehen.

Manchmal ist es allerdings einfacher für Jugendliche, vor allem für Jungen, über sich und ihre Gedanken und Gefühle zu reden, wenn Sie alle diese Tipps ignorieren und sich so klein und unsichtbar wie möglich machen, während Ihr Teenager spricht. Eine solche Gelegenheit begegnet Ihnen manchmal, wenn es draußen dunkel ist, Sie nebeneinander im Auto sitzen, es im Radio keine gute Musik gibt, und sie sich auf den Verkehr konzentrieren müssen, weil es regnerisch oder nebelig ist. Und auf einmal fängt Ihr Sohn an zu reden. In diesem Fall konzentrieren Sie sich auch weiterhin auf den Verkehr, schauen Ihren Sohn nicht an und sagen nichts – vielleicht fahren Sie aber auf einem Umweg nach Hause? Sie müssen erspüren, wie Sie Ihr Kind besser erreichen, welche Bedürfnisse der Kommunikation es hat. Es gibt sozusagen unterschiedliche Dialekte in den Liebessprachen – und Sie müssen herausfinden, wie Sie sich am besten verständigen können.

Gabi und Uwe berichteten, dass ihr 16-jähriger Sohn Jan nur ungern Zeit mit ihnen verbringen wollte. Sie waren sich recht sicher, dass seine Liebessprache Zeit und Aufmerksamkeit war und nach ihrer Beschreibung seiner Kindheit schien diese Annahme korrekt zu sein. Jan verbrachte fast seine gesamte Freizeit mit seinen Freunden. Er spielte Fußball im Verein und hatte zweimal die Woche Training. Zu seinem letzten Geburtstag hatten sie einen Überraschungsausflug zu einem Länderspiel geplant, aber als sie Jan diesen Plan mitteilten, wurde er wütend und warf ihnen vor, dass sie rücksichtslos und nicht an ihm interessiert seien. Gabi und Uwe waren fassungslos. Jan war ein großer Fußballfan und hätte vor ein paar Jahren alles dafür gegeben, dieses Länderspiel zu sehen.

Es ist normal und wichtig, dass Jugendliche immer mehr Zeit mit Freunden verbringen. Eltern nehmen deshalb jedoch oft an, dass ihr Kind nicht daran interessiert ist, Zeit mit ihnen zu verbringen. Als Schlussfolgerung hören sie oft auf, ihre Teenager einzuladen, an gemeinsamen Aktivitäten teilzunehmen – ganz besonders dann, wenn der Jugendliche drei- oder viermal in Folge eine solche Einladung abgelehnt hat.

In einem gemeinsamen Gespräch teilte Jan seinen Eltern mit, dass er im Allgemeinen nichts gegen gemeinsame Unternehmungen hätte. Er beklagte sich aber, dass sie ihn häufig mit fertigen Plänen überraschten, ohne in Betracht zu ziehen, dass er schon Pläne mit Freunden gemacht hatte und diese nicht absagen wollte. Es stellte sich heraus, dass sein bester Freund und seine Freundin eine Geburtstagsparty für ihn organisiert hatten und er deshalb nicht mit seinen Eltern zu dem Länderspiel fahren wollte. Wenn er Zeit gehabt hätte, diesen Ausflug zu planen, hätte er sich sehr darüber gefreut. Gabi, Uwe und Jan einigten sich, dass Jan zweimal die Woche gemeinsam mit seinen Eltern essen würde, dass Uwe ihn einmal die Woche vom Training abholen würde, um ihm die lange Bahnfahrt zu ersparen, und dass die Familie mindestens einmal im Monat zusammen einen Ausflug unternehmen würde, an dessen Planung Jan beteiligt wäre.

Nachdem die Familie ein paar Wochen lang an diesem Plan gefeilt hatte, schienen die folgenden Vereinbarungen am hilfreichsten: In der Regel holt Uwe Jan einmal die Woche vom Training ab und Gabi fährt ihn einmal die Woche hin. Damit spart Jan Zeit , die er normalerweise auf dem Bahnhof verbringen würde. Außerdem gibt ihnen die gemeinsame Fahrt die Chance, über wichtige Dinge zu reden. Die Familie isst dreimal die Woche gemeinsam. Eine dieser Mahlzeiten kochen Jan und seine Mutter zusammen, denn Jan hatte Interesse daran signalisiert, Kochen zu lernen. Einen Sonntag im Monat verbringt die Familie zusammen. Oft entscheiden sie sich ganz spontan, etwas zu unternehmen, manchmal plant einer von ihnen etwas im Voraus, aber das Datum ist mindestens drei Wochen im Voraus bekannt. Wenn Uwe oder Gabi etwas unternehmen, dann fragen sie Jan regelmäßig, ob er mitkommen möchte. Oft lehnt er dankend ab, aber ab und zu sagt er Ja. Daher hören sie auch nicht auf zu fragen, selbst wenn er zehnmal in Folge: »Nein, danke!«, gesagt hat. Jan verbringt nach wie vor viel Zeit mit seinen Freunden, aber seine Eltern haben den Eindruck, dass er die gemeinsame Zeit mit ihnen ebenfalls schätzt und dass die Familie sich insgesamt nähergekommen ist.

Geschenke

Wer mag keine Geschenke? Natürlich mögen auch alle Jugendlichen Geschenke (vor allem die teuren elektronischen), aber Teenager, die diese Liebessprache sprechen, sehen Geschenke in einem besonderen Licht. Für sie ist es wichtig, dass die Geschenke von Herzen kommen und dass sie sorgfältig ausgesucht, mit Liebe verpackt und im richtigen Moment überreicht wurden. Dabei ist der objektive Wert des Geschenkes oft weniger wichtig. Für diese Jugendlichen sind Geschenke ein greifbarer Beweis der elterlichen Liebe.

Die meisten Eltern beschenken ihre Kinder regelmäßig. Neue Kleidungsstücke, Schuhe, ein Rucksack, CDs, DVDs, ein Essen im Restaurant und Kosmetika sind alle in gewissem Maße »Geschenke.« Falls Geschenke die Liebessprache Ihres Kindes sind, dann nutzen Sie jede Gelegenheit, um alltägliche Geschenke in ein besonderes Ereignis umzuwandeln. Kaufen Sie Ihrem Kind die Schuhe, die es braucht. Aber lassen Sie es nicht in den neuen Schuhen den Laden verlassen, sondern verpacken Sie die Schuhe zu Hause und präsentieren Sie sie dann, wenn die ganze Familie versammelt ist. Für Jugendliche, die diese Liebessprache sprechen, scheinen Geschenke oft eine noch größere Bedeutung zu haben, wenn sie vor Zeugen ausgepackt werden.

Eltern denken oft, dass sie die Interessen ihres Kindes kennen und deshalb entsprechende Geschenke kaufen könnten. Seien Sie sich da nicht zu sicher. Die Interessen eines Jugendlichen ändern sich oft und schnell. Lassen Sie sich lieber sagen, was Ihrem Kind eine Freude bereiten würde, als es zu überraschen. Eltern können kreative Wege entwickeln, um herauszufinden, was für ein Geschenk ihr Kind erfreuen würde. Sie können die beste Freundin und den großen Bruder befragen oder hypothetische Fragen stellen: »Wenn du diesen Monat Geburtstag hättest, was würdest du dir wünschen?«, und darauf achten, wonach die Tochter im Internet sucht.

Eltern fragen mich oft, ob sie Geld als Geschenk geben sollen oder nicht. Jugendliche, die den Wert von Geld nie schätzen gelernt haben und nicht wissen, wie viel Mühe und Arbeit es die Eltern gekostet hat, dieses Geld zu verdienen, werden Geldgeschenke von weniger als 100 Euro wahrscheinlich nicht wirklich zu schätzen wissen. Teenager dagegen, die entweder einen Job haben oder deren Taschengeld von ihrer Mithilfe im Haushalt abhängt, wissen Geldgeschenke, auch die kleineren, wahrscheinlich eher zu schätzen. Eltern sollten sich außerdem Gedanken darüber machen, wie das Geld ausgegeben wird. Wenn Ihr Kind Geld für ein Hobby braucht (Reitstunden, Fußballschuhe, Tennisschläger), dann ist ein Geldgeschenk sicher eher angebracht, als wenn Sie befürchten müssen, dass das Geld vielleicht für Drogen oder Alkohol ausgegeben wird. Wenn Sie sich entschieden haben, dass Geld tatsächlich im besten Interesse Ihres Teenagers ist, dann machen Sie aus dem Geld ein richtiges Geschenk. Verpacken Sie es liebevoll und überreichen Sie es feierlich.

Kellis Mutter starb, als Kelli 5 Jahre alt war. Zwei Jahre später lernte ihr Vater Hannes eine neue Frau kennen und heiratete sie im darauffolgenden Jahr. Die Familie zog um und Kelli verstand sich gut mit ihrer

Stiefmutter und auch die neuen Halbgeschwister akzeptierte sie ohne große Probleme. Als Kelli 13 war, fing sie an, sich immer öfter nach ihrer Mutter zu erkundigen. Ihr Vater tat sein Bestes, ihre Fragen zu beantworten. Kelli hatte aber nie das Gefühl, dass er ihr genug Informationen gab, da ihr Vater einfach kein guter Geschichtenerzähler war. Hannes wusste, dass Kelli unzufrieden mit seinen Auskünften war und gerne mehr über ihre Mutter erfahren hätte. An Kellis 14. Geburtstag lud er sie ein, das Grab ihrer Mutter zu besuchen. Die Stadt, in der das Grab von Kellis Mutter war, war vier Stunden entfernt. Bevor sie auf den Friedhof gingen, wanderten sie durch die Straßen des Ortes und Hannes zeigte ihr den Bäcker, wo ihre Mutter sonntags immer frischen Kuchen gekauft hatte, die Molkerei, wo ihre Mutter vor Kellis Geburt gearbeitet hatte, und das Haus mit ihrer alten Wohnung. Am Grab ihrer Mutter übergab Hannes Kelli ein kleines Päckchen, das mehr schlecht als recht eingepackt war. Darin waren die Ohrringe, die Kellis Mutter bis zu ihrem Tod jeden Tag getragen hatte. Hannes erklärte, dass das junge Ehepaar am Anfang wenig Geld hatte und er seiner Frau diese Ohrringe an ihrem ersten Hochzeitstag geschenkt hatte. Kelli hat die Ohrringe seit diesem Tag nicht herausgenommen. Und obwohl Kelli immer noch nicht viel mehr über ihre Mutter weiß, fühlt sie sich ihr nah und verbunden. Dieses Gefühl hat ihr in den letzten Jahren geholfen, viele schwere Erfahrungen zu verarbeiten. Bei ihrem Vater wurde Krebs diagnostiziert und die Familie ist umgezogen, um näher an einer Spezialklinik zu sein. Kelli musste sich einen neuen Freundeskreis aufbauen und mit der Krankheit ihres Vaters umgehen. Sie ist bei Weitem kein Unschuldsengel, aber die Ohrringe scheinen ihr geholfen zu haben, eine Stärke in sich zu finden, die sie vorher nicht hatte. Obwohl Kellis Liebessprache Geschenke waren, entschied sich ihr Vater dafür, seiner Tochter das Geschenk unter vier Augen zu überreichen. Eine weise Entscheidung, denn in diesem Fall hätte eine große öffentliche Geschenkzeremonie den Ohrringen wahrscheinlich eher Kraft genommen als gegeben.

Verwechseln Sie Geschenke nie mit Bezahlung. Dinge, die als Bezahlung für bestimmte Leistungen dienen, sind keine Geschenke. Wenn Sie Ihrem Sohn versprechen, dass er den neuen MP3-Spieler bekommt, wenn er keine Vier im Zeugnis hat, dann ist das kein Geschenk, sondern die Bezahlung für eine bestimmte Leistung. Wenn Sie Ihrer Tochter versprechen, dass sie sich ein Lipgloss aussuchen kann, wenn sie Ihnen beim Einkaufen hilft, dann ist das kein Geschenk, sondern ebenfalls eine Bezahlung. Bezahlung ist nichts Schlechtes, denn sie bringt Jugendlichen den Wert von Arbeit und Anstrengung bei. Aber wenn Sie Ihr Kind bezahlen, dann lassen Sie sich damit unter Umständen eine Gelegenheit entgehen, den Liebestank Ihres Kindes durch ein Geschenk zu füllen. Denn nur Geschenke, nicht Bezahlung, füllen den Liebestank. Wenn immer möglich, lassen Sie Ihre Tochter das Lipgloss aussuchen und überreichen es dann während des Abendessens – nicht dafür, dass sie beim Einkaufen geholfen hat, sondern einfach nur, weil Sie sie lieb haben und ihren Liebestank füllen wollen.

Geschenke können nie eine Beziehung ersetzen. Auch wenn Geschenke die Liebessprache eines Jugendlichen sind, braucht er mehr als Präsente, um sich geliebt zu fühlen. Eltern, die ihren Kindern alle materiellen Wünsche erfüllen, weil sie sonst wenig Zeit für sie haben, füllen damit nicht wirklich den Liebestank ihrer Kinder. Alle fünf Sprachen der Liebe sind notwendig, um das Bedürfnis eines Jugendlichen nach Liebe zu erfüllen. Eine der Sprachen mag ihn stärker ansprechen, und wenn der Liebestank eines Kindes fast leer ist, dann kann diese Sprache ihn am schnellsten auffüllen, aber eine ausgeglichene liebevolle Beziehung ist nur möglich, wenn alle Sprachen gesprochen werden. Wenn die »Lieblingssprache« Ihres Teenagers also Geschenke sind, dann müssen Sie als Eltern etwas härter arbeiten, denn diese Liebessprache ist ohne Zweifel die Komplizierteste, und diejenige, die am häufigsten falsch interpretiert und benutzt wird.

Hilfsbereitschaft und andere Dienstleistungen

Jugendliche, die diese Liebessprache sprechen, zeigen sich oft hilfsbereit Fremden gegenüber und sind dafür bekannt, dass sie ständig etwas für ihre Freunde tun. Auch wenn sie zu Hause oft weniger hilfsbereit erscheinen, wenn es darum geht, den Tisch zu decken oder das Wohnzimmer zu saugen, füllen die alltäglichen Dienstleistungen der Eltern den Liebestank dieser Teenager. Gewaschene Wäsche, ein gemachtes Bett, eine geputzte Toilette, das gekochte Lieblingsessen signalisieren ihrem Herzen, dass sie geliebt und geschätzt werden. Der Vater, der alles andere stehen und liegen lässt, um seinem Sohn dabei zu helfen, das Fahrrad zu reparieren, füllt dessen Liebestank. Die Mutter, die merkt, dass die Tochter einen schweren Tag hat und ihr deshalb ihren Lieblingsnachtisch zubereitet, sagt ohne Worte: »Ich hab dich lieb.«

Marie und Manfred haben drei Kinder: Kai (10), Julia (14) und Markus (16). Bis auf Markus sind alle Familienmitglieder extrovertiert, laut, redelustig und lebensfroh. Markus ist eher introvertiert, nachdenklich und etwas melancholisch. Die Eltern baten um Hilfe, nachdem Markus begann, sich immer mehr vom Familienleben zurückzuziehen und mehr und mehr Zeit am Computer verbrachte. In der Therapiesitzung hatten alle Familienmitglieder eine Gelegenheit, ihre Sicht des Problems zu beschreiben. Als Markus an der Reihe war, sagte er: »Die reden immer alle ständig. Und keiner tut, was er sagt.« Nachdem er gebeten wurde, diese Aussage zu erklären, sagte Markus: »Wenn meine Eltern mir etwas versprechen, dann halten sie es nicht. Und wenn ich Hilfe brauche, dann reden sie viel, tun aber nichts.« Wie sich in den folgenden Gesprächen herausstellte, hatten bis auf Markus alle Familienmitglieder die gleiche Liebessprache, nämlich Worte. Nur Markus bevorzugte Hilfsbereitschaft und Dienstleistungen. Während die Liebestanks der anderen Familienmitglieder gut gefüllt waren, weil in der Familie so viel geredet wurde, war Markus' Tank fast leer, weil vor lauter Worten die Taten oft zu kurz kamen. Manfred hatte Markus vor drei Monaten versprochen, dass er ihm bei dem Bau seines Modellflugzeugs helfen würde, dieses Versprechen dann aber vergessen. Markus fühlte sich tief verletzt, dass sein Vater ihn »angelogen« hatte. Wenn Markus seine Mutter um Hilfe mit den Hausaufgaben bat, ermutigte sie ihn und versicherte ihm, dass er das schon hinbekommen würde. Sie nahm sich aber nie die Zeit, sich mit ihm hinzusetzen und sich die Aufgaben anzuschauen. Für Kai und Julia waren Maries ermutigende Worte genug. Sie fühlten sich danach geliebt und unterstützt und in der Lage, ihre Hausaufgaben zu machen. Markus brauchte etwas anderes.

Marie und Manfred sprechen die Liebessprache ihres Sohnes immer noch etwas holprig, aber sie werden immer besser. Wenn sie Markus etwas versprechen, bemühen sie sich, dieses Versprechen einzulösen. Wenn Markus einen schlechten Tag hat, nehmen sie sich die Zeit, etwas für ihn zu tun. Marie bietet an, ihm etwas Besonderes zu kochen. Manfred fragt, ob er bei den Hausaufgaben helfen kann. Sogar Kai und Julia haben angefangen, diese neue Liebessprache zu lernen. Julia bietet immer öfter an, die Wäsche für die Familie zu waschen, und Kai hilft immer mal wieder, wenn es darum geht, das Auto zu waschen oder Staub zu saugen. Alle Familienmitglieder sind sich bewusst, wie viel Marie für sie alle tut, ohne dass ihr dies regelmäßig gedankt wird. Markus ist immer noch introvertiert und verbringt viel Zeit am Computer, aber er weiß, dass seine Eltern ihn lieb haben und ihn nicht bewusst anlügen. Er ist insgesamt glücklicher und findet es manchmal lustig, dass die anderen Familienmitglieder solche Schwierigkeiten mit der neuen Liebessprache haben.

Eltern sind Experten, wenn es um Hilfsbereitschaft und Dienstleistungen geht. Wie viele Windeln haben Sie gewechselt? Wie viele verschnupfte Nasen geputzt? Wie viele Pflaster auf blutige Knie geklebt? Wie viele Mahlzeiten gekocht? Wie viele Betten gemacht? Wie viele dreckige Hosen gewaschen? Wenn Sie das Gefühl haben, als Vater oder Mutter versagt zu haben, rufen Sie sich in Erinnerung, wie oft Sie Ihrem Kind schon gezeigt haben, dass Sie es lieben. Dabei ist wichtig, dass Ihre liebenden Taten freiwillig sind und aus vollem Herzen kommen. Wenn Sie Ihrem Kind ständig ein schlechtes Gewissen dafür machen, dass es Sie um Hilfe bittet, obwohl es sogar in manchen Fällen auf Ihre Hilfe angewiesen ist, dann füllen Sie seinen Liebestank damit nicht. Manchmal erwarten Eltern für ihre Hilfsbereitschaft ein gewisses Maß an Dankbarkeit. Ein Jugendlicher, dessen Liebessprache die Hilfsbereitschaft ist, wird dankbar sein, aber wenn er sich gezwungen fühlt, diese Dankbarkeit in einer bestimmten Weise auszudrücken, wird er die hilfreiche Tat als Manipulation und nicht als Akt der Liebe ansehen. Auch wenn Sie etwas für Ihr Kind tun und im Gegenzug etwas dafür erwarten, sprechen Sie nicht die Liebessprache der kleinen Dienstleistungen. Wenn Sie Ihren Teenager mit einer Dienstleistung für gutes Verhalten oder gute Noten belohnen, dann ist das durchaus eine angemessene Vereinbarung, aber es ist kein Liebesbeweis, sondern wiederum eine Form der Bezahlung.

Sind Hilfsbereitschaft und Dienstleistungen die Lieblingssprache Ihres Kindes, dann müssen Sie darauf achten, dass Sie nicht zu viel für Ihr Kind tun. Es ist leicht, ein Kind zu verwöhnen, statt Liebe zu vermitteln. Jugendliche müssen aber trotz allem lernen, selbstständig zu werden und die entsprechenden Fertigkeiten zu entwickeln. Sie helfen Ihrem Kind nicht, wenn es nie lernt, wie man ein Badezimmer putzt, Spaghetti kocht, ein Zimmer aufräumt oder Wäsche wäscht. Eltern drücken ihre Liebe zu kleinen Kindern aus, indem sie vieles für ihre Kinder tun. Ihre Liebe zu Jugendlichen signalisieren sie dagegen, wenn sie ihnen beibringen, diese Dinge selbst zu tun. Es ist sehr viel einfacher für eine Mutter, die Spaghetti selbst zu kochen (und vermutlich geht es auch deutlich schneller), als es ihrem 15-jährigen Sohn beizubringen. Das Gleiche gilt, wenn man der 14-jährigen Tochter zeigt, wie die Wäsche gewaschen wird, oder dem 16-Jährigen, wie man ein Regal zusammenbaut, die Zündkerzen wechselt oder den Kühlschrank repariert. Eltern zeigen ihre Liebe, indem sie ihren Kindern diese Fertigkeiten beibringen und diese Dinge weiterhin *manchmal* für ihre Kinder übernehmen.

Zärtlichkeit

Umarmungen, Küsse, Rückenkrabbeln, Massagen, Händehalten, leicht in den Oberarm boxen oder auf die Schulter schlagen, das Haar verstrubbeln, Spaßkämpfe, auf dem Schoß sitzen – all dies können liebevolle Berührungen sein. Jugendliche, die diese Liebessprache sprechen, müssen körperliche Nähe erfahren, um sich geliebt zu fühlen.

Jeder Jugendliche braucht Zärtlichkeit, aber das Wann, Wo und Wie bestimmen, ob dieser Ausdruck von Liebe positiv oder negativ empfunden wird. Bevor Eltern ihr Kind berühren, müssen sie sich fragen, ob diese Art von Berührung zu diesem Zeitpunkt hilfreich ist und Liebe kommuniziert, oder ob die liebevolle Geste als peinlich und lästig empfunden wird. Eltern lernen, die Launen ihrer Teenager zwischen den Zeilen zu lesen und entwickeln oft einen sechsten Sinn für die richtigen Momente.

Teenager sind von Natur aus launisch. Wenn ein Jugendlicher nach Hause kommt und klar und deutlich signalisiert, dass er nicht berührt werden will, dann kann sich diese Laune schnell ändern und eine Stunde später ist er offen für eine liebevolle Umarmung. Beobachten Sie die Körpersprache Ihres Kindes. Oft kommunizieren Jugendliche durch ihre Körperhaltung und den Abstand, den sie halten, wie sie sich fühlen. Vor der Brust verschränkte Arme signalisieren oft: »Lass mich in Ruhe.« Respektieren Sie diese Signale.

Wenn Jugendliche sauer oder wütend sind, dann ist es fast immer unangebracht, sie zu berühren. Sie werden diese Berührung zurückweisen und sie wahrscheinlich als einen Versuch interpretieren, sie zu kontrollieren oder ihnen ihre Wut auszureden. Jugendliche haben ein Recht auf ihre eigenen Gefühle und werden ein elterliches: »Beruhige dich doch …«, wahrscheinlich als herablassend empfinden oder im schlimmsten Fall sogar als Herausforderung zu einem Machtkampf.

Auch ist es fast immer unangebracht, einen Teenager im Beisein seiner Freunde zu berühren. Berührung in der Gegenwart von Freunden wird oft als peinlich empfunden und darum fast immer zurückgewiesen. Jugendliche sehen es oft als Schwäche an, dass sie immer noch von ihren Eltern abhängig sind und nach deren Liebe und Anerkennung streben. Wenn sie sich von ihren Eltern in der Öffentlichkeit berühren lassen, dann geben sie damit diese Schwäche zu. Danach müssen sie sich dann in einem anderen Bereich umso stärker von ihren Eltern abgrenzen, um dieses Eingeständnis wieder auszugleichen. Rechnen Sie also damit, dass Ihr Kind eine Bemerkung oder Geste macht, die seinen Freunden ganz klar signalisiert, dass es kein Kind mehr ist und dass es Sie nicht wirklich braucht.

Natürlich gibt es auch Momente, in denen Ihre liebevolle Berührung willkommen ist und als Ausdruck Ihrer Liebe interpretiert wird. Wenn Ihr Teenager einen schlechten Tag hatte und eher traurig als wütend ist, dann kann eine Umarmung Ihr Mitgefühl ausdrücken. Auch wenn Ihr Kind etwas Besonderes geleistet hat, wie ein gewonnenes Fußballspiel, eine gute Note oder das Bestehen der Führerscheinprüfung, wird es Ihrer Berührung gegenüber wahrscheinlich offener sein. Sie dürfen eine Zurückweisung nicht persönlich nehmen, wenn Sie versuchen, Ihr Kind zu umarmen oder auf andere Weise zu berühren. Auch nach wiederholter Zurückweisung dürfen Sie nicht aufhören, diese Liebessprache zu sprechen. Beobachten Sie die Signale Ihres Kindes genau und lassen Sie es bestimmen, wann und wie es berührt werden will.

Manchmal hilft es, wenn Eltern die Art und Weise verändern, wie sie ihren Teenager berühren. Es kann gut sein, dass ein kleiner Junge, der ständig umarmt werden wollte, als Jugendlicher auf einmal keine Umarmungen mehr toleriert – aber vielleicht erlaubt er seinen Eltern, ihm auf den Rücken zu klopfen oder die Schultern zu massieren.

Die 15-jährige Jenny hatte immer eine enge Beziehung zu ihrem Vater. Ihrer Meinung nach war ihr Vater Jörg der perfekte Mann – bis sie 13 wurde und sich ihr Körper veränderte. Jenny entwickelte sich früh und schnell. Innerhalb eines Jahres wurde sie – zumindest körperlich – von einem Kind zu einer Frau. Jungen – und Männer – fingen an, sich nach ihr umzusehen und ihr hinterherzupfeifen. Anfangs wurde Jenny rot, wenn das passierte, und sie versuchte, die Aufmerksamkeit zu vermeiden. Mit der Zeit aber gewöhnte sie sich an die Blicke und erwiderte sie mit einer gewissen Herausforderung in ihrem Blick. Mit 14 Jahren hatte sie zum ersten Mal Sex. Der Junge war 17. Dann schien sie einen Freund nach dem anderen zu haben. Die meisten waren vier bis sechs Jahre älter als sie. Ihre Eltern brachten sie zu einer Therapiesitzung, weil die Familie dachte, dass Jenny schwanger war. Glücklicherweise war sie nicht schwanger, sondern hatte eine Infektion, die dazu führte, dass ihre Tage ausblieben. In den folgenden Wochen und Monaten stellte sich heraus, dass Jennys Vater sich aus ihrem Leben zurückgezogen hatte, sobald sich ihr Körper veränderte. Als Jörg ein Teenager war, hatte er erlebt, wie eine Mitschülerin ihren Stiefvater beschuldigt hatte, sie sexuell zu missbrauchen. Es stellte sich später heraus, dass er unschuldig war. Sie hatte sich die Geschichte nur ausgedacht, um sich an ihm zu rächen, weil er und ihre Mutter sie nicht mit ihrem Freund in den Urlaub fahren ließen.

Aber das Leben dieses Mannes war ruiniert. Seitdem hat Jörg Angst davor, dass Jenny ihn in eine ähnliche Situation bringen könnte, wenn er sie in irgendeiner Weise berührt. Jenny dagegen hatte Tränen in den Augen, als sie beschrieb, wie ein Vater, den sie über alles liebte, auf einmal nichts mehr mit ihr zu tun haben wollte: »Nur weil mein Körper sich auf einmal verändert hatte. Auf einmal konnte er mir nicht mehr in die Augen schauen. Früher haben wir immer auf dem Sofa gekuschelt, jetzt steht er sofort auf, wenn ich mich neben ihn setze. Ich dachte, dass ich auf einmal hässlich geworden war, dass ich mich deswegen schämen musste, dass ich zu einer Frau wurde. Ich hatte nichts Falsches getan und er hasste mich auf einmal. Er hörte einfach auf, mich zu lieben, ohne mir zu sagen, warum.« Jörg ist mit seiner Angst, dass die heranwachsende Tochter seine Zärtlichkeiten als Missbrauch deutet (und mit dieser Anschuldigung sein Leben ruiniert), nicht alleine. Aber wenn Väter sich aufgrund dieser Angst aus dem Leben ihrer Töchter zurückziehen, suchen sich die Töchter einen Vaterersatz, oft einen älteren Jungen, um die Liebe und die Zuwendung zu bekommen, die ihnen der Vater entzogen hat. Töchter brauchen die Liebe ihrer Väter. Ganz besonders Mädchen zweifeln ohnehin daran, dass sie normal, hübsch und liebenswert sind, wenn sich ihr Körper während der Pubertät so grundlegend verändert. Wenn ihr Vater ihnen nicht sagen kann, dass sie trotz dieser Veränderungen attraktiv, akzeptiert und geliebt sind, dann werden sie sich eben jemand anderen suchen, der ihnen dies bestätigt. Oft wird ihnen dann von hormongeladenen heranwachsenden Männern weisgemacht, dass Liebe und Sex das Gleiche sind, und sie beginnen eine oberflächliche Beziehung nach der anderen, um sich geliebt zu fühlen.

Obwohl Jörg versuchte, die alte Nähe zu Jenny wieder zu beleben, wurden seine Versuche hartnäckig zurückgewiesen. Jenny hatte Schwierigkeiten, ihm dafür zu vergeben, dass er sie – ihrer Meinung nach – verlassen und verraten hatte. Außerdem hatte sie sich an ihren neuen Lebensstil gewöhnt und genoss die Aufmerksamkeit der jungen Männer. Mit 17 wurde Jenny tatsächlich schwanger und erst als der Vater des Babys sie verließ, wandte sie sich an ihre Eltern. Die Schwangerschaft war nicht einfach. Jenny musste mehrere Male ins Krankenhaus und bekam Bettruhe verordnet. Während dieser Zeit verbrachte ihr Vater viele Stunden an ihrem Bett und Jenny fing an, ihn wieder etwas näher an sich heranzulassen.

Leider sind nicht alle Geschichten von Teenagern, die berichten, dass sie missbraucht worden sind, Fantasiegespinste. Leider gibt es auch immer wieder Eltern, die ihre Kinder misshandeln oder missbrauchen.

Eltern, die nie gelernt haben, ihre Wut zu kontrollieren, werden von ihren Teenagern schnell an ihre Grenzen gebracht. Auf wütende und gemeine Worte folgt dann eine handgreifliche Auseinandersetzung. Falls Sie Probleme mit Ihrer eigenen Wut haben, müssen Sie sich Hilfe holen. Egal, wie sehr Ihr Kind versucht, Sie wütend zu machen, Sie sollten nur dann handgreiflich werden, wenn Ihr Kind sie körperlich angreift und Sie sich tatsächlich schützen müssen. Ihre Wut schadet nicht nur der Beziehung zu Ihrem Kind, Sie bringen Ihrem Teenager auch bei, dass Aggressivität eine angemessene Art und Weise ist, mit Wut umzugehen. Wenn Ihr Kind dann Probleme in einer Beziehung hat, wird es ebenfalls handgreiflich werden. Die wenigsten Eltern wollen ihrem Kind beibringen, Konflikte mit Fäusten zu lösen.

Falls es in Ihrem Leben oder im Leben Ihres Kindes zu irgendwelchen sexuellen Übergriffen gekommen ist, müssen Sie so schnell wie möglich Hilfe holen. Dies ist ein Problem, das sich nicht von selbst regeln wird. Egal, wer das Opfer oder der Täter ist, wenn es in einer Familie sexuelles Missverhalten gegeben hat, braucht diese Familie dringend Hilfe.

Wie erkennen Sie die bevorzugte Liebessprache Ihres Teenagers?

1. Stellen Sie Fragen

Wahrscheinlich würde es wenig helfen, wenn Sie Ihr Kind direkt fragen würden: »Was ist deine Sprache der Liebe?« Ihr Kind würde Sie vermutlich fragend anschauen, den Kopf schütteln und dann sagen: »Alles in Ordnung, Paps? Tut dir irgendwas weh?« Stattdessen sollten Sie sich auf eine Schatzsuche begeben. Stellen Sie Fragen, die Ihnen einen Hinweis geben, damit Sie die Liebessprache Ihres Kindes entdecken können.

Eltern können mithilfe der folgenden Fragen wichtige Hinweise auf die Liebessprache ihres Kindes bekommen – natürlich müssen diese zum richtigen Zeitpunkt gestellt werden, also dann, wenn sowohl Sie als auch Ihr Kind ruhig, einigermaßen zufrieden und guter Laune sind:

- Susanne stellte ihrer 16-jährigen Tochter Stacy die folgende Frage: »Ich lese gerade ein Buch über die Erziehung von Jugendlichen. Leider kommt ihr nicht mit Gebrauchsanweisungen auf die Welt, deshalb frage ich mich manchmal, was ich besser machen könnte. Ich würde dir darüber gerne eine Frage stellen: Was könnte ich deiner Meinung nach tun, damit unsere Beziehung besser wäre?« Stacys Antwort lautete: »Unsere Beziehung ist eigentlich ganz okay. Aber manchmal habe ich das Gefühl, dass du frustriert bist, weil du so viel zu tun hast, und dann lässt du deinen Frust an uns aus. Ich versuche manchmal, dir zu helfen, aber du merkst das gar nicht wirklich. Vielleicht könntest du öfter mal um Hilfe bitten, wenn du frustriert bist.« Was ist Stacys Sprache der Liebe?

Stacys bevorzugte Liebessprache ist offensichtlich Hilfsbereitschaft. Sie möchte ihrer Mutter gerne helfen, weiß aber nicht, wie. Sie macht sich Gedanken über eine gerechte Arbeitsverteilung und bemängelt, dass ihre Hilfsbereitschaft nicht anerkannt wird.

- Stefan stellte seinem 16-jährigen Sohn Tom die folgende Frage: »Ich habe in der letzten Zeit viel über unsere Familie nachgedacht. Manchmal habe ich das Gefühl, dass ich einiges besser machen könnte. Wenn es nach dir ginge, was sollte ich ändern, um ein besserer Vater zu sein?« Tom antwortete: »Du arbeitest hart und du kümmerst dich um die Familie, aber man kann dir einfach nichts recht machen. Du kritisierst mich ständig. Wenn ich etwas tue, dann siehst du immer nur, was ich falsch gemacht habe, nie, was ich gut gemacht habe.« Was ist Toms Sprache der Liebe?

Toms bevorzugte Liebessprache sind Worte der Anerkennung. Es tut ihm weh, dass sein Vater oft nicht anerkennt, wie sehr er sich angestrengt hat, sondern auf die Dinge hinweist, die er nicht richtig gemacht hat. Verbale Kritik schmerzt ihn.

- Katie stellte ihrer 13-jährigen Tochter Sonja die folgende Frage: »Was sind die Eigenschaften eines guten Freundes?« Sonja antwortete: »Jemand, der mir zuhört und mit dem ich reden kann. Jemand, der für mich da ist.« Was ist Sonjas Sprache der Liebe?

Sonjas bevorzugte Sprache der Liebe ist Zeit und Aufmerksamkeit. Sie legt Wert darauf, dass ihr zugehört wird und dass andere für sie da sind.

- Richard stellte seiner 13-jährigen Tochter Katja die folgende Frage: »Wenn du der Oma zeigen wolltest, wie sehr du sie lieb hast, was würdest du tun, um ihr das zu zeigen?« Katjas Antwort: »Ich würde sie ganz doll in den Arm nehmen und ihr einen dicken Kuss geben.« Was ist Katjas Liebessprache?

Katjas bevorzugte Liebessprache ist Zärtlichkeit und Berührung. Oft drücken Jugendliche ihre Liebe zu einer anderen Person in der Sprache aus, die am stärksten zu ihrem eigenen Herzen spricht.

- Stefanie stellte ihrem 17-jährigen Sohn Tim die folgende Frage: »Wenn du deiner Freundin zeigen wolltest, wie sehr du sie schätzt, was würdest du für sie tun?« Er antwortete: »Ich würde ihr Blumen kaufen und ihr eine CD mit unseren Lieblingssongs brennen.« Lachend fügte er dann hinzu: »Und ich würde dich wahrscheinlich darum bitten, mir Geschenkpapier und eine Schleife zu geben, damit ich mir das Geld dafür sparen kann.« Was ist Tims Liebessprache?

Tims bevorzugte Sprache der Liebe drückt sich durch Geschenke aus. Allerdings ist seine Antwort weniger eindeutig als die Antworten der anderen Jugendlichen. Die Tatsache, dass er die CD schön verpacken will, verstärkt die Wahrscheinlichkeit, aber seine Mutter sollte wahrscheinlich noch ein paar weitere Fragen stellen, um sich ganz sicher sein zu können.

2. Beobachten Sie Ihr Kind

Beobachten Sie das Verhalten Ihres Kindes. Was tut es, um andere wissen zu lassen, dass sie ihm wichtig sind? Wenn Ihr Kind jeden Tag stundenlang am Telefon den Problemen seiner Freunde zuhört, dann ist seine Liebessprache offensichtlich Zeit und Aufmerksamkeit. Man gibt anderen oft, was man selbst gerne bekommen würde. In diesem Fall ist Ihr Kind ein guter Zuhörer und wünscht sich wahrscheinlich, dass andere ihm genauso aufmerksam zuhören. Natürlich sollten Sie diese Schlussfolgerung nicht aus einer einzigen Beobachtung ziehen. Manchmal imitieren Jugendliche das, was andere Jugendliche tun, ohne es sich wirklich zu eigen zu machen. Sie handeln so, weil sie denken, dass es richtig und wichtig ist, ohne dies unbedingt von innen heraus zu spüren.

Achten Sie auf die Kritik, die Ihr Teenager übt. Oft beklagen sich Jugendliche besonders stark über Situationen, die auf irgendeine Weise ihre bevorzugte Liebessprache betreffen. So treffen kritische Worte einen Jugendlichen, dessen Liebessprache Worte der Anerkennung sind, sehr viel mehr als einen Jugendlichen, der Zärtlichkeiten bevorzugt. Wenn ein Teenager sich beschwert, dass der kleine Bruder ständig seine Sachen anfasst, dann kann das bedeuten, dass ihm Eigentum, das ihm wahrscheinlich zum Großteil geschenkt wurde, sehr wichtig ist. Vielleicht sind Geschenke seine Liebessprache. Statt Beschwerden gleich als Kritik an Ihnen und Ihren Erziehungsmethoden zu sehen, sollten Sie versuchen, die Botschaft zu hören, die Ihr Kind eigentlich zu vermitteln versuchte. Sie werden in dieser Klage wahrscheinlich einen Hinweis auf die Liebessprache Ihres Teenagers finden.

Beobachten Sie auch, worum Ihr Kind bittet. Bittet es Sie darum, ihm dabei zu helfen, sein Fahrrad zu reparieren, sein Zimmer neu zu streichen oder ein Regal für seine DVDs zu bauen? Dann könnte seine Liebessprache Hilfsbereitschaft sein. Bittet Ihr Kind Sie darum, mit ihm einkaufen zu gehen oder Fußball zu spielen? Dann ist seine Liebessprache vielleicht Zeit und Aufmerksamkeit.

Wenn Sie einen Monat lang darauf achten, was Ihr Kind macht, um anderen – wahrscheinlich Freunden – eine Freude zu machen, worüber es sich beschwert und worum es bittet, dann können Sie mehr über die Liebessprache Ihres Kindes erfahren.

3. Experimentieren Sie

Wenn Sie sich nach all den Fragen und den Beobachtungen immer noch nicht sicher sind, was die Liebessprache Ihres Kindes ist, dann experimentieren Sie doch einfach einmal mit den verschiedenen Sprachen. Konzentrieren Sie sich eine Woche lang darauf, Ihr Kind mehr als sonst zu berühren. In der folgenden Woche schrauben Sie die Zärtlichkeit zurück, dafür konzentrieren Sie sich darauf, so viele ermutigende und liebevolle Worte auszusprechen, wie Sie können. In der Woche danach überlegen Sie sich, wie Sie Ihrem Kind Hilfsbereitschaft zeigen können. Kochen Sie sein Lieblingsessen. Bieten Sie an, sein Zimmer aufzuräumen, seine Bettwäsche zu waschen oder es zur Schule zu fahren, damit es nicht den Bus nehmen muss. In der nächsten Woche verbringen Sie so viel Zeit mit Ihrem Kind, wie es möchte und es zulässt. Versuchen Sie, sich auf das Zuhören zu konzentrieren und schenken Sie Ihrem Kind Ihre volle Aufmerksamkeit. In der letzten Woche machen Sie Ihrem Teenager Geschenke. Sie brauchen keine teuren Gegenstände zu kaufen, aber versuchen Sie viele kleine Geschenke mit großer Geste zu überreichen. In der Woche, in der Sie die bevorzugte Liebessprache Ihres Kindes sprechen, werden Sie eine Veränderung an ihm beobachten. Ihr Teenager wird Sie wahrscheinlich fragen, was mit Ihnen los ist. Sagen Sie dann einfach, dass Sie daran arbeiten, ein besserer Vater oder eine bessere Mutter zu werden, und vielleicht wird Ihr Kind daraufhin sogar netter, hilfsbereiter und ausgeglichener sein.

Wenn Sie die bevorzugte Liebessprache Ihres Kindes herausgefunden haben, dann lernen Sie so viele Varianten wie möglich. Schätzt Ihr Kind Worte, dann finden Sie hundert Wege, »Ich liebe dich« zu sagen. Wenn Ihr Teenager Zeit und Aufmerksamkeit braucht, finden Sie jeden Tag eine Gelegenheit, ihm zuzuhören. Experimentieren Sie mit unterschiedlichen Arten, Ihr Kind liebevoll zu berühren. Falls es die gleiche Sprache spricht wie Sie, wird es einfach für Sie sein, diese Dialekte seiner Sprache zu lernen. Schwieriger wird es naürlich, wenn Ihr Kind eine andere Liebessprache spricht als Sie. Auch wenn Sie mehrere Kinder haben und eines davon Ihre Sprache bevorzugt, während die anderen andere Liebessprachen sprechen, kann es sehr anspruchsvoll werden: Die anderen Kinder werden sich oft benachteiligt und vielleicht weniger geliebt fühlen als das Kind, das Ihre Sprache spricht.

Lernen Sie, alle Liebessprachen zu sprechen. Ihr Teenager braucht so viel Liebe von Ihnen wie möglich – sonst sucht er sie sich woanders. Sprechen Sie die bevorzugte Liebessprache Ihres Kindes häufig und vor allem dann, wenn es ein Defizit hat und Sie seinen Liebestank schnell auffüllen wollen. Benutzen Sie ansonsten die anderen Sprachen der Liebe regelmäßig. Ihr Kind sollte alle Sprachen fließend sprechen, denn auch in seinem Leben wird es Menschen geben, die eine andere Sprache der Liebe sprechen. Je mehr Sprachen Sie ihm beigebracht haben, desto einfacher wird es für Ihr Kind sein, gesunde und liebevolle Beziehungen zu führen.

Während Sie im ersten Kapitel gelernt haben, Ihrem Teenager Grenzen zu setzen, damit er weiß, dass er sich auf Sie verlassen kann und innerhalb dieser Grenzen sicher ist, haben Sie in diesem Kapitel viel darüber erfahren, wie Sie Ihrem Kind zeigen können, dass es gewollt, geliebt und wichtig ist. Eltern müssen eine Balance von Grenzen und Liebe finden, die genau richtig für ihr Kind ist, denn wenn sie sich zu sehr auf die Grenzen und Konsequenzen konzentrieren, dann wird sich ihr Kind ungeliebt und entmutigt fühlen. Setzen Eltern dagegen zu sehr auf Liebe und neue Chancen, dann wird ihr Kind möglicherweise verwöhnt sein und das Gefühl haben, dass die Welt ihm etwas schuldet.

Jeder Jugendliche ist anders und deshalb ist auch die Balance für jeden Teenager anders. Ein schüchterner sensibler Junge braucht vielleicht mehr Liebe und weniger Grenzen, damit diese Balance erreicht ist und er wächst und gedeiht. Ein sturköpfiges, starkes Mädchen braucht dagegen mehr Grenzen, um sich gesund zu entwickeln und zu einer erfolgreichen Frau zu werden. Das Verhalten Ihres Kindes signalisiert Ihnen normalerweise, was es braucht. Wenn Ihr Kind entmutigt davon redet, dass sein Leben nichts wert ist, dann braucht es ganz viel Liebe und zunächst keine weiteren Grenzen. Pöbelt Ihr Kind Sie jedoch regelmäßig an, obwohl Sie ihm zeigen, dass Sie es lieb haben, dann braucht es wahrscheinlich stärkere Grenzen. Versuchen Sie, in einer solchen Situation nicht zu weit ins andere Extrem zu verfallen. Auch der Jugendliche, der Sie anbrüllt, braucht weiterhin Liebe. Und der Jugendliche, dem das Leben zu viel wird, braucht trotzdem weiterhin Grenzen.

Kapitel 4: Wenn aus Paaren Eltern werden Der Keller: Was bedeuten uns Beziehungen?[14]

Vor der Geburt des ersten Kindes haben Paare Gewohnheiten und Routinen entwickelt, die zu einem guten Miteinander beitragen. Durch die Geburt eines Kindes werden diese Verhaltens- und Beziehungsmuster grundsätzlich aus der Bahn geworfen. Die Zweierbeziehung des jungen Paares hat sich nach der Geburt des ersten Kindes in eine Dreierbeziehung gewandelt. Liebe und Zuwendung fließen nicht mehr nur zwischen zwei Menschen hin und her. Oft fühlen sich Eltern nach der Geburt ihres ersten Kindes in ihrer Freiheit eingeschränkt und die positiven Gefühle füreinander lassen nach. Die Partner haben weniger Zeit füreinander und erleben die Beziehung als weniger befriedigend. Konflikte werden immer weniger effektiv ausgetragen und später oft ganz vermieden. Natürlich ist auch die Beziehung von kinderlosen Paaren nicht problemlos, allerdings scheint die große Veränderung, die die Geburt eines Kindes mit sich bringt, die Paarbeziehung auf eine besondere Probe zu stellen.

Die neue Rolle als Vater oder Mutter ist oft schwieriger zu definieren, als das Paar sich das vorgestellt hatte. Außerdem stellt der Alltag mit einem Kind häufig hohe organisatorische Anforderungen an die Eltern. Die neue Rolle verändert oft auch die Aufteilung der Aufgaben im Haushalt und am Arbeitsplatz, die Beziehung zu Freunden und gewohnte Freizeitbeschäftigungen. Paare, die über diese Veränderungen reden und Lösungen finden, mit denen beide Partner zufrieden sind, scheinen sich besser in ihre neuen Rollen hineinzufinden. Oft sind diese Rollen bis zum sechsten Lebensjahr des Kindes geschlechtsspezifisch. Mütter sind vor allem für Aufsicht und Pflege zuständig, während Väter sich eher um Spiel, Kontrolle und neue Erfahrungen kümmern. Erst in den folgenden Jahren sind die Rollen weniger klar definiert.

---

14 Hierzu finden Sie interessante Informationen u.a. bei J. Belsky, J.M. Gottman oder B. Reichle.

Kinder, die sich schwer beruhigen lassen oder häufig krank sind, und Söhne stellen die größte Herausforderung für das Paar dar. Schwierige Kinder beanspruchen mehr Zeit und führen oft dazu, dass sich die Mutter gereizt und vom Partner nicht unterstützt fühlt, während der Vater sich hilflos, eingeengt und frustriert fühlt. Bei Söhnen sind sich die Eltern in Erziehungsfragen häufiger uneinig als bei Mädchen, denn viele Väter scheinen sich aktiver an der Erziehung ihrer Söhne zu beteiligen, was zu mehr Konflikten zwischen den Eltern führt. Ein Paar, das sich vor der Geburt gut verstanden hat, muss plötzlich erleben, dass sie hinsichtlich Erziehungsfragen ganz verschiedene, vielleicht sogar gegensätzliche Vorstellungen haben. Wenn hier keine Lösung gefunden wird, dann ist die Partnerbeziehung fundamental gefährdet.

Wie sehr sich die Beziehung des Paares ändert, scheint auch davon abzuhängen, wie gut die Beziehung des Paares vor der Geburt des Kindes war und wie die Eltern mit den Herausforderungen des Elternseins umgehen. So können selbst schwierige Kinder die Beziehung der Eltern nicht gefährden, wenn diese positive Wege finden, mit den Veränderungen umzugehen. Genauso wenig können Kinder, die im Umgang einfach sind, die schlechte Beziehung der Eltern verbessern oder retten.

Wenn Väter sich bereits vor der Geburt ihres Kindes in der Beziehung unwohl und eingeengt fühlten, dann werden sie sich im Laufe der Jahre immer mehr zurückziehen oder zynischer werden. Mütter, die sich alleingelassen fühlen, beginnen häufig, ihrem Partner immer mehr Vorwürfe zu machen und ihn zu kritisieren.

Der Umgang der Eltern miteinander beeinflusst natürlich auch die Kinder – einmal direkt, denn Kinder beobachten die Eltern, lernen von ihrem Verhalten und sind dem allgemeinen emotionalen Klima der Beziehung ausgesetzt; aber auch indirekt, indem die Beziehung der Eltern die Art und Weise beeinflusst, wie sie ihre Kinder erziehen. Leider lässt sich aber der negative Einfluss einer angespannten Beziehung auch durch die besten Erziehungsmethoden nicht gutmachen.

Kinder brauchen jedoch mehr als nur die Abwesenheit von Konflikten. Der Umgang der Eltern miteinander beeinflusst die Kinder am stärksten. Sie beobachten kleine Gesten und verhaltene Blicke und ziehen daraus Schlüsse über die Beziehung der Eltern. Wenn starke Konflikte durch viel Zuwendung und Wärme ausgeglichen werden, dann fühlen sich die Kinder sicherer und geborgener, als wenn die Eltern ihre Auseinandersetzungen schweigend oder hinter verschlossenen Türen austragen, in der Hoffnung, dass die Kinder nichts mitbekommen und nicht davon beeinflusst werden.

Eltern, die Kraft aus einer glücklichen Partnerschaft schöpfen, können mit den Herausforderungen der Erziehung besser umgehen. Wenn Paare sich dagegen weniger nahestehen, fühlen sie sich als Eltern weniger kompetent und sind daher auch ängstlicher und besorgter im Umgang mit ihren Kindern. Außerdem suchen sie die Nähe, die sie in der Partnerschaft vermissen, in der Beziehung zu ihrem Kind. Diese Kinder sind dann oft überbehütet, ängstlich und reagieren sehr sensibel auf die Launen und Bedürfnisse der Eltern.

Je älter das Kind ist, desto wichtiger ist es, dass es nicht nur das liebevolle Partnerschaftsklima der Eltern erlebt, sondern auch die Tatsache, dass die Eltern einander den Freiraum geben, eigenen Interessen nachzugehen und unabhängige Entscheidungen zu treffen. Diese Balance von Zuwendung und Autonomie in der elterlichen Beziehung in Verbindung mit effektiven Erziehungsstrategien scheint langfristig am meisten zu einer positiven Entwicklung des Kindes beizutragen.

Wenn aus Kindern Jugendliche werden, wird die Paarbeziehung in einer neuen Weise herausgefordert. Die Erziehung von Jugendlichen erfordert neue Kompetenzen und auch Eltern, die sich bis jetzt in Sachen Erziehung einig waren, haben zu dieser Zeit oft verschiedene Ansichten. Dazu kommt, dass Jugendliche ein größeres Maß an Autonomie brauchen. Wenn die Beziehung der Eltern sich mit den Jahren verschlechtert hat und die Kinder das elterliche Bedürfnis nach Nähe und Zuwendung gestillt haben, dann werden diese Kinder im Rahmen der Selbstfindung ganz besonders stark für ihre Unabhängigkeit kämpfen. Um ihrem Teenager in diesen Jahren des Umbruchs und der Veränderung beizustehen, müssen Eltern ihre Beziehung zum anderen Elternteil des Kindes durchdenken und unter Umständen neu gestalten. Nehmen Sie sich die Zeit, Ihre Beziehung zu Ihrem Partner dauerhaft zu stärken oder zu verbessern.

Ein Wort an Alleinerziehende, Geschiedene, und Patchworkfamilien

Auch wenn Sie nicht mit dem anderen Elternteil Ihres Kindes zusammenleben, beeinflusst Ihre Einstellung diesem Menschen gegenüber die Beziehung zu Ihrem Kind. Was Sie über den anderen Elternteil sagen, wie Sie ihm gegenübertreten und wie Sie mit seiner Abwesenheit umgehen, teilt Ihrem Kind mit, was Sie von ihm halten. Ihr Teenager wird viele Schlussfolgerungen über Beziehungen aus Ihrem Verhalten gegenüber dem anderen Elternteil ziehen.

Wenn Sie keine Beziehung zum anderen Elternteil haben, wird Ihr Kind Ihre Beziehungen zu anderen Erwachsenen beobachten. Dazu zählen Ihre Freunde, Ihr Lebenspartner, Ihr Chef, die Großeltern, die Nachbarn und die Lehrer Ihres Kindes. Jedes Mal, wenn Ihr Kind Sie dabei beobachtet, wie Sie mit einem anderen Menschen umgehen, bringen Sie ihm etwas über Beziehungen bei.

Je mehr positive und unterstützende Beziehungen Sie in Ihrem Leben haben, desto mehr kann Ihr Kind über gute Beziehungen lernen. Achten Sie auch darauf, wie Sie über andere Menschen sprechen. Ihre Worte haben großen Einfluss auf Ihr Kind und seine Beziehungen. Sind Sie nett zu einem Menschen und machen aber später abfällige Bemerkungen über ihn, dann bringen sie ihren Kindern bei, dass Unehrlichkeit in Beziehungen normal ist. Ein grundlegender Fehler von Eltern ist, dass sie oft versuchen, Konflikte zu verheimlichen. Aber Konflikte gehören nun einmal zu einer guten Beziehung und Sie sollten Ihrem Kind zeigen, wie man mit Konflikten umgeht und sie löst.

Dieses Kapitel beschäftigt sich vor allem mit der Beziehung der Eltern zueinander, trotzdem können die Konzepte, die hier diskutiert werden, auch auf andere Beziehungen übertragen werden.

Die Entwicklung einer Paarbeziehung

Unabhängig von der Geburt eines Kindes durchläuft eine Paarbeziehung verschiedene Stufen. Die romantische Liebe beruht auf körperlicher Anziehungskraft, unrealistischen Erwartungen und unvollständigen Eindrücken. Man versucht den Partner zu beeindrucken, zeigt sich ihm nur von seiner besten Seite und erhofft sich, dass der Partner alle Wünsche und Bedürfnisse befriedigen wird. Man ist glücklich zusammen und sieht nur das Positive am Partner.

Leider dauert die romantische Liebe oft nicht lange an. Die Aufgaben und Routinen des Alltags holen das Paar ein. Rechnungen müssen bezahlt werden, die Wäsche muss gewaschen werden, alte Freundschaften und Hobbys, die während der Zeit der romantischen Liebe vernachlässigt wurden, werden wieder wichtig. Meinungsverschiedenheiten werden entdeckt und Konflikte bauen sich auf. Man entdeckt, dass der Partner doch nicht alle Wünsche und Bedürfnisse erfüllen kann. Eigenschaften, die man während der ersten Zeit des gemeinsamen Glücks gerne übersehen hat, werden auf einmal zu großen Problemen. Der Partner sieht einen nicht mehr nur von der besten Seite, sondern von allen Seiten, was oft zu Enttäuschungen führt. Man fängt an, den Partner verändern zu wollen. »Wenn er nur ..., dann wäre unsere Beziehung perfekt.« Oder: »Wenn sie nur ..., dann wäre ich endlich glücklich.« Die Zeit, die ein Paar damit verbringt, an der Beziehung zu arbeiten – oder einfach nur diese Beziehung zu leben – wird im Alltag oft immer weniger. Es gibt weniger gemeinsame positive Erfahrungen und die Zeit, die die Partner miteinander verbringen, dient oft dazu, Probleme anzusprechen. Am Ende dieser Phase steht oft die Trennung.

Wenn das Paar zusammenbleibt, haben sie zwei Möglichkeiten. Entweder resignieren die Partner und leben in einer unbefriedigenden Beziehung weiter zusammen oder sie finden einen Weg, einander zu akzeptieren und mit den Schwächen des anderen und der Beziehung Frieden zu schließen.

Resignierte Partner, die nur zusammenbleiben, weil es praktisch oder vermeintlich besser für die Kinder ist, entwickeln sich immer weiter auseinander. Jeder lebt sein eigenes Leben. Es gibt wenig Nähe, Zuwendung oder Liebe. Oft sind die Kinder der einzige gemeinsame Bezugspunkt und gemeinsame Gespräche drehen sich ausschließlich um die Kinder. Da die Kinder oft von klein auf diejenigen sind, die das Bedürfnis der Eltern nach Nähe erfüllen, sind sie oft sehr sensibel und erspüren die Launen und Wünsche der Eltern, ohne dass Worte gewechselt werden. Anfangs versuchen diese Kinder, den Bedürfnissen der Eltern nachzukommen. Wenn sie dann zu Teenagern heranwachsen und sich von den Eltern abnabeln wollen, fällt es ihnen schwer, diese enge Bindung zu lösen. Oft rebellieren diese Jugendlichen besonders stark, weil sie das Gefühl haben, nur so eine eigene Identität entwickeln zu können. Normalerweise wollen Kinder und Jugendliche, dass die Eltern zusammenbleiben. Da sie wissen, dass sie das einzige gemeinsame Gesprächsthema der Eltern sind, geben sie den Eltern viel zu besprechen, indem sie ständig Probleme haben.

Wenn die Partner akzeptieren, dass die Beziehung zwar nicht perfekt, aber trotzdem positiv und befriedigend ist, dann entwickeln sie eine liebevolle Freundschaft, in der eine Ausgewogenheit von Verbundenheit und Freiraum existiert. Die Partner verbringen genug Zeit miteinander, um sich geliebt, akzeptiert und verbunden zu fühlen. Gleichzeitig haben sie genug Freiheit, getrennt den eigenen Interessen nachzugehen. Diese Ausgewogenheit scheint nicht nur für eine langfristige Beziehung unerlässlich zu sein, sondern führt auch dazu, dass die Kinder sich geborgen und sicher, aber nicht eingeengt fühlen. Diese Eltern sind oft in der Lage, ihrem Kind Nähe anzubieten und gleichzeitig immer mehr Freiheit zu gewähren, so dass es weniger stark rebellieren muss, um seine eigene Identität zu entwickeln.

In welcher Phase befindet sich Ihre Beziehung? Sind Sie so verliebt, dass Sie sich nichts Besseres vorstellen können, als den Rest Ihres Lebens mit Ihrem Partner zu verbringen? Versuchen Sie immer wieder, Ihren Partner zu ändern? Rennen Sie regelmäßig mit dem Kopf gegen die Wand, um die Beziehung zu verbessern, und nichts passiert? Haben Sie resigniert und finden sich mit einer mittelmäßigen oder sogar schlechten Beziehung ab, weil es einfacher oder besser für Ihre Kinder ist? Haben Sie eine geduldige Liebe entwickelt, die trotz unterschiedlicher Meinungen und Bedürfnisse meistens das Gute im Partner sieht?

Obwohl es nicht um romantische Liebe geht, lassen sich diese Phasen auch auf andere Beziehungen übertragen. In langfristigen Freundschaften waren Sie sicher schon manchmal drauf und dran, die Freundschaft zu kündigen (Phase 2), haben dann aber irgendwann die Schwächen Ihrer Freunde akzeptiert, weil die Stärken letztendlich überwogen (Phase 3). Oder Sie haben die Freundschaft beendet, weil Sie nicht genug gemeinsame Interessen hatten oder sich in wichtigen Fragen nicht einigen konnten. In Beziehungen zu Arbeitgebern oder Kollegen geht es nicht um Liebe, sondern um Respekt. Wahrscheinlich gibt es einige Kollegen, die Sie trotz ihrer Fehler respektieren, und andere, die Ihren Respekt verloren haben (Phase 3). Wie oft haben Sie versucht, einen Freund, einen Kollegen oder Ihren Chef zu verändern? Vielleicht versuchen Sie das immer noch (Phase 2)? Analysieren Sie Ihre Beziehungen zu anderen Erwachsenen: In welcher Phase befinden Sie sich in diesen Beziehungen? Wie oft haben Sie Beziehungen nach der zweiten Phase beendet? Was haben Sie Ihrem Kind Ihrer Meinung nach über Beziehungen beigebracht? Wie man sie beendet? Wie man resigniert? Wie man mit ihnen zufrieden ist? Wie man andere trotz ihrer Fehler respektiert? Dass Menschen, die anderer Meinung sind, keinen Respekt verdient haben? Dass man nett zu Menschen ist, dann aber hinter ihrem Rücken schlecht über sie spricht? Dass Menschen sich lieben und trotzdem verschiedener Meinung sein können?

Die Qualität Ihrer Beziehungen beeinflusst nicht nur Ihre Beziehung zu Ihrem Teenager, sondern bringt ihm auch bei, wie man mit Beziehungen umgeht. Jugendliche beobachten ständig, wie die Erwachsenen um sie herum Beziehungen führen. Oft imitieren sie, was sie sehen. Verbessern Sie Ihre eigenen Beziehungen und bringen Sie Ihrem Kind gleichzeitig bei, wie man mit Beziehungsproblemen umgeht. Dies wird ihm helfen, bei Konflikten überlegter und gelassener zu reagieren und Freundschaften auch bei Auseinandersetzungen weiter zu pflegen. Auch wird Ihr Kind so leichter erkennen, welche Beziehungen es wert sind, gepflegt zu werden und welche eher schaden.

Beziehungsprobleme

Die folgenden sieben Schritte werden Ihnen helfen, Probleme zu lösen und Ihre Beziehungen zu verbessern. Lassen Sie uns das Beispiel von Karin und Matthias benutzen, um die Schritte zu illustrieren:

Matthias und Karin sind seit 20 Jahren verheiratet und haben einen 16-jährigen Sohn, Kevin, und eine 15-jährige Tochter, Anja. Karin beschwert sich seit Jahren, dass Matthias so viel arbeitet, dass er kaum Zeit für seine Familie hat. Matthias dagegen findet, dass Karin ständig an ihm herumnörgelt und dass er ihr nichts recht machen kann. Sein Chef und seine Kollegen dagegen schätzen seinen Humor und respektieren sein Können. Matthias verbringt immer mehr Zeit mit seiner Arbeit und Karin ist immer frustrierter mit der Beziehung. Kevin hat angefangen, abends wegzubleiben. Karin vermutet, dass er trinkt und vielleicht sogar Drogen nimmt. Wenn sie versucht, mit Matthias über Kevin zu reden, sagt er immer nur, dass sie sich zu viele Sorgen macht und dass Kevin schon weiß, was er tut. Anja zieht sich immer mehr von der Familie zurück. Sie verbringt viele Stunden in ihrem Zimmer und vor dem Computer. Karin ist kurz davor, sich von Matthias zu trennen, will der Beziehung aber noch eine letzte Chance geben.

Schritt 1: Eine neue Perspektive

Versuchen Sie, Ihre Beziehung oder Ihr Problem von einer neuen und anderen Perspektive aus zu sehen. Oft hat sich eine Sichtweise so eingeschliffen, dass es fast unmöglich ist, eine Beziehung neutral zu betrachten. Man hat ein Erklärungsmuster entwickelt, das schwer zu ändern ist.

Karin glaubt, dass Matthias so viel Zeit mit seiner Arbeit verbringt, weil er nicht an seiner Familie interessiert ist. Sie ist frustriert und gekränkt und kritisiert deshalb sein Verhalten. In langen Gesprächen mit einer guten Freundin und Eheberaterin entdeckt Karin, dass ihre ständige Kritik Matthias verletzt und er deshalb so viel arbeitet, weil seine Arbeit ihm Respekt einbringt. Diese neue Deutung der Situation erlaubt es Karin, Verantwortung dafür zu übernehmen, wie sie zu diesem Problem beiträgt. Die neue Perspektive ist nicht einfach, denn diese Sichtweise bedeutet auch, dass Karin sich und ihr Verhalten ändern muss – die Situation schien viel einfacher, als Matthias das Problem war und er sich ändern musste. Aber indem Karin Verantwortung für ihren Teil des Problems übernimmt, hat sie auch die Macht, etwas zu verändern. Denn auch wenn man noch so sehr versucht, das Verhalten der Menschen um einen herum unter Kontrolle zu haben, kann man letztendlich nur das eigene Verhalten kontrollieren.

Ändern Sie Ihre Perspektive und finden auch Sie eine neue Sichtweise und eine neue Erklärung für das Problem, um Ihre Beziehung zu verbessern. Wenn Sie diese neue Perspektive formuliert haben, dann ändert sich sehr oft die Definition des Problems. Statt zu versuchen, das Verhalten eines anderen Menschen zu kontrollieren, können Sie sich darauf konzentrieren, was Sie an sich und Ihrem Verhalten verändern wollen.

Schritt 2: Klare, realistische Ziele

Definieren Sie Ihre Ziele. Was wollen Sie eigentlich erreichen? Oft hat man nur eine vage Vorstellung von dem, was man will oder nicht will. Um ein Problem zu lösen, muss man aber genau definieren, was man erreichen will. Am besten sind Ziele, die man in irgendeiner Weise »messen« kann, damit man weiß, wann man sie erreicht hat. Es hilft oft auch, vage Ziele in konkrete kleine Unterziele aufzuteilen.

Auf die Frage nach ihren Zielen antwortete Karin anfangs, dass Matthias mehr Zeit zu Hause verbringen sollte, Kevin zu trinken aufhören sollte und dass die Familie sich wieder näher sein sollte. Nachdem sie diese allgemeinen Aussagen umformuliert hatte, damit sie konkret und messbar waren, lauteten Karins Ziele folgendermaßen: »Ich möchte, dass Matthias drei Abende die Woche mit uns isst und einmal die Woche mindestens eine Stunde lang mit mir über die Kinder und unsere Beziehung spricht. Ich möchte, dass Matthias jedes Wochenende ein paar Stunden mit Kevin verbringt und dass wir uns zusammen Konsequenzen überlegen und durchsetzen, wenn Kevin sich nicht an die Regeln hält. Ich möchte, dass wir einmal die Woche als Familie etwas zusammen unternehmen.«

Je genauer und realistischer Sie Ihre Ziele definieren, desto größer ist die Wahrscheinlichkeit, dass Sie sie erreichen. Viele kleine Ziele, die relativ einfach erreichbar sind, vermitteln das Gefühl, dass man Fortschritte macht, auch wenn das endgültige Ziel noch weit entfernt ist. Falls Sie Schwierigkeiten haben, konkrete Ziele zu formulieren, fragen

Sie sich: »Was genau würde eine unbeteiligte Person beobachten und wie genau werden wir uns verhalten, wenn das Ziel erreicht wäre?«

In Karins Fall fragte sie sich: »Was würde eine außenstehende Person beobachten, um zu erkennen, dass wir uns als Familie nahestehen? Wie würden wir uns verhalten?« Ihre Antwort: »Die Person würde sehen, dass wir regelmäßig Zeit miteinander verbringen und über unsere Gedanken und Gefühle reden. Wir würden miteinander lachen. Als Eltern würden wir uns über die Erziehung unserer Kinder unterhalten und uns einig werden, wie wir mit ihnen umgehen.« Dementsprechend entwickelte Karin ihre konkreten Ziele.

Schritt 3: Wer bittet, dem wird gegeben

Bitten Sie um das, was Sie brauchen und wollen. Sie werden wahrscheinlich nicht immer alles bekommen, was Sie sich wünschen, aber wenn Sie nicht danach fragen, dann werden Sie noch weniger bekommen. Oft haben Menschen den Eindruck, dass der Partner genau weiß, was sie wollen, und es ihnen trotzdem (oder gerade deshalb) nicht gibt. Obwohl das vorkommen kann, vor allem wenn Sie es mit einer Person zu tun haben, die Ihnen etwas heimzahlen will oder die einfach nur gemein und sadistisch ist, ist es viel öfter der Fall, dass Ihr Partner einfach nicht weiß, was Sie wirklich möchten. Vor allem Frauen erwarten oft, dass ihr Partner ihre Gedanken lesen kann und genau weiß, was sie wollen, weil sie es angedeutet haben oder ihn durch die Blume darauf hingewiesen haben. Männer haben oft Schwierigkeiten, diese Andeutungen und Hinweise zu verstehen. Ihnen ist es normalerweise lieber, wenn man ihnen genau sagt, was man erwartet. Aber auch im Allgemeinen ist es hilfreich, die andere Person wissen zu lassen, was man sich wünscht, und nicht nur darauf zu hoffen, dass indirekte Hinweise korrekt interpretiert werden. Beschweren und Nörgeln haben nicht die gleiche Wirkung wie eine einfache und konkrete Bitte. Fragen Sie nach einer bestimmten Verhaltensweise und beschreiben Sie nicht alle Fehler Ihres Partners. Der Zeitpunkt, wann Sie Ihre Bitte stellen, ist ebenfalls von Bedeutung. Sie wissen wahrscheinlich, wann es nicht lohnenswert ist, wichtige Themen anzusprechen, und wann Ihr Partner keine Lust oder keine Zeit hat, Ihnen zuzuhören. Gleich nach dem Aufwachen, kurz vor dem Einschlafen, während des Wegs zur Arbeit oder beispielsweise während der Übertragung des Weltmeisterschaftsspiels sind wir in der Regel alle nicht in der Lage, ernsthafte Beziehungsprobleme zu diskutieren.

Nachdem Karin ihre Ziele formuliert hat, wartet sie auf den richtigen Zeitpunkt, um mit Matthias zu reden. Freitagabend kommt Matthias früher als sonst nach Hause. Die Kinder sind mit Ihren Freunden unterwegs. Karin fragt Matthias, ob sie nach dem Abendessen über ein paar Dinge reden können, über die sie sich in den letzten Wochen viele Gedanken gemacht hat. Matthias scheint nicht unbedingt glücklich, lässt sich aber auf das Gespräch ein. Karin entschuldigt sich dafür, dass sie ihn so oft kritisiert hat und dass sie sich vorgenommen hat, dies zu ändern. Matthias scheint skeptisch, aber gleichzeitig auch neugierig. Sie teilt ihm dann die Ziele mit, die sie entwickelt hat. Matthias hört zu, fühlt sich aber angegriffen, als Karin ihm ihre Wünsche für seine Beziehung zu Kevin mitteilt. Karin hatte sich fest vorgenommen, Matthias nicht zu kritisieren, aber als er wieder einmal sagt, dass Kevin ganz bestimmt nicht zu viel trinkt und sie aufhören soll, sich so viele Sorgen um ihn zu machen, fällt Karin zurück in das alte Verhaltensmuster und kritisiert Matthias für sein fehlendes Interesse an seinem Sohn. Damit endet das Gespräch leider erfolglos. Matthias verlässt die Wohnung, um sich mit ein paar Kollegen zu treffen, und redet das ganze Wochenende so wenig wie möglich mit Karin.

Schritt 4: Stopp – Mehr desgleichen führt nur zum gleichen Ergebnis

Wenn etwas nicht funktioniert, wird es auch in Zukunft nicht funktionieren, wenn man die gleiche Verhaltensweise immer wieder an den Tag legt. Menschen sind Gewohnheitstiere. Wenn in der Vergangenheit ein bestimmtes Verhalten ein Problem gelöst hat, dann sind viele Menschen der Meinung, dass dieses Verhalten die grundsätzliche Lösung ist, auch wenn sich dieses Verhalten in einer anderen Situation als wenig hilfreich herausstellt. Man glaubt weiterhin, dass es die Lösung ist. Vielleicht muss man nur ein bisschen energischer sein. Aber statt einen anderen Lösungsweg auszuprobieren, sind viele Menschen in dieser Hinsicht erstaunlich stur. Sie sind so überzeugt von der Richtigkeit ihrer Lösung, dass sie weiterhin an ihr festhalten, auch wenn sie nicht effektiv ist.

Wahrscheinlich kennen Sie die Situationen, in denen Sie mehr desgleichen tun, auch wenn es sich nicht als hilfreich erwiesen hat. Im Streit mit dem Partner scheint dieses Verhalten besonders oft vorzukommen. Sie streiten sich über das gleiche Thema, präsentieren beide die gleichen Argumente, kommen wie immer zu keiner Lösung und werden das gleiche Streitgespräch nächste Woche wieder führen. Besser wäre es, nicht mehr länger mehr desgleichen zu tun, in der Hoffnung, dass es irgendwann zu einem anderen Ergebnis führen wird, sondern das eigene Verhalten oder die eigenen Argumente sorgfältig zu überdenken.

Karin ist wütend und frustriert, dass das Gespräch mit Matthias, auf das sie sich so sorgfältig vorbereitet hatte, erfolglos blieb. Sie spricht mit ihrer Freundin über ihr Verhalten und erkennt, dass sie in die »Mehrdesgleichen-Falle« getreten ist. Sobald Matthias seine übliche Meinung zur Situation aussprach, fiel Karin in ihr altes Verhaltensmuster des Nörgelns und Kritisierens zurück. Obwohl Karin erkennt, dass sie dieses Verhalten nicht weiterbringt, fällt es ihr sehr schwer, es zu verändern. Wie gesagt, Menschen sind Gewohnheitstiere. Karin übt mit ihrer Freundin, was sie beim nächsten Mal sagen wird, um nicht wieder in die alten Gewohnheiten zu verfallen.

Schritt 5: Experimente – im Namen einer guten Beziehungen

Um alte Verhaltensmuster zu ändern, muss man mit neuen Verhaltensweisen experimentieren. Bevor Sie sich ans Experimentieren machen, aber noch in paar generelle Hinweise.

- Weniger ist mehr. Wählen Sie zunächst nur einen oder zwei Bereiche aus, in denen Sie Veränderung anstreben.
- Ruhe bewahren. Sagen Sie so wenig wie möglich, wenn Sie wütend, frustriert oder enttäuscht sind. In emotionsgeladenen Situationen werden Sie wahrscheinlich in die alten Verhaltensweisen zurückfallen und mehr desgleichen tun, statt Ihr Experiment durchzuführen.
- Lieber ein bisschen als gar nichts. Wenn Sie eine kleine positive Veränderung an sich oder Ihrem Partner bemerken, dann klopfen Sie sich auf die Schulter und drücken Sie Ihre Dankbarkeit aus. Lob und ermutigende Kommentare erhöhen die Wahrscheinlichkeit, dass aus der kleinen Veränderung eine große wird.
- Legen Sie Ihre Scheuklappen ab. Wenn man Probleme mit einem Partner hat, dann sieht man oft nur dessen negative Eigenschaften und Verhaltensweisen und übersieht alles Positive. Achten Sie auf die Momente, in denen Ihre Beziehung gut läuft.
- Suchen Sie nach Kompromissen. Wenn jemand gewinnt, verliert jemand anders. Verlieren ist nie ein angenehmes Gefühl. Finden Sie Wege, die es allen Beteiligten erlauben zu gewinnen.

Die folgenden Experimente können Ihnen helfen, eine gute Beziehung noch besser zu machen und eine weniger gute Beziehung zu verbessern. Je besser Ihre Beziehung zu anderen Erwachsenen ist, insbesondere dem anderen Elternteil Ihres Kindes, desto mehr Erfolg werden Ihre Erziehungsmaßnahmen haben und desto mehr wird Ihr Kind über gesunde, liebevolle Beziehungen lernen. Erinnern Sie sich bei der Durchführung dieser Experimente an Ihre Schulzeit. Um ein gutes Ergebnis zu bekommen, muss man das Experiment erst sorgfältig vorbereiten. Dann führt man es Schritt für Schritt durch, während man die ganze Zeit beobachtet, was passiert. Man hält diese Beobachtungen normalerweise schriftlich fest, damit man Experimente vergleichen und auswerten kann.

Experiment 1: Kommunikation

Kommunikation ist ein wichtiges Thema in jeder Beziehung. Oft beklagen sich die Partner, dass sie ständig kritisiert werden und dass ihnen nicht zugehört wird. Sie haben sich Gedanken darüber gemacht, wie man mit Jugendlichen redet und ihnen zuhört. Die Strategien sind nicht sehr viel anders, wenn es darum geht, mit anderen Erwachsenen zu kommunizieren:

Zuhören und Fragen stellen
Das nächste Mal, wenn Ihr Partner Ihnen etwas mitteilen will, schenken Sie ihm Ihre ungeteilte Aufmerksamkeit. Wenden Sie sich ihm zu, lassen Sie alle anderen Tätigkeiten ruhen und teilen Sie ihm durch Ihre Körpersprache mit, dass es gerade nichts Wichtigeres in Ihrem Leben gibt, als ihn zu verstehen. Dann stellen Sie Fragen über das gerade Gesagte. Fragen Sie nach Einzelheiten. Versichern Sie sich, dass Sie Ihren Partner richtig verstanden haben, indem Sie das Gesagte zusammenfassen, und fragen, ob Sie richtig liegen. Beobachten Sie, wie Ihr Partner auf Ihr aufmerksames Zuhören reagiert.

Ich statt du
Wenn Sie Ihrem Partner etwas Wichtiges mitteilen wollen, dann vermeiden Sie Anklagen, Vorwürfe und Kritik an ihm. Konzentrieren Sie sich stattdessen auf sich selbst und Ihre Gefühle und Bedürfnisse. Die Vorgehensweise ist die gleiche, die Sie im Umgang mit Ihrem Kind gelernt haben. Drücken Sie zuerst Ihre Gefühle aus (»Ich fühle/Ich bin …«) und beschreiben Sie die Situation, die zu diesem Gefühl geführt hat (»… wenn …«). Wenn es passt, fügen Sie eine Erklärung hinzu (»… weil …«), und enden Sie mit einem Wunsch für die Zukunft (»Ich wünsche mir, dass …« oder: »Es wäre schön, wenn …«).

Karin beschrieb Ihre Gefühle folgendermaßen: »Ich fühle mich traurig und einsam, wenn du so lange arbeitest. Diese Gefühle wühlen viele Erinnerungen in mir auf, weil mein Vater auch immer so viel gearbeitet hat und dann war er auf einmal tot und wir hatten das Gefühl, ihn gar nicht wirklich gekannt zu haben. Ich wünsche mir, dass wir mehr Zeit miteinander verbringen, denn du bist mir wichtig und ich will nicht, dass du irgendwann weg bist und ich dich gar nicht gekannt habe.«

Bleiben Sie beim Thema
In der Hitze des Gefechts, wenn Sie wütend oder enttäuscht sind, ist die Versuchung groß, sämtliche alten negativen Erfahrungen und Probleme zu erwähnen, um damit zu beweisen, dass Sie recht haben. Sprechen Sie stattdessen nie mehr als ein Thema oder ein Problem an. Versuchen Sie, das Problem nicht zu verallgemeinern (»Du kommst *immer* zu spät.« Oder: »Du hörst *nie* zu.«), sondern nur über die konkrete Situation zu reden. Auch wenn Sie in der Vergangenheit keine befriedigende Lösung gefunden haben, dürfen Sie nicht aufgeben. Manchmal reicht es auch, sich darauf zu einigen, dass man sich in dieser Sache nicht einigen kann. Falls diese Situation eintritt, dann suchen Sie nach einem Weg, mit diesem Meinungsunterschied so umzugehen, dass er Ihre Beziehung nicht beeinträchtigt.

Mit Mitgefühl auf Kritik antworten
Wenn man kritisiert wird – oder sich kritisiert fühlt, – dann reagiert man oft defensiv. Man verteidigt sich und versucht zu beweisen, dass die Kritik des anderen falsch oder unberechtigt ist. Als Teil dieses Experiments ändern Sie Ihre Reaktion auf jegliche Kritik Ihres Partners. Statt sich zu verteidigen, fragen Sie sich, warum das kritisierte Verhalten dem anderen so wehgetan hat. Dann drücken Sie Mitgefühl für den erlebten Schmerz des anderen aus.

Matthias ist noch nicht so weit, aber wenn er dieses Experiment durchführen würde, dann würde er auf Karins Kritik, dass er Kevins Problem nicht ernst nimmt, folgendermaßen antworten: »Wenn du mir von deinen Sorgen um Kevin erzählst und ich diese Sorgen nicht teile, dann hast du das Gefühl, dass ich dich nicht ernst nehme; du bist wütend, fühlst dich missverstanden und alleine. Denn du denkst, dass Kevin größere Probleme hat, von denen wir nichts wissen.«

Beachten Sie, dass Matthias nicht sagt, dass er Karins Meinung teilt. Er zeigt nur Verständnis für Ihre Gedanken, Sorgen und Ängste. Damit schafft er die Grundlage für ein weiteres Gespräch. Karin würde sich verstanden fühlen und deshalb wahrscheinlich einen weniger starken Drang spüren, Matthias zu kritisieren. Wenn Matthias sich weniger angegriffen fühlte, wäre er vielleicht bereit, darüber nachzudenken, was wirklich mit Kevin los ist, statt blind auf seiner Meinung zu bestehen.

Experiment 2: So tun, als ob

Viele Beziehungsprobleme entstehen, weil Menschen denken, dass sie die Zukunft voraussagen könnten. Sie glauben, genau zu wissen, wie ihr Partner reagieren wird, welche Gefühle er haben wird und warum ein neuer Lösungsansatz erfolglos sein wird. Wenn man eine bestimmte Reaktion erwartet, dann sendet man oft unbewusste Signale aus, die dann die Reaktion beeinflussen und das erwartete Ergebnis herbeiführen.

Wenn Karin erwartet, dass Matthias wütend reagieren wird, wenn sie ihm etwas mitteilt, dann ist ihre Stimme wahrscheinlich von Anfang an defensiv, ihre Wortwahl darauf bedacht, sich zu verteidigen (oder anzugreifen, bevor er angreifen kann), und ihre Körperhaltung entsprechend abweisend. Deshalb wird Matthias wahrscheinlich, wie erwartet, mit Wut und Frustration reagieren.

In diesem Experiment ändern Sie Ihre Erwartungen. Sie gehen mit der Erwartung an eine Situation heran, dass Ihr Partner Ihnen zuhört, Sie versteht (wenn auch nicht unbedingt der gleichen Meinung ist), und dass Sie eine fruchtbare Diskussion führen werden, die Sie der Lösung des Problems näherbringt. In vielen Fällen wird genau das passieren. Tun Sie all das, was Sie tun würden, wenn Sie sicher wären, dass Ihr Verhalten ein positives Ergebnis haben würde. Beobachten Sie, was passiert.

Karin probierte diese Strategie ebenfalls aus. Wenn Matthias um 19 Uhr immer noch nicht zu Hause war, war Karin normalerweise sauer und frustriert. Je später es wurde, desto mehr steigerte sie sich in ihre Gedanken hinein, dass er sie nicht liebte, dass ihm die Familie egal war, dass Kevins Probleme immer größer würden und dass Matthias sie mit der Erziehung der Kinder alleine ließ. Sie erwartete, dass Matthias ihr die kalte Schulter zeigen und sie ignorieren würde, sobald er nach Hause kam. Wenn Matthias dann nach Hause kam, empfing sie ihn entweder mit lauten Vorwürfen oder mit eiskaltem Schweigen. Matthias reagierte dann – wie vorausgesagt –, indem er so wenig wie möglich mit Karin sprach. Dann änderte Karin ihre Strategie und verhielt sich so, »als ob« Matthias interessiert und liebevoll reagieren würde. Sie begrüßte ihn mit einem Lächeln, wärmte ihm das Abendessen auf und redete über belanglose Kleinigkeiten. Am ersten Tag war Matthias verständlicherweise sehr skeptisch. Er redete wenig, aß aber im Esszimmer, statt seinen Teller mit ins Wohnzimmer zu nehmen und den Fernseher einzuschalten. Nachdem Karin drei Tage lang mit Freude auf sein Nachhausekommen reagiert hatte, fing Matthias an, etwas aufzutauen. Die beiden redeten über einen Fernsehfilm, den sie am Abend davor gemeinsam gesehen hatten, und dann fragte Matthias aus heiterem Himmel nach Kevin. Er wollte wissen, warum Karin dachte, dass Kevin Probleme mit Drogen haben könnte.

Experiment 3: Taten statt Worte

In langfristigen Beziehungen sind bestimmte Themen so oft durchgekaut worden, ohne eine Lösung zu finden, dass bereits das Ansprechen dieses Themas zu einem Konflikt führt. Statt weiter über dieses Thema zu reden, sollten Sie etwas tun, um auf eine Lösung hinzuarbeiten. Verlieren Sie also keine weiteren Worte, sondern handeln Sie am besten gleich.

Karin hatte Matthias seit Monaten darum gebeten, den Kleiderschrank zu reparieren. Sie hatte gebettelt, genörgelt, gedroht – ohne Erfolg. Die Scharniere waren ausgeleiert und der magnetische Schließmechanismus kaputt. Als Teil dieses Experiments hatte Karin sich im Heimwerkermarkt beraten lassen und die Ersatzteile besorgt. Eines Samstagmorgens fing sie einfach an, den Schrank zu reparieren. Sobald Matthias sah, was sie tat, bot er seine Hilfe an. Karin lagen die kritischen Worte schon im Mund (»Seit Monaten habe ich …« – Sie können sich den Rest denken), aber sie war in der Lage, sie herunterzuschlucken und stattdessen Matthias' Hilfe willkommen zu heißen. In weniger als einer Stunde war der Schrank repariert.

Experiment 4: Kreative Liebesbotschaften

Sie haben einiges über die verschiedenen Sprachen der Liebe gelernt. Genauso wie Ihr Kind eine bevorzugte Liebessprache hat, hat natürlich auch Ihr Partner eine solche bevorzugte Sprache. Kennen Sie die bevorzugte Liebessprache Ihres Partners (Ihrer Freundin, Ihres Freundes, Ihres Chefs, Ihrer Nachbarn)? Wenn nicht, dann führen Sie ein ähnliches Experiment durch, wie Sie es im letzten Kapitel mit Ihrem Kind gemacht haben. Konzentrieren Sie sich jeweils eine Woche lang auf die betreffende Liebessprache und beobachten Sie die Reaktion Ihres Partners. Wenn Sie die bevorzugte Liebessprache Ihres Partners kennen, dann sprechen Sie sie oft und in vielen verschiedenen Variationen. Wenn der Liebestank Ihres Partners gefüllt ist, ist es wahrscheinlicher, dass er im Gegenzug Ihren Liebestank füllen wird.

Experiment 5: Echte Entschuldigungen

Das Wort »Entschuldigung« kann in der deutschen Sprache vieles bedeuten. Man entschuldigt sich eigentlich ständig – dafür, dass man hustet, dass man an einer anderen Person vorbeigeht, dass man etwas vergessen hat, dass man dem Partner das Herz gebrochen hat. Für alle diese Ereignisse benutzen wir dasselbe Wort. Da ist es dann kein Wunder, dass sich viele Menschen von ihrem Partner eine echte Entschuldigung dafür wünschen, dass er ihnen wehgetan hat. Wie sieht eine aufrichtige Entschuldigung aus? Eine wahre Entschuldigung besteht aus vier Teilen.

- Man übernimmt Verantwortung für das, was man getan hat, und gibt zu, dass das eigene Verhalten falsch oder ungerecht war: »Ich habe ... getan. Und das war falsch.«
- Dann zeigt man Mitgefühl für die betroffene Person, indem man ausdrückt, wie das eigene Verhalten dieser Person wehgetan hat: »Das hat dir wahrscheinlich sehr wehgetan.« Oder: »Das hat es dir schwer gemacht, mir zu vertrauen.«
- Dann entschuldigt man sich und sagt, dass es einem leidtut: »Ich entschuldige mich.« Oder: »Es tut mir leid.«
- Schließlich teilt man der betroffenen Person mit, was man tun wird, damit eine solche Verletzung in Zukunft nicht wieder vor-

kommen wird. Es ist schwer, eine Beziehung zu verbessern oder zu reparieren, wenn man die gleichen Fehler ständig wiederholt – auch wenn man sich entschuldigt: »Ich arbeite mit einem Therapeuten daran, meine Wut in den Griff zu bekommen.« Oder: »Ich arbeite daran, dich insgesamt weniger zu kritisieren.«

Eltern, die Fehler zugeben können, wahre Entschuldigungen aussprechen und sich anschließend wieder versöhnen, bringen ihrem Kind etwas unglaublich Wichtiges über Beziehungen bei. Erlauben Sie Ihrem Teenager, diesen Prozess zu beobachten, damit er ihn auch in seinen eigenen Beziehungen – zu Ihnen oder zu Freunden – umsetzen kann.

Hier ist Karins Entschuldigung: »Matthias, ich habe dich in den letzten Monaten oft kritisiert und angegriffen. Ich habe dir unterstellt, dass die Kinder und ich dir egal sind. Das war falsch von mir (1). Ich weiß, dass wir dir viel bedeuten und dass mein ständiges Nörgeln die Situation nur schlimmer gemacht hat. Es hat dich immer mehr frustriert und du hast dich deshalb zurückgezogen (2). Es tut mir furchtbar leid, dass ich mich so benommen habe (3). Ich arbeite mit meiner Freundin, einer Familientherapeutin, daran, mich zu ändern, damit unsere Beziehung wieder besser wird (4).« Matthias antwortete daraufhin: »Mir tut es auch leid. Ich weiß, dass du dir Sorgen um die Kinder machst und dass du dich manchmal überfordert fühlst, wenn ich so viel arbeite und dich nicht unterstütze. Ich glaube immer noch nicht, dass Kevin wirklich große Probleme hat, aber ich werde mal mit ihm reden.« Matthias hat noch nicht gelernt, wie eine wahre Entschuldigung aussieht, und reagiert daher etwas defensiv. Aber Karin ist mittlerweile in der Lage, das Positive in seiner Antwort zu sehen und reagiert deshalb nicht auf seine weniger einfühlsamen Worte.

Beobachten Sie, wie Ihr Partner auf Ihre Entschuldigung (oder Entschuldigungen) reagiert. Glaubt er Ihnen oder wirkt er eher skeptisch? Was geht in Ihnen vor, wenn Ihr Partner antwortet? Oft hat sich ein Partner so daran gewöhnt, dass er ständig kritisiert wird, dass er sich auch von einer aufrichtigen Entschuldigung angegriffen fühlt und dies auch offen zeigt. Geben Sie ihm etwas Zeit und dann wiederholen Sie Ihre Entschuldigung, bis er sie tatsächlich akzeptieren kann.

Experiment 6: Dankbarkeit

Haben Sie schon einmal bemerkt, wie viel leichter es ist, jemanden zu kritisieren, als dankbar für all das zu sein, was diese Person geleistet hat? In diesem Experiment schreiben Sie eine Liste all der Dinge, die Ihr Partner getan hat, für die Sie dankbar sind. Fangen Sie ganz am Anfang Ihrer Beziehung an. Zunächst wird es Ihnen vielleicht schwerfallen zu erkennen, dass auch Ihr Partner positiv zu Ihrer Beziehung beigetragen hat, weil Sie sich so lange auf seine negativen Beiträge konzentriert haben. Machen Sie trotzdem weiter und es wird Ihnen zunehmend leichter fallen. Dann beginnen Sie, Ihre Dankbarkeit auszudrücken. Teilen Sie Ihrem Partner jeden Tag ein paar Dinge mit, die Sie aufgeschrieben haben. Falls es Ihnen nicht gelingt, diese Dankbarkeit in Ihre alltäglichen Gespräche einfließen zu lassen, dann sagen Sie Ihrem Partner einfach, dass Sie an sich und Ihren Beziehungsfertigkeiten arbeiten und dass Sie ihm deshalb ein paar Dinge mitteilen wollen, für die Sie ihm dankbar sind.

Wie reagiert Ihr Partner?

Experiment 7: Spaß haben

In den Anfangsstadien einer Beziehung haben die Partner normalerweise viel Spaß miteinander. Oft ist es sogar das gemeinsame Lachen, das sie besonders verbindet. Mit der Zeit holt der Alltag sie ein und sie lachen immer weniger miteinander. Mit dem Ernst des Lebens verschlechtert sich die Beziehung. Dieses Experiment dient dazu, dass Sie das gemeinsame Lachen zurück in Ihre Beziehung holen. Erinnern Sie sich an den Anfang Ihrer Beziehung, worüber haben Sie gelacht? Denken Sie an gemeinsame Unternehmungen, Ausflüge, Urlaube. Was hat Ihnen beiden Spaß gemacht? Dann fragen Sie sich, wie Sie diese Erinnerungen und Aktivitäten wieder beleben können. Manchmal reicht es schon, sich alte Filme oder Fotos anzuschauen und so die lustigen und schönen gemeinsamen Zeiten in der Erinnerung aufleben zu lassen. Oft muss man ähnliche Dinge unternehmen, um zu entdecken, dass man immer noch gemeinsam lachen kann. Natürlich muss Ihr Partner bereit sein, diese Dinge mit Ihnen zu tun. Deshalb kann dieses Experiment nur dann klappen, wenn in Ihrer Beziehung einige Dinge noch oder wieder gut laufen. Fangen Sie klein an, statt gleich einen dreiwöchigen Urlaub zu planen. Finden Sie kleine Unternehmungen in Ihrer Gegend, an denen Sie gemeinsam teilnehmen können. Das kann eine Radtour sein, ein Gesellschaftsspiel, ein langer Spaziergang, auf dem Sie sich gegenseitig Witze erzählen, ein Abend in Ihrem alten Lieblingsrestaurant. Konzentrieren Sie sich darauf, dass Sie Spaß haben. Die Aktivität sollte dabei nur ein Anstoß sein und nicht wirklich im Mittelpunkt stehen.

Nachdem Karin sich bei Matthias entschuldigt hatte und ihn tatsächlich sehr viel weniger kritisierte, fragte sie ihn, ob er zusammen mit ihr ein paar Tanzstunden nehmen wollte. Die beiden hatten sich immer vorgenommen, richtig tanzen zu lernen, aber nachdem die Kinder geboren waren, hatten sie diese Pläne schnell aufgegeben. Matthias zögerte anfangs und sagte, dass er nicht wirklich versprechen konnte, sich jede Woche an einem bestimmten Tag zur gleichen Zeit von der Arbeit loszueisen. Als Karin dann eine offene Tanzgruppe fand, die sich jeden Samstag traf, um einen neuen Tanz zu lernen, und die nicht erwartete, dass man jeden Samstag kam, zog Matthias' Argument nicht mehr und er willigte ein. Am ersten Samstag lachten die beiden so viel wie in den letzten fünf Jahren nicht.

Experiment 8: Romantische Momente

Am Anfang einer Beziehung stehen romantische Momente oft im Mittelpunkt. Man versucht, den Partner zu beeindrucken, indem man sich ein neues Kleid kauft oder sich ein neues Aftershave leistet. Man zündet Kerzen an, trinkt Wein, plant Picknicks, schaut sich die Sterne an. Mit der Zeit nimmt die Zahl dieser romantischen Momente immer mehr ab. Romantische Momente sind wichtig für eine Paarbeziehung. In diesem Experiment werden Sie versuchen, diesen Aspekt Ihrer Beziehung zu stärken oder wieder zu beleben. Auch dieses Experiment braucht die Zustimmung und Bereitschaft Ihres Partners, deshalb sollten Sie es nicht als eines der ersten Experimente durchführen.

Erinnern Sie sich an den Anfang Ihrer Beziehung. Was empfanden Sie als romantisch? Was fand Ihr Partner romantisch? Schreiben Sie zehn bis 15 verschiedene Ideen für romantische Momente auf kleine Zettelchen und legen diese in einen Hut oder in einen sonstigen Gegenstand. Dann lassen Sie Ihren Partner ein Zettelchen ziehen und folgen den Anweisungen für eine romantische Zeit zu zweit. Wenn alle Ideen aufgebraucht sind, dann lassen Sie sich zehn neue Ideen einfallen.

Experiment 9: Die befreiende Kraft des Nein-Sagens

Viele Eltern – vor allem Mütter – haben das Gefühl, dass sie sich für ihre Beziehung aufopfern müssten. Sie glauben, dass sie ihre eigenen Bedürfnisse aufgeben müssten, um ihre Liebe auszudrücken oder zu beweisen. Oft bekommen sie für ihre selbstlosen Taten wenig Dankbarkeit zurück – falls diese überhaupt bemerkt werden. Sie fangen an, sich ausgenutzt zu fühlen, verfallen in Selbstmitleid und haben das Gefühl, dass keiner sie wirklich liebt, denn sonst würde jemand anders sich genauso aufopfern, wie sie es tun, um ihnen seine Liebe zu beweisen. Sie sind erschöpft. Die meisten Menschen – auch Mütter – können nur eine bedingte Zeit als ewige Opfer leben, bis sie wütend werden. Oft ist ihre Wut sehr lautstark und explosiv, denn sie haben sie nicht selten jahrelang unterdrückt. Natürlich schämen diese Menschen sich ihrer Wut auch sehr schnell, denn in ihren Augen ist es falsch, so wütend zu werden, wenn man wirklich liebt. Sie wollen ihren Ausrutscher so schnell wie möglich wiedergutmachen. Und wie kann man zeigen, dass es einem leidtut und man sein Verhalten bedauert? Indem man sich erneut aufopfert. Damit schließt sich der Teufelskreis.

Wie kann man diesen Teufelskreis durchbrechen? Indem man nur so viel gibt, wie man geben kann, ohne sich aufzuopfern. Indem man Nein sagt, wenn jemand um etwas bittet, das man nicht geben kann – oder will. Wenn man nur so viel gibt, wie man selbst geben will, nicht so viel, wie die Welt nehmen kann, denn die Welt ist ziemlich unersättlich. So fühlt man sich weniger ausgelaugt, weniger erschöpft, weniger ausgenutzt. Falls Sie sich in diesem Teufelkreis befinden und Ihre Familie Sie vor allem in der Rolle des selbst aufopfernden Märtyrers kennt, dann ist dieses Experiment wichtig für Sie. Wenn Sie regelmäßig Nein sagen und das Gefühl haben, dass Sie genug Zeit und Energie in Ihr eigenes Wohlbefinden investieren, dann ist dieses Experiment nicht so wichtig für Sie.

Wenn Sie anfangen, Nein zu sagen, werden Sie starke Schuldgefühle haben. Sie werden an sich selbst und Ihrer Entscheidung, dieses

Experiment durchzuführen, zweifeln. Ihre innere Stimme wird Ihnen sagen, dass eine gute Mutter/ein guter Vater/eine gute Freundin/ein guter Arbeitnehmer sich selbst aufopfern muss und dass es falsch ist, sich Zeit für sich selbst zu nehmen. Wenn Sie sich Zeit für sich nehmen, werden Sie anfangs Schwierigkeiten haben, diese auch zu genießen. Auch die Menschen um Sie herum werden Ihnen diese Veränderung übel nehmen. Schließlich waren Sie immer diejenige, die den Kuchen gebacken, das Abendessen gekocht, den Fahrdienst übernommen, die Jacke geflickt, die Wäsche gewaschen, die Küche geputzt und die Hausaufgaben überwacht hat. Geben Sie das Experiment nicht frühzeitig auf. Es wird einige Wochen dauern, bis sich Ihr Umfeld und Sie selbst daran gewöhnt haben, dass Sie Ihre eigenen Bedürfnisse haben und Nein sagen, wenn Sie zu wenig Energie oder eigene Pläne haben. Anfangs werden Sie es vermissen, ständig gebraucht zu werden. Es wird eine gewisse Leere in Ihnen schaffen. Aber nach einer gewissen Zeit werden Sie es genießen, dass Sie nicht immer gebraucht werden, und Sie werden die leere Zeit mit neuen Hobbys, neuen Interessen und neuen Freundschaften füllen.

Karin hatte sich seit Jahren keine Zeit für sich selbst genommen. Sie kannte ihre eigenen Bedürfnisse kaum noch. Um sich im Rahmen dieses Experiments aus dem Teufelskreis zu befreien und etwas für sich selbst zu tun, belegte sie einen Fotografiekurs an der örtlichen Volkshochschule. Da der Kurs während der Abendbrotzeit stattfand, kochte Karin anfangs immer vor, damit ihre Familie ein warmes Essen hatte. Je mehr sie jedoch mit einigen der anderen Frauen, die den gleichen Kurs belegten, ins Gespräch kam, desto stärker wurde ihr bewusst, wie sehr sie sich immer noch für ihre Familie aufopferte. Trotz aller Bedenken hörte Karin dann auf vorzukochen und überließ die Familie sich selbst. Die Kinder und auch Matthias beschwerten sich ein paarmal, bis Anja anbot, das Abendessen zu kochen. Karin nahm Anjas Angebot gerne an und fing an, Anja das Kochen beizubringen. Damit verbrachte Anja jede Woche mehrere Nachmittage mit ihrer Mutter in der Küche, statt sich in ihrem Zimmer zu verstecken, und wurde schnell zu einer guten Köchin.

Auch zu anderen Aufgaben sagte Karin immer öfter einmal Nein, um mehr Zeit für sich selbst zu haben. Nach anfänglichen Beschwerden lernte Kevin, wie man die Waschmaschine bedient. Einmal erledigte Matthias sogar den wöchentlichen Lebensmitteleinkauf für die

Familie, was bedeutete, dass es eine Woche lang Tiefkühlpizza gab. Je öfter Karin Nein sagte, desto leichter fiel es ihr, von Herzen Ja zu sagen. Sie fühlte sich immer weniger ausgelaugt und ausgenutzt. Stattdessen machte es ihr wieder Spaß, ihrer Familie etwas Gutes zu tun. Und die Familie drückte sogar manchmal etwas Dankbarkeit aus, wenn das Essen gekocht, die Wäsche gewaschen und der Kühlschrank gefüllt war.

Nicht alle Experimente sind für alle Beziehungen und Situationen angemessen. Suchen Sie sich die Experimente heraus, die Ihnen am hilfreichsten erscheinen. Wenn Sie ein Experiment durchführen, dann beobachten Sie unbedingt die Reaktion Ihres Partners, um zu entscheiden, ob Ihr Experiment erfolgreich war oder nicht. Manchmal werden Sie ein Experiment wiederholen müssen, um zu wissen, ob es eine positive Veränderung bewirkt hat oder nicht. Diese Experimente sind nur Vorschläge. Seien Sie kreativ und stellen Sie Ihre eigenen Experimente zusammen.

Schritt 6: Auswertung

Sehen Sie sich die Ergebnisse Ihrer Experimente an und ziehen Sie eine Schlussfolgerung:

- Inwieweit hat sich Ihre Beziehung verbessert?
- Wie haben Sie sich verändert?
- Haben Sie Ihre Ziele erreicht, die Sie in Schritt 2 formuliert haben?
- Falls Sie Ihre Ziele erreicht haben, gratulieren Sie sich und lesen Sie Schritt 7.
- Falls Sie Ihre Ziele noch nicht erreicht haben, lassen Sie sich nicht entmutigen. Geben Sie nicht auf. Analysieren Sie stattdessen, was Sie anders machen können.
- Haben Sie sich und Ihrem Partner genug Zeit gegeben, damit sich neue Umgangsformen einschleifen konnten? Manchmal geben Menschen zu schnell auf und vergessen, dass es etwa einen Monat dauert, bis sich eine neue Gewohnheit entwickelt hat.
- Haben Sie zu viel des Alten getan? Vielleicht ist das Experiment, das Ihnen zu risikoreich und nicht hilfreich vorkam, genau das Experiment, das Ihnen weiterhelfen wird. Wenn man sich überhaupt nicht

unwohl fühlt, dann hat man sich wahrscheinlich nicht auf genügend Veränderungen eingelassen.

- Übersehen Sie die kleinen Veränderungen? Vielleicht haben Sie Ihr Endziel noch nicht erreicht, aber wenn Sie ihm nähergerückt sind, dann haben Sie Fortschritte gemacht.
- Haben Sie sich wirklich von ganzem Herzen auf diesen Prozess eingelassen? Veränderungen sind nur dann erfolgreich, wenn sie von Herzen kommen. Halbherzige Versprechen oder Änderungsversuche werden Ihnen nicht die gewünschten Ergebnisse liefern.
- Sind Sie wirklich nicht in Ihre alten Verhaltensmuster zurückgefallen? Manchmal muss man es mehrere Male versuchen, bis man wirklich anders reagiert und damit eine andere Reaktion erreicht.

Karin hatte nicht alle ihre Ziele genauso verwirklicht, wie sie sie notiert hatte. Aber sie hatte viele Dinge erreicht, die ihr den Eindruck vermittelten, dass ihre Beziehung sich verbessert hatte. Sie hatte das Gefühl, dass Matthias und sie sich nähergekommen waren und auch, wenn sie in Erziehungsfragen weiterhin unterschiedliche Ansichten hatten, konnte sie mit diesen Unterschieden leben.

Schritt 7: Mehr desgleichen

Nachdem Sie herausgefunden haben, was Ihrer Beziehung guttut, sollten Sie diese Dinge fördern. Sie haben durch Ihr verändertes Verhalten und Ihre Experimente Ihre Beziehung gestärkt oder verbessert. Was waren die Auslöser für diese positiven Veränderungen? Notieren Sie, was funktioniert hat. Behalten Sie positive Veränderungen bei. Wiederholen Sie die Experimente, die zu positiven Ergebnissen führten. Vielleicht können Sie die gleichen oder ähnliche Strategien benutzen, wenn es das nächste Mal in Ihrer Beziehung kriselt.

Diese sieben Schritte können Ihre Beziehung grundlegend verändern. Benutzen Sie diese Schritte in allen Ihren Beziehungen, um sie entweder zu verbessern oder zu stärken. Bringen Sie diese Schritte Ihrem Kind bei.

Wie überall im Leben gibt es natürlich auch hier unter besonderen Umständen Ausnahmen, die Sie unbedingt beachten sollen: Falls es in einer Familie zu körperlichem, emotionalem oder sexuellem Missbrauch gekommen ist, müssen Sie die genannten Prinzipien natürlich mit Vorsicht anwenden. In manchen Fällen ist es nicht möglich, eine Beziehung zum anderen Elternteil Ihres Kindes herzustellen oder diese Beziehung zu verbessern. In diesem Fall sollten Sie Ihrem Kind in Ihren anderen Beziehungen vorleben, wie man mit Beziehungsproblemen umgeht und sie lösen kann. Außerdem sollten Sie auf jeden Fall Hilfe für Ihre Familie finden. Es ist fast unmöglich, Missbrauch ohne professionelle Hilfe wirklich alleine zu verarbeiten.

Verschiedene Erziehungsstile

Ein weiterer wichtiger Bereich der Erziehung, der oft die Partnerschaft der Eltern beeinträchtigt, sind die Erziehungsstile der Eltern. Unterschiedliche bevorzugte Erziehungsstile führen oft zu Konflikten und Problemen in der elterlichen Beziehung.

Stefanie und Lutz haben einen 10-jährigen Sohn, Lukas, und eine 15-jährige Tochter, Christina. Lutz arbeitet viel und ist oft nur am Wochenende zu Hause. Stefanie leistet den Großteil der Erziehungsarbeit. Wenn Lutz am Wochenende zu Hause ist, verbringt er so viel Zeit wie möglich mit seinen Kindern. Er denkt oft, dass Stefanie zu streng mit den Kindern ist, vor allem mit Lukas. Wenn Stefanie Lukas wegen seines Verhaltens während der Woche das Internet verboten hat, dann hebt Lutz diese Konsequenz oft einfach auf und verbringt Stunden mit Lukas im Internet. Stefanie findet, dass Lutz ihr den Rücken stärken sollte und ist wütend, dass er ihre Autorität untergräbt. Die beiden haben oft hitzige Gespräche über die Erziehung ihrer Kinder. Je strenger Stefanie mit den Kindern ist, desto mehr setzt sich Lutz für die Kinder ein. Sein Argument lautet: »Kinder brauchen Freiraum, um sich zu entwickeln.« Je weniger konsequent Lutz ist, desto strenger ist Stefanie, weil sie der Meinung ist: »Kinder brauchen Grenzen.« Aber je weniger sich die Eltern einig sind, desto unsicherer werden die Kinder.

Es gibt verschiedene Erziehungsstile, die alle ihren Platz in der Erziehung eines Kindes haben. Die meisten Eltern entwickeln jedoch einen bevorzugten Erziehungsstil, den sie fast ausschließlich einsetzen. Dieser Stil ist nicht immer in allen Situationen angemessen. Wenn sich bestimmte, bevorzugte Erziehungsstile herauskristallisiert haben, versuchen Eltern oft, den Erziehungsstil des anderen Elternteils zu kompensieren. Dies führt nicht nur zu großen Problemen in der Beziehung der Eltern, sondern oft auch zu allgemeinen Erziehungsproblemen.

Lesen Sie die Beschreibung der verschiedenen Erziehungsstile und diskutieren Sie diese dann mit Ihrem Partner:

- Was sind die Vor- und Nachteile jeden Stils?
- Mit welchen Erziehungsstilen haben Sie in der Vergangenheit experimentiert? Diskutieren Sie Ihre Erfolge und Misserfolge.
- Was ist Ihr bevorzugter Stil?
- Wann ist Ihr bevorzugter Erziehungsstil angemessen, wann nicht?
- Wie ergänzen sich Ihre jeweiligen Erziehungsstile und wie widersprechen sie sich?

1. Hubschraubereltern[15]

Hubschrauber sind laut, machen viel Wind, erregen großes Aufsehen und können auf der Stelle fliegen. In Notfällen sind Hubschrauber unersetzlich. Sie können in unwägbarem Gelände landen, Menschen in Sicherheit bringen und Leben retten. Hubschraubereltern behandeln das Leben ihrer Kinder als einen ständigen Notfall. Sie sind ständig an Ort und Stelle, um ihr Kind vor den Problemen, Schwierigkeiten und Krisen des Lebens zu retten und zu beschützen. Was diese Eltern übersehen, ist, dass das Leben kein ständiger Notfall ist und deshalb nicht ständig Notfallmaßnahmen erfordert.

Eltern, die ihre Kinder ständig vor den Herausforderungen des Lebens beschützen und sie vor den Konsequenzen ihrer Entscheidungen bewahren, tun ihren Kinder langfristig keinen Gefallen. Im Gegenteil: Hubschraubereltern erlauben ihren Kindern nicht, selbstständig zu werden, aus ihren Fehlern zu lernen und die Nachteile schlechter Entscheidungen zu spüren.

Sie halten ihre Kinder davon ab, erwachsen zu werden. Jugendliche brauchen einen gewissen Freiraum, um ihre eigene Identität zu entwickeln und mit verschiedenen Verhaltensweisen zu experimentieren. Eltern, die ihren Teenagern diesen Freiraum nicht geben können, weil sie ständig das Gefühl haben, ihre Kinder vor negativen Gefühlen oder Erfahrungen beschützen zu müssen, tun dies entweder aus Liebe oder aus Schuldgefühlen heraus. Sie glauben, dass sie als Eltern versagt haben, wenn es ihren Kindern schlecht geht und sie schmerzhafte Konsequenzen erleben müssen oder ihre Kinder sich beklagen. Sie verwechseln Liebe und Fürsorge mit der Pflicht, dafür zu sorgen, dass ihre Kinder ständig glücklich und zufrieden sind, und glauben, dass ein Fehler ihres Kindes bedeutet, dass sie schlechte Eltern sind. Deshalb retten sie ihre Kinder vor Fehlern und den unangenehmen Gefühlen, die damit einher-

15 Vgl. Foster, Cline W. und Fay, Jim: *Parenting Teens with Love and Logic*. Love and Logic Press. Golden CO 2006

gehen. Hubschraubereltern brauchen es, gebraucht zu werden. Sie finden ihre eigene Identität im Wohlbefinden ihrer Kinder. Aber sie haben oft vergessen, dass sie Menschen mit eigenen Bedürfnissen sind und dass die Elternrolle nur eine Rolle von vielen in ihrem Leben ist.

Kinder und Jugendliche, deren Eltern sie vor negativen Gefühlen beschützen, lernen nie mit diesen unangenehmen Gefühlen umzugehen oder sich selbst zu beruhigen und zu trösten. Da diese Kinder sich immer darauf verlassen können, dass ein Hubschrauber da ist, um sie vor Problemen zu retten, lernen sie nie, wie man mit schwierigen Situationen umgeht oder Streit beilegt. Sie brauchen immer eine andere Person in ihrem Leben, die ihre Probleme für sie löst. Die gut gemeinte Unterstützung der Eltern hindert die Jugendlichen daran, erwachsen zu werden.

2. Offiziere

Offiziere sind beeindruckend, laut und manchmal sogar Furcht einflößend. Sie setzen sich durch und sorgen dafür, dass genau das getan wird, was sie erwarten. Widerrede wird nicht toleriert. Die Aufgabe von Offizieren ist es, ihre Soldaten auf Kriegs- und Krisensituationen vorzubereiten. In diesen Situationen sind schnelle Entscheidungen, die sofort ausgeführt werden, unerlässlich. Autorität kann nicht hinterfragt werden, wenn Abwarten oder demokratisches Abstimmen tödlich enden könnten. Disziplin und Gehorsam sind wichtig, damit Menschenleben geschützt werden.

Offiziere haben ihren Platz im Leben, aber ein autoritärer Erziehungsstil hilft wenig, wenn Eltern versuchen, eine gute Beziehung zu ihrem Kind aufrechtzuerhalten und ihrem Teenager dabei zu helfen, verantwortungsbewusst und selbstständig zu werden. Offiziere erwarten, dass ihre Kinder ohne Widerrede tun, was ihnen gesagt wird. Eltern befehlen, Kinder gehorchen. Kinder von Offizieren müssen nicht lernen, selbstständig zu denken und gute Entscheidungen zu treffen, da die Eltern alle Entscheidungen treffen. So können die Kinder keine eigenen Fehler machen und daher auch nicht aus ihren Fehlern lernen. Der einzige Fehler, den Kinder machen können, ist Ungehorsam. Statt nachzudenken und ihre eigenen Entscheidungen zu treffen, die dann die entsprechenden Konsequenzen haben, lernen Jugendliche, dass ihre Gedanken und Ideen unerwünscht sind. Auf diese Weise lernen sie nie, auf ihre innere Stimme zu hören und dieser zu vertrauen. Im Gegenteil: Die innere Stimme ist unerwünscht. Dementsprechend brauchen diese Kinder immer eine Stimme von außen, die ihnen sagt, was sie tun sollen. Anfangs ist diese Stimme die Stimme der Eltern, aber je älter die Kinder werden, desto wahrscheinlicher ist es, dass sie auch auf andere Stimmen hören, vor allem die Stimmen ihrer Freunde. Und da diese Jugendlichen nie gelernt haben, selbstständig zu denken und ihre eigenen Entscheidungen zu treffen, sondern immer nur blind der Stimme von anderen gefolgt sind, werden sie alles tun, was ihre Freunde vorschlagen, egal wie dumm diese Vorschläge auch sein mögen.

Offiziere haben die Tendenz, ihre Kinder zu bestrafen, wenn sie etwas falsch machen oder ihnen nicht gehorchen. Leider bringen sie ihren Kindern damit etwas bei, was in der Welt der Erwachsenen nicht oft passiert: Solange man keine Straftaten begeht und dafür verurteilt wird, wird man als Erwachsener nicht wirklich bestraft. In der Welt der Erwachsenen wird ein Verhalten selten bestraft, hat aber oft entsprechende negative Konsequenzen. Wenn jemand regelmäßig krankfeiert, dann nimmt der Chef ihm nicht das Handy weg, sondern kündigt ihm. Wenn jemand seinen Lebenspartner ständig anschreit, dann wird ihm nicht das Internet abgeschaltet, sondern er verliert den Partner. Wenn jemand seine Wäsche nicht wäscht, dann wird ihm nicht das Taschengeld gekürzt, sondern er muss entweder für neue Kleidung bezahlen oder stinkend durch die Gegend laufen.

Wenn Erwachsene sich bestraft fühlen, dann denken sie selten darüber nach, was sie falsch gemacht haben. Sie werden stattdessen wütend und hegen Rachegedanken. Das Gleiche trifft auch auf Jugendliche zu. Wenn Jugendliche sich bestraft fühlen, dann denken sie darüber nach, wie ungerecht sie behandelt worden sind, warum sie nicht hätten bestraft werden sollen, wie sie beim nächsten Mal die Strafe vermeiden können und wie sie sich rächen werden. Sie verbringen wenig oder im schlimmsten Falle gar keine Zeit damit, darüber nachzudenken, was sie falsch gemacht haben. Jedes Mal, wenn Offizierseltern ihre Kinder bestrafen, verschaffen sie ihnen eine gute Ausrede, sich nicht mit dem wirklichen Problem auseinandersetzen zu müssen, sondern sich darauf zu konzentrieren, wie ungerecht die Strafe ist und wie gemein die Eltern sind.

Jugendliche, die von Offizieren erzogen werden, rebellieren während der Pubertät oft sehr stark. Sie sehen keinen anderen Weg, eine eigene Identität zu entwickeln, als sich gegen alles zu wehren, was ihren Eltern wichtig ist, und immer das Gegenteil von dem zu tun, was die Eltern tun würden – auch wenn sie sehen, dass ihre Entscheidungen ihnen das Leben schwer machen.

Weder Hubschrauber noch Offiziere haben offene, ehrliche und enge Beziehungen zu ihren Kindern. Auch wenn die Eltern ständig da sind, um ihre Kinder zu retten oder ihnen zu sagen, was sie tun müssen, kennen diese Eltern ihre Kinder nicht wirklich. Oft sind sie erstaunt, wenn ihre Kinder in die Pubertät kommen und sich von einem Tag auf den anderen völlig verändern. Eltern, die dachten, dass sie alles unter Kontrolle hätten, erleben dann, dass ihre Kontrolle nur eine Illusion war.

3. Laissez-faire Eltern

Laissez-faire Eltern glauben, dass Kinder keine Grenzen und Regeln brauchen, sondern sich zu erfolgreichen Erwachsenen entwickeln, wenn sie nur genug Freiraum haben. Deshalb überlassen sie ihre Kinder mehr oder weniger sich selbst. Die Kinder können oft tun und lassen, was sie wollen, und erziehen sich eigentlich selbst. Stehen persönliche Entscheidungen an, werden diese von den Kindern und Jugendlichen in der Regel selbst getroffen, elterliche Wünsche können dabei wahlweise berücksichtigt werden oder auch nicht. Dem Alter angemessene Entscheidungen sind wichtig für die Entwicklung eines Kindes und deswegen ist es hilfreich, wenn ein Siebenjähriger entscheidet, ob er lieber Handball oder Fußball spielt. Wenn es jedoch darum geht, die Schule abzubrechen, schwanger zu werden oder jede Nacht bei Freunden zu schlafen, dann sollte die Entscheidung nicht allein der 14-Jährigen Tochter überlassen werden. Zu viel Freiraum kann Kinder verunsichern oder sogar verängstigen, zu viele wichtige Entscheidungen können ein Kind überfordern. Weniger sensible Kinder genießen die grenzenlose Freiheit und nutzen sie schamlos aus. Sie werden übertrieben selbstsicher und denken nur an ihr eigenes Wohl. Dann haben sie Schwierigkeiten, Mitgefühl zu entwickeln und zu verstehen, dass ihr Verhalten sich auf andere auswirkt.

Manchmal sind Eltern unsicher in ihrer Rolle als Vater oder Mutter. Statt ihren Kindern liebevolle Grenzen zu setzen und ihnen Werte beizubringen, versuchen sie, die besten Freunde ihrer Kinder zu sein. Diese Eltern haben oft Angst davor, dass ihre Kinder sie nicht mehr leiden können oder es ihnen übel nehmen, wenn sie Nein sagen oder ihre Kinder die negativen Konsequenzen ihrer Entscheidungen spüren lassen. Es scheint diesen Eltern wichtiger zu sein, dass ihre Kinder sie »mögen« und »cool« finden, als dass ihre Kinder sich an ihre Erwartungen halten und sie als Autoritätspersonen respektieren. Leider bereiten auch diese Eltern ihre Jugendlichen nicht auf das Leben als Erwachsene vor. Denn auch Erwachsenen werden Grenzen gesetzt: Es gibt Autoritätspersonen und nicht alle Beziehungen sind Freundschaften, nicht jeder Mensch wird ihnen gegenüber wohlgesonnen und darum besorgt sein, von ihnen gemocht zu werden.

Wieder andere Eltern haben Schuldgefühle, weil sie viel arbeiten oder anderweitig beschäftigt sind und deshalb wenig Zeit mit ihren Kindern verbringen können. Sie wollen, dass die verbleibende Zeit, die sie mit ihren Kindern verbringen, dann ausschließlich »positiv« ist. Deshalb vermeiden sie es, Nein zu sagen oder ihren Kindern etwas zu verbieten, weil das zu Wut, Frustration oder Streit führen könnte und damit die »positive« Zeit kaputt machen würde. Sie hoffen, dass ihre Kinder lernen, verantwortungsbewusst zu sein, weil die Eltern es vorleben – auch wenn das oft weit weg von ihren Kindern passiert und von diesen nicht wirklich beobachtet werden kann, in der Hoffnung, dass die Kinder ihre guten Absichten erkennen und sich so zu liebevollen, positiven, beziehungsorientierten Menschen entwickeln.

Es gibt auch Eltern, die in ihrer Jugend viele dumme Entscheidungen getroffen haben und die gleichen Dinge getan haben, die ihre Teenager jetzt tun, und die ihren Kindern deshalb keine Grenzen setzen wollen: »Solange es nur Cannabis ist …« oder: «Ich habe in dem Alter auch zu viel getrunken und es hat mir nicht geschadet.« Dabei vergessen sie leider, dass diese Verhaltensweisen heute oft riskanter sind als damals und dass sie auch damals nicht ungefährlich waren. Nur weil Eltern Fehler gemacht haben und wahrscheinlich auch immer wieder Fehler machen, dürfen sie ihre Pflicht nicht aufgeben, ihren Kindern Grenzen zu setzen. Es ist nicht scheinheilig, wenn man lernt, sich verändert und heute eine andere Meinung vertritt als früher. Wenn Eltern auch heute noch kiffen oder sich regelmäßig betrinken, dann werden sie es schwer haben, ihrem Teenager glaubwürdig zu vermitteln, dass Kiffen und Trinken schädlich sind. Diese Eltern haben in den Augen ihrer Teenager oft allen Respekt verloren und damit auch ihren Einfluss auf das Verhalten und die Beziehungen ihres Kindes. In diesem Fall haben die Eltern kein Problem mit der Erziehung ihres Kindes, sondern ein sehr viel tiefer liegendes Problem. Sie werden ihren Kindern erst wirklich Eltern sein können, wenn sie sich mit ihrem eigenen Problem auseinandergesetzt haben. Diese Familien brauchen normalerweise Hilfe von außen, um zu heilen.

Und dann gibt es die Eltern, die einfach aufgegeben haben, weil sie das Gefühl haben, dass ihre Kinder sich sowieso nicht ändern werden. Diese Eltern haben oft jahrelang versucht, ihren Kindern zu helfen, und haben ohne Erfolg verschiedene Erziehungsstile ausprobiert. Sie haben immer wieder um Hilfe gebeten, diese aber nicht bekommen, weshalb sie entmutigt und müde sind. Statt sich auf einen weiteren Kampf um Regeln, Grenzen und Erwartungen einzulassen, geben sie einfach auf und lassen ihre Teenager tun, was sie wollen.

Alle diese Eltern haben sich aus unterschiedlichen Gründen entschlossen, ihre Kinder nicht wirklich zu erziehen, sondern ihnen beim Aufwachsen zuzusehen. Es gibt immer wieder Kinder, die der Herausforderung, sich selbst zu erziehen, gewachsen sind und es ohne große Probleme durch die Teenagerjahre schaffen. Aber die meisten Kinder, die so aufwachsen, haben oft bis ins Erwachsenenalter viele Probleme mit sich selbst, ihrem Leben und ihren Beziehungen.

4. Eltern als Berater

Dieser Erziehungsstil ist hilfreich, um Jugendlichen den Weg ins Erwachsensein zu ebnen. Beratereltern setzen ihren Kindern klare, immer weiter werdende Grenzen, innerhalb welcher sich die Kinder frei bewegen können. Berater glauben, dass Kinder und Jugendliche am besten lernen, wenn sie in ihrem Leben viele Entscheidungen treffen und dann mit den Konsequenzen dieser Entscheidungen leben müssen. Deshalb erlauben sie ihren Kindern, so viele selbstständige Entscheidungen zu treffen wie möglich. Beratereltern helfen ihren Kindern dabei, die negativen and positiven Konsequenzen einer Entscheidung gegeneinander abzuwägen. Letztendlich lassen sie die Jugendlichen in den meisten Situationen dann aber ihre eigene Entscheidung treffen. Natürlich gibt es Entscheidungen, bei denen sich die Eltern das letzte Wort vorbehalten, vor allem dann, wenn es um die Sicherheit des Jugendlichen oder anderer Menschen geht oder wenn mögliche Konsequenzen die Eltern mehr treffen würden als den Jugendlichen. Wenn die von dem Jugendlichen getroffene Entscheidung dann negative Konsequenzen hat, können die Eltern ihm helfen, damit umzugehen, ohne ihn davor zu retten. Statt ihren Kindern zu sagen, was sie tun müssen, weisen sie nur auf die Vor- und Nachteile bestimmter Entscheidungen hin und akzeptieren dann die Entscheidung der Jugendlichen: »Wenn du dein Zimmer nicht aufräumst, wirst du kein Taschengeld haben, um am Wochenende mit deinen Freunden ins Kino zu gehen.« Wichtig ist dabei, dass dies nicht als Drohung formuliert ist, sondern als Ratschlag. Wenn die Jugendlichen dann ihre Entscheidung getroffen haben und die Konsequenzen nicht mögen, dann zeigen Beratereltern ehrliches Mitgefühl, ohne sarkastisch oder zynisch zu werden, eine Strafpredigt zu halten oder: »Hab ich dir doch gleich gesagt«, zu sagen. »Es tut mir wirklich leid, dass du diese Woche kein Geld für's Kino hast. Vielleicht könnt ihr nächste Woche gehen.«

Berater machen Vorschläge und teilen ihre Beobachtungen mit: »Du scheinst die Schule wirklich nicht zu mögen. Ich kann mich erinnern, dass ich auch nicht immer gerne zur Schule ging. Hast du dir Gedanken gemacht, wie du dieses Problem lösen wirst? Von dem, was du über deine Berufswünsche gesagt hast, brauchst du mindestens einen Realschulabschluss«, »Es scheint, als ob es dir schwerfällt, deine Versprechen einzuhalten. Das macht es mir schwer, dir zu vertrauen« oder: »Mir hilft es manchmal, die Vor- und Nachteile einer Entscheidung aufzuschreiben, bevor ich die Entscheidung treffe.«

Die größte Herausforderung für viele Eltern ist es, mit den Fehlern und schlechten Entscheidungen ihrer Kinder zu leben. Wenn sie sehen, dass ihr Kind unglücklich ist, fragen sie sich sofort: »Was kann ich machen, damit mein Kind nicht länger unglücklich ist?« Dabei sollten sie lieber ihr Kind fragen: »Was wirst du jetzt tun, um dein Problem zu lösen?«

Gute Berater stellen viele Fragen und gute Fragen helfen Jugendlichen, gute Antworten zu finden. Drohungen, Predigten und Besorgnis helfen oft wenig, um Jugendliche dazu zu bringen, gute Entscheidungen zu treffen. Wenn eine Mutter sagt: »Du musst zur Schule gehen und einen Abschluss machen, wenn du im Leben etwas erreichen willst«, dann kann der Jugendliche leicht sagen: »Mach dir keine Sorgen, Mutti, ich krieg das schon hin«, ohne dass er sich wirklich Gedanken darüber machen muss, was für Konsequenzen sein Verhalten hat. Wenn die Mutter sagt: »Was wirst du tun, wenn die Lehrstelle, die du dir ausgesucht hast, an deinen Freund geht, weil der jeden Tag zur Schule gegangen ist und du nicht?«, dann wird sich der Jugendliche wahrscheinlich ein paar Gedanken zu diesem Thema machen – natürlich nur, wenn die Mutter an dieser Stelle tatsächlich aufhört zu reden und nicht anfängt, die Frage selbst zu beantworten.

Sarkastische, zynische oder anklagende Fragen funktionieren nicht. Jugendliche machen dann einfach zu und tun oft genau das, was ihre Eltern am wenigsten wollen. Ehrliche Anteilnahme und Neugier führen dagegen oft zu offenen Gesprächen und helfen den Jugendlichen, sich mit den wirklich wichtigen Fragen des Lebens auseinanderzusetzen.

Fast alle Aussagen lassen sich als Fragen formulieren. Statt zu verlangen, dass ihr Kind ihnen gehorcht, bringen Beratereltern zur Sprache, was sie erwarten. Statt zu sagen: »Du musst ...!«, fragen sie: »Was, denkst du, erwarte ich von dir in dieser Situation?« Statt Verbote auszusprechen, fragen Beratereltern, wie ihr Kind mit den Konsequenzen umgehen wird. Also nicht: »Du darfst nicht ...«, sondern: »Wie wirst du damit umgehen, wenn ...?« oder: »Wie wirst du dafür bezahlen, wenn ...?«

Was haben Sie in Ihrer Diskussion der verschiedenen Erziehungsstile entdeckt? Wie hat sich Ihr Stil mit den Jahren verändert? Im Allgemeinen ist der Beraterstil der hilfreichste Stil, um Kindern zu helfen, selbstbewusste und verantwortungsbewusste Menschen zu werden. Aber es gibt Situationen im Leben Ihres Kindes, in denen Sie die Offiziersrolle übernehmen sollten. Und in Krisensituationen ist es manchmal hilfreich, ein Hubschrauber zu sein. Am wichtigsten ist es, dass Sie sich als Eltern einig sind, wie Sie Ihr Kind erziehen. Nur wenn Eltern am gleichen Strang ziehen, werden sie in der Erziehung erfolgreich sein. Kinder lernen schnell, dass sie bekommen, was sie wollen, wenn sie einen Weg finden, die Eltern gegeneinander auszuspielen. Es ist unrealistisch, von Kindern und Jugendlichen zu erwarten, dass sie diese sehr effektive Strategie freiwillig aufgeben. Vielmehr ist es die Aufgabe der Eltern, sich nicht gegeneinander ausspielen zu lassen. Das bedeutet, dass Sie Ihrem Kind manchmal sagen: »Ich kann dir darauf keine Antwort geben, bis ich mit deinem Vater darüber gesprochen habe.« Wenn Sie entdecken, dass Ihr Kind Sie gegeneinander ausgespielt hat, indem es dem Vater gegenüber sagt: »Die Mama hat es mir aber erlaubt«, dann sprechen Sie gemeinsam mit Ihrem Kind und teilen ihm mit, dass sich Ihre Antwort geändert hat, nachdem Sie miteinander gesprochen haben. Unter Umständen kann es auch Konsequenzen geben, wenn ein Kind Sie ständig gegeneinander ausspielt, aber im Allgemeinen ist es die Aufgabe der Eltern, dies zu verhindern. Ein Fehler der Eltern sollte in der Regel nicht zu Konsequenzen für die Kinder führen.

Aber was passiert, wenn Eltern sich in Erziehungsfragen nicht einigen können? Je nach persönlichen Werten des entsprechenden Elternteils setzen Eltern in der Erziehung unterschiedliche Schwerpunkte. Dem einen ist es wichtig, dass das Kind das Abitur macht, dem anderen reicht es, dass das Kind die Schulpflicht erfüllt. Dem einen sind gemeinsame Mahlzeiten wichtig, dem anderen gemeinsame Freizeitunternehmungen. Wenn Sie sich nicht einig sind, sollte derjenige das letzte Wort haben, dem das entsprechende Thema wichtiger ist. Der andere unterstützt ihn in diesem Fall. Um trotz der unterschiedlichen Meinung am gleichen Strang zu ziehen, teilen Sie Ihrem Kind die gemeinsame Entscheidung zusammen mit: »Wir haben dieses Problem lange diskutiert und haben verschiedene Meinungen. In dieser Situation werden wir das tun, was dein Vater denkt. Und auch wenn deine Mutter die Sache etwas anders sieht, wird sie deinen Vater in dieser Situation uneingeschränkt unterstützen.« Natürlich muss die Mutter das dann auch tun, und zwar nicht nur in einer passiven Weise: »Das ist die Sache deines Vaters, frag ihn«, sondern von ganzem Herzen. Ihr Kind wird Sie auf die Probe stellen, um herauszufinden, ob Sie Ihren Partner wirklich unterstützen oder das nur so gesagt haben. Was teilen Sie Ihrem Kind mit, wenn Sie nach einer solchen Aussage Ihren Partner nur halbherzig unterstützen? Dass es Sie letztendlich immer noch gegeneinander ausspielen kann? Sie verlieren damit viel Respekt, nicht nur von Ihrem Partner, sondern auch von Ihrem Kind. Achten Sie außerdem darauf, dass nicht der gleiche Elternteil immer derjenige ist, der nachgibt und somit den Partner zum »ewigen Bösen« macht.

Nachdem sie sich ausführlich über Erziehungsstile unterhalten haben, entdecken Stefanie und Lutz, dass sich ihre Erziehungsstile eigentlich gut ergänzen, dass Lutz sich aber oft so schuldig dafür fühlte, dass er so viel arbeitet, dass er den Kindern ein Freund sein will, statt sie zu erziehen. Nach mehreren Therapiesitzungen waren die beiden in der Lage, einen gemeinsamen Erziehungsplan aufzustellen. Wenn es um Konsequenzen geht, dann sind sich Lutz und Stefanie auch heute noch nicht einig, aber Lutz hebt die Konsequenzen, die Stefanie für die Kinder ausgesprochen hat, nicht länger auf, auch wenn er sie nicht immer versteht. Beide Eltern haben den Kindern gesagt, dass sie unterschiedliche Rollen in der Familie spielen und dass Lutz weiterhin vor allem für Wochenendspaß zuständig ist, während Stefanie den Alltag regelt, aber dass sie sich von jetzt an nicht mehr gegeneinander ausspielen lassen, sondern gemeinsame Entscheidungen treffen werden. Lukas und Christina mussten diese Aussage natürlich auf die Probe stellen. Aber Lutz und Stefanie haben sich weitgehend an den Erziehungsplan gehalten und sich nur einmal wirklich gegeneinander ausspielen lassen.

Falls Sie alleinerziehend sind, dann beraten Sie sich über diese Themen mit all denjenigen, die Ihnen in der Erziehung in irgendeiner Weise unter die Arme greifen. Das können die Großeltern sein oder Ihr Lebenspartner, Ihre beste Freundin, Ihr bester Freund oder eine Familienhelferin.

In Stieffamilien sollte die Meinung des leiblichen Elternteils Vorrang haben und vom Stiefvater oder von der Stiefmutter unterstützt werden. Auch wenn die Eltern nicht zusammenleben, sollten sie regelmäßig über die Erziehung ihrer gemeinsamen Kinder sprechen. Die Eltern lassen sich in diesem Fall auf eine Geschäftsbeziehung ein, die dem Zweck der Kindererziehung dient. Manchmal hat man Geschäftspartner, die man auf der persönlichen Ebene nicht besonders mag, aber man kann dennoch gemeinsame Geschäfte abwickeln. Wenn geschiedene Eltern bereit sind, sich trotz aller Unstimmigkeiten gegenseitig bei der Kindererziehung zu unterstützen, werden ihre Kinder davon profitieren. Kinder verstehen, dass es zwei verschiedene Haushalte mit unterschiedlichen Regeln und Erwartungen gibt. Was ihnen schwerfällt, ist ein Haushalt mit und ein Haushalt ohne Regeln und Erwartungen. Eltern, die zum Wohle ihrer Kinder zusammenarbeiten, tun ihren Kindern einen großen Gefallen und machen Besuche und Übergänge sehr viel einfacher für alle Beteiligten.

Der Erziehungsplan

Man plant eine Geburtstagsfeier, den nächsten Einkauf oder man macht Pläne für das Rentenalter. Aber wenn es darum geht, wie man seine Kinder erzieht, dann plant man oft wenig und reagiert einfach aus dem Bauch heraus. Nehmen Sie sich die Zeit, die folgenden Fragen zu beantworten. Denken Sie über Ihre Antworten nach und dann besprechen Sie Ihre Antworten mit dem anderen Elternteil Ihres Kindes. Unterhalten Sie sich ausführlich über die Fragen, die Sie unterschiedlich beantworten. Finden Sie Wege, trotzdem am gleichen Strang zu ziehen. Wenn Sie alleinerziehend sind, dann besprechen Sie Ihre Antworten mit jemandem, dem Sie vertrauen, das kann Ihr Lebenspartner sein, ein Freund, eine Freundin, Ihr Pfarrer oder ein Sozialpädagoge oder Therapeut.

Teil 1: Die Grundlage

Nach welchen Grundsätzen erziehen Sie Ihr Kind? Woher stammen diese Grundsätze? Sie haben sich über diese Fragen bereits einige Gedanken gemacht. Hier haben Sie die Gelegenheit, Ihre Befunde zusammenzufassen:

- Beschreiben Sie die Ziele von Erziehung im Allgemeinen. Was erhoffen Sie sich von der Erziehung Ihres Kindes im Besonderen?
- Beschreiben Sie Ihren Erziehungsstil. Wie effektiv ist er?
- Wie unterscheidet sich Ihr Erziehungsstil von dem Ihres Partners?
- Wie unterscheidet sich Ihr Erziehungsstil von dem Ihrer Eltern? Was machen Sie anders? Was ist ähnlich?
- Wie hat sich Ihre Familie verändert, seit Ihr Kind die Pubertät erreicht hat?

- Ist die Erziehung von Jugendlichen anders als die Erziehung von jüngeren Kindern?
- Wenn Ihr Kind sich nur an eine einzige Ihrer Aussagen, Eigenschaften oder Taten erinnern könnte, woran sollte es sich dann erinnern?
- Wie feiern Sie Erfolge und Fortschritte Ihrer Familie? Was tun Sie als Familie, wenn alles gut läuft?
- Wie geht Ihre Familie mit Konflikten um? Wie gingen Ihre Eltern mit Konflikten um?
- Welche Tabuthemen wurden in Ihrer Kindheit und Jugend nie wirklich angesprochen? Gibt es in Ihrer eigenen Familie Themen, über die Sie nicht sprechen?

Teil 2: Die Einschätzung

Was funktioniert? Was funktioniert nicht? Was wollen Sie ändern? Was wollen Sie beibehalten?

- Beschreiben Sie Ihre Stärken als Mutter oder Vater. Was gelingt Ihnen in Ihrer Erziehung in der Regel gut?
- Beschreiben Sie die positiven Eigenschaften und Stärken Ihres Partners.
- Wann nutzen Sie diese Stärken am besten aus? In welchen Situationen vergessen Sie Ihre Stärken? Was könnten Sie ändern, damit Ihre Stärken auch in diesen Situationen zum Tragen kommen?
- Wie ergänzen sich Ihre Stärken und die Stärken Ihres Partners? Wie können Sie Ihre Partnerschaft festigen?
- Welche Bereiche der Erziehung fallen Ihnen besonders schwer? Welche Bereiche fallen Ihrem Partner besonders schwer?
- Beschreiben Sie, was in Ihrer Familie nicht so gut klappt. Warum denken Sie, dass diese wenig hilfreichen Verhaltensmuster trotzdem aufrechterhalten werden? Was trägt dazu bei, dass sie weiterhin existieren? Wie tragen Sie zu diesen Umgangsformen bei? Verhaltensmuster haben meistens ein Ziel. Was war das ursprüngliche Ziel dieser jetzt nicht mehr hilfreichen Verhaltensmuster?
- Was können Sie tun, um diese Verhaltensmuster bewusst zu ändern? Wie können Sie Ihrer Familie helfen, sich von diesen überholten Verhaltensmustern zu trennen?

- Nachdem Sie einiges über Erziehungsstile und -methoden gelesen haben, beschreiben Sie einmal drei bis fünf Prinzipien oder Ideen, die Sie inspiriert und die Ihnen besonders gut gefallen haben.
- Beschreiben Sie, wie Sie diese Prinzipien oder Ideen in die Tat umsetzen könnten.
- Was hat Sie bis jetzt davon abgehalten, neue Erziehungsmethoden oder Verhaltensmuster in die Tat umzusetzen?
- Was werden Sie tun, wenn Sie und Ihr Partner sich nicht auf Ziele und Erziehungsmethoden einigen können?

Teil 3: Der Plan

- Wer kann Ihnen dabei helfen, Ihren Plan umzusetzen? Großeltern, Onkel, Tanten, Familienhelfer, Freunde, Therapeuten, Sozialarbeiter, Pfarrer?
- Welche Verhaltensmuster wollen Sie zuerst in Angriff nehmen? Fangen Sie mit einem an, das Erfolg verspricht – also nicht dem Eingefahrensten oder Komplexesten.
- Ihr Teenager wird Ihr verändertes Verhalten hinterfragen. Bereiten Sie eine Antwort vor, die erklärt, was Sie ändern und warum. Erklären Sie auch, was Sie von Ihrem Kind erwarten, etwa so: »Ich arbeite daran, meinen Erziehungsstil zu verändern, um eine bessere Mutter/ein besserer Vater zu sein. Es gibt einige Dinge, die ich beibehalten werde, und andere, die ich ändern werde. Du wirst merken, dass ich … anders handhaben werde. Ich werde außerdem … tun, statt … zu tun. Ich hoffe, dass diese Veränderungen unsere Beziehung verbessern werden, aber es wird vor allem anfangs nicht immer leicht sein. Es wäre schön, wenn du etwas Geduld mit mir haben könntest. Ich habe außerdem auch einige neue Erwartungen an dich, nämlich … Ich weiß, dass Veränderung nicht immer einfach ist, aber ich hoffe, dass wir als Familie zusammenarbeiten können.«
- Beschreiben Sie, wie Sie den Fortschritt und die Verbesserung »messen« werden. Wie werden Sie erkennen, dass sich etwas verändert hat? Wie werden Sie erkennen, dass diese Veränderungen tatsächlich hilfreich sind? Entwickeln Sie eine Checkliste, die Ihnen helfen wird, diese Fragen zu beantworten.

- Erstellen Sie einen Plan. Beschreiben Sie ganz konkret, was Sie tun werden. Zum Beispiel: »Wenn mein Kind … tut, dann werde ich … tun.« Beschreiben Sie Strategien, die Sie benutzen werden (Familientreffen, Verträge, Tafeln, Listen, Auszeiten usw.) Je konkreter Ihr Plan ist, desto leichter wird es sein, ihn in die Tat umzusetzen. Ihr Plan muss nicht allumfassend sein. Konzentrieren Sie sich lieber auf die drei bis vier Bereiche, die das Familienleben am meisten beeinflussen. Haben Sie Geduld. Veränderung braucht Zeit.
- Nachdem Sie Ihrem Plan drei Monate lang gefolgt sind, fragen Sie sich: Haben Sie die Ziele erreicht, die Sie sich gesteckt hatten? Was klappt? Was nicht? Dann ändern Sie den Plan entsprechend.

Teil 4: Gedanken über die Zukunft

- Wie stellen Sie sich die Beziehung zu Ihrem Teenager in einem Jahr vor?
- Wie wird sich Ihre Rolle als Mutter oder Vater in den nächsten zwei bis drei Jahren ändern?
- Beschreiben Sie, wie sich Ihre Bedürfnisse und die Bedürfnisse Ihres Teenagers in den nächsten Jahren ändern werden.
- Was werden Sie am meisten vermissen, wenn Sie überlegen, wie sich Ihre Familie in den nächsten Jahren verändern wird? Worauf freuen Sie sich am meisten?
- Wo werden Sie Unterstützung suchen und finden?
- Wie werden Sie dafür sorgen, dass Sie nicht in alte Verhaltensweisen zurückfallen? Wer wird Sie darauf aufmerksam machen, falls Sie es trotzdem tun?
- Was werden Sie tun, damit Sie sich auch in Zukunft als Mensch, als Partner und als Vater oder Mutter weiterentwickeln?
- Was werden Sie sagen, wenn Ihr Teenager in alte Verhaltensweisen verfällt? Um wenig hilfreichen Gefühlsausbrüchen wie: «Du machst immer alles falsch …«, vorzubeugen, hilft es, sich vorher darüber Gedanken zu machen, was Sie sagen wollen. Dann könnten Sie so etwas sagen wie: »Wenn du … tust, habe ich das Gefühl, dass wir wieder ganz am Anfang stehen. Wie können wir dir dabei helfen, dieses Verhalten nicht zu wiederholen?«

Kapitel 5: Mit sich selbst im Reinen sein Das Fundament: Die wichtigsten Fragen unseres Lebens

Viele Väter oder Mütter verlieren sich vor lauter Fürsorge um ihre Kinder leicht in der Elternrolle und vergessen, dass sie selbst Menschen mit eigenen Gefühlen und Bedürfnissen, Schwächen und Stärken, Vorlieben und Ideen, Zielen und Träumen sind. Doch so wichtig die Erziehung Ihres Kindes auch ist: Wenn Sie mit sich selbst nicht in Frieden leben, dann wird es Ihnen schwerfallen, Ihrem Kind zu vermitteln, wie man eine positive Identität entwickelt und mit negativen Erfahrungen umgeht. Ziel dieses Kapitels ist es, dass Sie sich mit sich selbst beschäftigen, falls nötig Frieden mit Ihrer Vergangenheit schließen, sich so akzeptieren, wie Sie sind, und weiterhin Pläne schmieden, wie Sie die Person werden können, die Sie immer schon sein wollten.

Das Fundament der Erziehung Ihres Kindes sind Sie. Je mehr Sie mit sich im Reinen sind, desto solider ist das Fundament, auf dem Ihr Teenager aufwächst.

Auf dieser Ebene der Erziehung geht es ums Menschsein und da stellt man sich die ganz elementaren Fragen des Lebens. Wer bin ich eigentlich? Wer bin ich, wenn kein anderer da ist? Was ist mir im Leben wirklich wichtig? Welche Werte, Glaubenssätze und Richtlinien bestimmen mein Leben? Was macht mich glücklich? Wann empfinde ich Leidenschaft? Wen oder was liebe ich? Wofür lebe ich? Was ist der Sinn meines Lebens?

Die meisten Menschen können diese Fragen nicht aus dem Stegreif beantworten. Wenn man diese Fragen hört, sagt man oft, das ist eine gute Frage, darüber sollte man mal nachdenken. Aber nur wenige Menschen nehmen sich die Zeit, diese Fragen wirklich zu beantworten. Das tägliche Leben holt einen schnell ein und dann müssen dringendere Fragen beantwortet werden. Wer holt die Kinder vom Hort ab? Wie bezahlen wir die Rechnung für die unerwartete Autoreparatur? Wie halten wir unseren Teenager vom Rauchen ab? Was koche ich heute? Wie erledige ich die Arbeit des kranken Kollegen, wenn ich ohnehin schon zu viel zu tun habe?

Nehmen Sie sich die Zeit, die fundamentalen Fragen Ihres Lebens zu beantworten. Denn wenn Sie diese beantwortet haben, dann folgen andere Fragen, die zwar oft noch schwerer zu beantworten, dafür aber umso wichtiger sind: Ich weiß, was mir wichtig ist, was mich glücklich macht, was meinem Leben Sinn gibt, aber lebe ich tatsächlich diesen Antworten entsprechend? Und wenn nicht, warum nicht?

Sie lesen dieses Buch, um ein besserer Vater oder eine konsequentere Mutter zu werden. Das Geheimnis dazu liegt nicht in irgendeiner Erziehungsstrategie oder in einer kreativeren Liste von Konsequenzen, sondern in Ihren Antworten auf die obigen Fragen. Ihre Beziehung zu Ihrem Kind und damit Ihre Effektivität als Vater oder Mutter hängt davon ab, wer Sie als Person sind. Wenn Sie nicht mit sich selbst in Frieden leben und eine gewisse innere Ruhe und Stabilität haben, werden auch die besten Erziehungsstrategien wenig Erfolg haben.

Zum Anfang eine recht einfache Aufgabe. Nehmen Sie sich ein Blatt Papier und schreiben Sie links an den Rand zwanzigmal »Ich bin …« untereinander. Dann holen Sie tief Luft, atmen aus und beenden, ohne viel nachzudenken, zwanzigmal diesen Satz: »Ich bin …«

Lesen Sie bitte erst weiter, wenn Sie diese Aufgabe tatsächlich erledigt haben. Sehen Sie sich Ihre Antworten an. Wie viele von Ihren Antworten beschreiben ein äußerliches Merkmal (»Ich bin blond« oder: »Ich bin 1,80 m groß.«)? Wie viele beschreiben Sie in Beziehung zu anderen Menschen (»Ich bin eine Mutter/ein Vater/eine Schwester/eine Angestellte/ein Beamter/ein Lehrer …«)? Wie viele sind mehr eine Beurteilung als eine Beschreibung (»Ich bin zu dick« oder: »Ich bin nicht intelligent genug.«)? Wie oft haben Sie »Ich bin *nicht* …« geschrieben? Was übrig bleibt, sind Ihre Eigenschaften, Ihre Stärken und Schwächen, echte Beschreibungen Ihrer Person. Wenn weniger als acht Aussagen übrig bleiben, machen Sie bitte eine neue Liste von acht »Ich bin …«-Aussagen, die Sie unabhängig von Ihren Beziehungen, Ihrem Aussehen und Urteilen über sich selbst beschreiben.

Diese Aufgabe stellt Ihnen Fragen nach Ihrer Identität. Das sind die gleichen Fragen, die jeder Jugendliche sich in der Pubertät beantworten muss. Wer bin ich? Leben Sie Ihrem Teenager vor, dass die Frage nach der eigenen Identität nicht von der Umwelt oder von Freunden beantwortet wird, sondern dass die Antwort von innen heraus kommt.

Falls Ihnen diese Aufgabe schwerfiel, schreiben Sie in einem Monat eine weitere Liste. Hoffentlich haben Sie bis dahin einige der folgenden Experimente durchgeführt und damit eine klare Antwort auf die Frage nach Ihrer Identität entwickelt.

Die Lebensgeschichte

Um wirklich zu wissen, wer man ist, muss man sich mit der eigenen Vergangenheit auseinandersetzen. Ein Mensch wird von den Erlebnissen und Erfahrungen seines Lebens geprägt. Wenn man negative Erfahrungen macht, dann nimmt man sich oft vor, es selbst anders zu machen. Wenn man positive Erfahrungen macht, versucht man, diese zu wiederholen. In beiden Fällen beeinflusst das Erlebte die eigenen Entscheidungen und zukünftigen Verhaltensweisen. Wenn jemand also von sehr strengen Eltern erzogen wurde, nimmt er sich oft vor, die eigenen Kinder weniger streng zu erziehen. Hat eine Mutter das Gefühl, dass die eigenen Eltern sie ins Heim abschoben, dann wird sie alles daransetzen, damit ihr Kind nicht ins Heim muss. Wenn ein Vater in seiner Jugend viel getrunken hat und deshalb nie Probleme hatte, wird er sich wahrscheinlich wenig Sorgen machen, wenn der eigene Sohn regelmäßig betrunken nach Hause kommt. All diese Reaktionen der Eltern basieren nicht darauf, was am besten für die eigenen Kinder ist, sondern darauf, wie sie ihre eigene Vergangenheit interpretieren. Auch wenn man glaubt, dass man das Wohl des Kindes im Blick hat, handelt man oft nicht im besten Interesse des Kindes, sondern als Reaktion auf die eigene Vergangenheit.

Deshalb ist es wichtig, die eigene Vergangenheit aufzuarbeiten, um dann tatsächlich das zu tun, was das eigene Kind braucht, und nicht das, was man sich damals selbst gewünscht hätte. Vielleicht braucht das Kind eine strenge Mutter, auch wenn man diese selbst damals nicht brauchte. Vielleicht muss das Kind tatsächlich eine Weile ins Heim, damit sich die Beziehungen beruhigen und Vertrauen wiederhergestellt werden kann, auch wenn man damals tatsächlich abgeschoben wurde. Vielleicht ist Alkohol für den Sohn tatsächlich ein großes und immer größer werdendes Problem, auch wenn man selbst viel trinken kann, ohne zum Alkoholiker zu werden.

Jeder Mensch hat schwere Erfahrungen in seinem Leben gemacht. Je mehr man versucht, diese Erfahrungen zu ignorieren, desto mehr scheinen sie die eigenen Entscheidungen und Verhaltensweisen zu beeinflussen. Man nimmt ihnen die Kraft, indem man darüber spricht und sie dann loslässt. Die meisten Eltern können das tun, indem sie mit ihrem Partner, einem Freund, einer Freundin oder einer anderen Vertrauensperson reden. Manche Eltern sollten eine Therapie beginnen, um ihre Vergangenheit aufzuarbeiten. Sie zeigen ihren Kindern damit zweierlei: Einmal, dass es keine Schande ist, um Hilfe zu bitten, und dass es niemals zu spät ist, sich zu ändern. Und zweitens, dass man traumatische Erfahrungen tatsächlich überwinden kann und dass sie nicht den Rest des Lebens beeinflussen müssen.

Sie werden als Teil der nächsten Aufgabe Ihre Lebensgeschichte schreiben und diese dann mit einer Vertrauensperson durchgehen. Denken Sie schon einmal darüber nach, wem Sie Ihre Lebensgeschichte anvertrauen wollen. Sie werden etwas Zeit für diese Aufgabe benötigen. Am einfachsten ist es oft, wenn man über einen längeren Zeitraum von ein paar Wochen jeden Tag eine halbe Stunde lang daran arbeitet. Aber es gibt auch Eltern, die es leichter finden, sich einen ganzen Tag Zeit zu nehmen und dann alles auf einmal aufzuschreiben.

Notieren Sie Ihre Lebensgeschichte oder Autobiografie. Rechnen Sie damit, dass in Ihnen beim Schreiben Gefühle aufsteigen die Sie seit Langem nicht gespürt haben. Machen Sie sich keine Gedanken über Rechtschreibung, Kommasetzung und Satzbau. Schreiben Sie einfach los. Wenn Sie etwas vergessen haben, dann fügen Sie es später ein. Ob handgeschrieben oder getippt, ist Ihre Entscheidung. Fangen Sie einfach an. Was wissen Sie über Ihre Geburt? Und die Schwangerschaft Ihrer Mutter? Dann berichten Sie von Ihrer Kindheit. Beschreiben Sie einschneidende Veränderungen und Erlebnisse, Beziehungen und Freundschaften. Beobachten Sie dabei, was Ihnen schwerfällt und warum. Seien Sie sich Ihrer Gefühle und Hemmungen bewusst. Gibt es Ereignisse, die Sie versucht haben zu verdrängen? Gibt es Zeiten in Ihrem Leben, an die Sie sich kaum erinnern?

Beschreiben Sie die wichtigen Personen in Ihrem Leben, Ihre Rolle in Ihrer Familie, Ihre Gedanken und Gefühle während Ihrer Kindheit und Jugend. Erinnern Sie sich an Ihre Jugend. Was war Ihnen damals wichtig? Beschreiben Sie die Beziehung zu Ihren Eltern und wie diese sich veränderte. Was passierte nach der Schule? Wie trafen Sie die Entscheidung, eine bestimmte Berufsausbildung oder Karriere zu wählen? Wie lernten Sie Ihren ersten Partner kennen? Erzählen Sie von Ihrer ersten Liebe. Beschreiben Sie dann die Beziehung zum anderen Elternteil Ihres Kindes. Was waren die Schwierigkeiten und Konflikte und welche schönen Momente gab es? Dann berichten Sie von der Geburt Ihres Kindes, den ersten Jahren, den Höhepunkten und den Tiefpunkten Ihres Elternseins.

Beschreiben Sie die Traditionen und Glaubenssätze Ihrer Familie – sowohl der Familie, in der Sie aufwuchsen, als auch der Familie, die Sie selbst gegründet haben. Erwähnen Sie auch wichtige Verhaltensmuster und Probleme, so wie Alkoholismus, Selbstmord, Krankheiten, Arbeitsethik, fehlende Kommunikation oder Scheidungen.

Seien Sie kreativ und neugierig, bewerten Sie nicht, was Sie schreiben. Ihre Lebensgeschichte hat beeinflusst, wer Sie heute sind – zum Guten und zum weniger Guten. Nachdem Sie Ihre Geschichte geschrieben haben, legen Sie sie ein paar Tage lang beiseite. Dann holen Sie sie wieder hervor und lesen sie, als ob es die Geschichte Ihres besten Freundes wäre. Lesen Sie sie mit Mitgefühl, Neugier und Verständnis. Was entdecken Sie in dieser Geschichte? Was können Sie über die Person lernen, die diese Geschichte schrieb? Beobachten Sie die Gedanken und Gefühle, die Sie beim Lesen haben. Schwingt da Wut mit? Frustration? Mitleid? Verständnis?

Der zweite Teil der Aufgabe besteht darin, dass Sie Ihre Geschichte einer Person mitteilen, der Sie vertrauen können. Wählen Sie diese Person bitte mit Bedacht. Wenn es in Ihrem Leben keinen Menschen gibt, dem Sie Ihre Geschichte anvertrauen können, dann werden Sie es sich hoffentlich zum Ziel machen, das zu ändern. Aber zunächst behalten Sie Ihre Geschichte lieber für sich, als sie jemandem mitzuteilen, dem Sie nicht wirklich vertrauen können. Wenn Sie sich entschieden haben, wem Sie Ihre Geschichte anvertrauen, dann können Sie dieser Person die Geschichte vorlesen oder sie die Geschichte selbst lesen lassen. Welche der beiden Möglichkeiten haben Sie gewählt? Warum? Wie geht es Ihnen jetzt, nachdem jemand anders Ihre Geschichte gehört oder gelesen hat? Haben Sie Angst davor, was die andere Person denken wird? Gibt es Erlebnisse, die Sie beim Vorlesen weggelassen haben? Wie fühlt es sich an, dass jemand anderes Sie jetzt so gut kennt?

Solange Ihr Kind ein Teenager ist, ist es wahrscheinlich unklug, ihm oder ihr Ihre gesamte Geschichte zu erzählen. Entscheiden Sie mit Bedacht, was und wie viel Sie Ihrem Kind mitteilen. Fragen Sie sich, warum Sie wollen, dass Ihr Kind gewisse Dinge über Sie weiß. Erhoffen Sie sich mehr Verständnis? Ein besseres Verhältnis? Mehr Offenheit seitens des Jugendlichen? Eltern haben normalerweise die besten Absichten, wenn sie über sich und ihre eigenen Erfahrungen sprechen, aber Jugendliche sehen das oft ganz anders. Einige Jugendliche empfinden dieses Wissen als eine Last. Sie haben das Gefühl, Mitleid mit den Eltern haben zu müssen oder dafür sorgen zu müssen, dass es den Eltern besser geht. Andere Jugendliche benutzen dieses Wissen als eine Waffe, die sie jederzeit gegen ihre Eltern verwenden können. So könnten Erzählungen über Erfahrungen mit Alkohol Ihrem Teenager eine willkommene Rechtfertigung liefern, selbst Alkohol zu trinken – schließlich haben Sie es auch gemacht. Berücksichtigen Sie immer, wie weit Ihr Kind Ihre Lebensgeschichte reflektieren kann und will – und entscheiden Sie dann was Sie wann erzählen.

Trauer

Die meisten Menschen haben in ihrem Leben einiges verloren oder aufgeben müssen. Nachdem Sie Ihre Lebensgeschichte geschrieben haben, sind Sie sich der Verluste in Ihrem Leben wahrscheinlich gerade besonders bewusst. Verlust bedeutet immer auch Trauer. Und Trauer ist mit unangenehmen Gefühlen verbunden. Die Gefühle, die man nach einem Verlust durchläuft, scheinen sich an eine bestimmte Ordnung zu halten. Die erste Reaktion auf Verlust ist oft der Versuch, die Realität zu leugnen. Man kann und will nicht glauben, dass das Geschehene wirklich passiert ist. Typische Gedanken sind: »Das ist alles nur ein Traum«, »Morgen ist alles wieder in Ordnung«, »Das kann einfach nicht wahr sein« oder: »Ist das wirklich passiert?«

Die Phase des Verleugnens kann von ein paar Minuten bis hin zu einigen Wochen dauern, je nach der Bedeutung des Verlusts. Danach folgt normalerweise eine Zeit des Verhandelns. Man versucht mit Gott, der Welt, dem Universum, sich selbst oder anderen Menschen zu verhandeln, um das Geschehene ungeschehen zu machen. Typische Gedanken sind: »Wenn ich nur hart genug arbeite, wird keiner merken, was wirklich passiert ist«, »Wenn ich von jetzt an alles richtig mache, dann wird er wieder zurückkommen«, »Ich muss nur wirklich danach suchen, dann werde ich es schon finden« oder: »Es wird schon besser werden, wenn ich nur ...« Für Erwachsene und Jugendliche, die in der Regel einen recht guten Realitätssinn haben, dauert die Zeit des Verhandelns normalerweise nicht besonders lange. Sie merken schnell, dass man noch so viel versprechen kann, den Verlust aber letztendlich nicht ungeschehen machen kann. Jüngere Kinder, die noch eine rege Fantasiewelt haben, brauchen oft etwas länger, um den Verlust als Tatsache anzuerkennen.

Nach dem Verhandeln kämpfen wir mit Wut und Trauer. Diese beiden Gefühle wechseln sich oft ab. Vielen Menschen fällt es leichter, wütend zu sein als traurig. Wut gibt Energie und beschützt. Wenn man wütend ist, kann man wenigstens morgens aufstehen und zur Arbeit gehen. Man kann sich gegen die unbedachten Worte der Menschen wehren, die den Verlust nicht verstehen. Trauer dagegen nimmt Energie. Man kann sich kaum bewegen und es ist schwer, die einfachen Aufgaben des täglichen Lebens zu erfüllen. Manchmal führt Trauer zu Depressionen. Depressionen machen es nicht nur schwer, sondern fast unmöglich, morgens aufzustehen, zu essen, sich anzuziehen, zur Arbeit zu gehen und im täglichen Leben zu funktionieren. Menschen, die nach einem Verlust in Depressionen verfallen, brauchen oft professionelle Hilfe, um den Weg zurückzufinden. Die Länge dieses Prozesses hängt natürlich von der Bedeutung des Verlusts ab. Wenn ein Kind oder ein Partner unerwartet stirbt, ist es völlig normal, vier bis fünf Jahre lang zwischen Wut und Trauer hin- und herzuschwanken. Sollten die Gefühle des Trauerns dann noch immer so stark sein wie direkt nach dem Verlust, ist es wahrscheinlich eine gute Idee, um Hilfe zu bitten. Das Gefühl von Verlust und Leere wird vor allem an Verjährungsdaten wiederkommen. Aber es sollte mit der Zeit weniger akut und intensiv werden. Sowohl Trauer als auch Wut sind nötig, um den Verlust zu verarbeiten. Die Anteile der beiden Gefühle variieren von Mensch zu Mensch, aber die, die nur eines dieser Gefühle zulassen, werden es schwer finden, den Verlust wirklich zu akzeptieren.

Nach der Zeit der Trauer und Wut folgt dann irgendwann die Akzeptanz. Man muss akzeptieren, dass das Leben nie wieder so sein wird wie zuvor. Aber im Gegensatz zur Resignation, die den Verlust zwar akzeptiert, aber zwangsläufig entscheidet, dass damit das Leben schlechter und weniger lebenswert ist, bedeutet wahre Akzeptanz, dass man von ganzem Herzen glaubt, dass das Leben zwar anders, aber trotzdem im Großen und Ganzen gut ist. Akzeptanz ist nicht nur ein Gefühl, sondern auch, und vielleicht sogar vor allem, eine Entscheidung. Es gibt Verluste im Leben, bei denen man sich eine lange Zeit jeden Tag neu entscheiden muss, sie zu akzeptieren. Erst dann folgt irgendwann das Gefühl und macht das Akzeptieren etwas leichter. Nachdem man den Verlust tatsächlich akzeptiert hat, kann man sich erneut auf das Leben einlassen. Erst jetzt kann man neue Beziehungen knüpfen und die kleinen Freuden des Lebens wieder genießen. Viele Menschen bemerken zu diesem Zeitpunkt, dass sie wieder unbedarft lachen, dass sie sich am Geruch einer Blume erfreuen, dass ihnen das Essen wieder schmeckt, dass sie wieder Lust haben, Zeit mit anderen Menschen zu verbringen.[16]

Leider erlauben sich nur wenige Menschen, dem Prozess des Trauerns seinen Lauf zu lassen. Die Generation unserer Großeltern hat noch ganz selbstverständlich am Trauerjahr festgehalten, das dazu diente, alle Fest- und Gedenktage einmal ohne den verstorbenen Menschen zu durchleben und der Trauer an diesen Tagen Raum zu geben. Doch es gibt so viele Gründe, schnell wieder funktionieren zu wollen. Da sind die Arbeit, die Erwartungen der Familie und der Freunde, die zeitgebundenen Projekte, die Bedürfnisse der Menschen um einen herum. Sechs Monate nach dem Tod einer geliebten Person bekommt man keine Karten mehr

16 In Anlehnung an: Elisabeth Kübler-Ross, *Interviews mit Sterbenden,* Droemer Knaur 2001

zugeschickt oder Worte der Anteilnahme zu hören. Es wird normalerweise erwartet, dass man seinen Verlust »weggesteckt« hat. Und wenn sich dann doch jemand nach dem persönlichen Befinden erkundigt, sagt man, dass man über den Verlust hinweg ist, denn man hat sich mittlerweile selbst davon überzeugt, dass sechs Monate mehr als genug sind, um zu trauern. In einer Gesellschaft, die wenig Raum zum Trauern lässt, ist es deshalb kein Wunder, dass viele Menschen versuchen, diesen Prozess abzukürzen oder ganz zu vermeiden.

Man kann sich einreden, dass der Verlust gar nicht so schlimm war, dass man jetzt mit dem Trauern fertig sein sollte, dass man keine Zeit hat, dass das Leben einfach weitergehen muss. Damit verdrängt man die Gefühle, stopft sie tief in sich hinein und hofft, dass sie irgendwie verschwinden. Wenn man sich weit genug von seinen Gefühlen abgegrenzt hat und nur auf den Kopf und nicht auf die Seele hört, dann kann man sich oft selbst davon überzeugen, dass man nicht wirklich trauern muss. Oder man kann versuchen, sich von seinen Gefühlen abzulenken. Drogen, Alkohol, Essen, Arbeit, Glücksspiele oder Sport sind beliebte Wege, sich von den unangenehmen Gefühlen abzulenken und sie nicht spüren zu müssen. Menschen werden oft sehr kreativ, um diese Gefühle zu vermeiden. Leider funktioniert keine der beiden Strategien wirklich. Entweder kann man irgendwann die Gefühle nicht mehr unterdrücken oder die Ablenkungsmanöver haben einen zu hohen Preis. Die unterdrückten oder ignorierten Gefühle kommen dann mit voller Kraft zurück ins Bewusstsein. Man spürt sie so klar und deutlich, als ob der Verlust gerade erst passiert sei. So kann es sein, dass ein Alkoholiker, der endlich clean ist, 30 Jahre nach dem Tod eines geliebten Menschen auf einmal weint und trauert, als ob der Mensch gestern gestorben sei. Wenn sich jemand jahrelang durch unermüdliche Arbeit davon abgelenkt hat, dass er ein Kind verloren hat, dann kann es passieren, dass er während des nächsten Urlaubs (auf den er sich nur widerwillig eingelassen hat) auf einmal Gefühle von Wut und Traurigkeit verspürt, die keine wirkliche Ursache zu haben scheinen. Die unverarbeiteten Verluste machen es ihm unmöglich, den Urlaub zu genießen. Ohne sich auf seine Arbeit zu konzentrieren und sich dadurch von seinen Gefühlen ablenken zu können, erlebt man auf einmal Gefühle, die man verloren gehofft hatte.

Mit anderen Worten: Man kann das Trauern aufschieben, aber nicht vollständig vermeiden. Irgendwann wird man sich den Gefühlen stellen müssen. Oder man wird einen hohen Preis dafür bezahlen, sie bis an sein Lebensende zu unterdrücken. In der nächsten Aufgabe werden Sie sich mit den Verlusten in Ihrem Leben beschäftigen und herausfinden, welche Rolle Trauerarbeit in Ihrem Leben spielt.

Machen Sie eine Liste der Verluste in Ihrem Leben. Fangen Sie mit den größten Verlusten an. Erinnern Sie sich so weit zurück wie möglich. Der Tod von geliebten Menschen ist normalerweise der größte Verlust, danach folgen oft Haustiere und dann Gegenstände. Kinder empfinden Verluste jedoch oft anders. Der Tod eines netten Großonkels, den man nur zu Weihnachten sieht, ist da weniger einschneidend als der Verlust des geliebten Fahrrades. Es gibt keine Vorschriften, welche Verluste Ihnen nahezugehen haben. Folgen Sie einfach Ihren Gefühlen.

Nach der Liste der Verluste machen Sie eine Liste der großen Veränderungen in Ihrem Leben, denn jede Veränderung ist automatisch mit Verlusten verbunden. Auch positive Veränderungen bringen Verluste mit sich. Der Schulabschluss bringt einen Abschied vom vertrauten Tagesablauf mit sich. Die Hochzeit bedeutet das Ende einer gewissen Freiheit. Die Geburt eines Kindes setzt der Zweisamkeit ein Ende. Die Beförderung verändert die Beziehungen zu den Kollegen. Wenn man ignoriert, dass diese – oft positiv empfundenen – Veränderungen auch gleichzeitig mit Abschied und Verlust verbunden sind, dann kann man sich nicht erlauben zu trauern. Wenn man die entsprechenden Gefühle vermeidet, muss man sie eben später irgendwann einmal spüren.

Vervollständigen Sie die beiden Listen, so gut Sie können, dann gehen Sie die Listen durch und entscheiden, um welche Verluste Sie noch trauern müssen. Benutzen Sie ein Kreuz- oder Sternchensystem: Drei Sternchen bedeuten, dass Sie den Trauerprozess abgeschlossen haben und dass die Erinnerung an den Verlust keine akuten Gefühle von Wut oder Traurigkeit in Ihnen hervorruft. Zwei Sternchen bedeuten, dass Sie einen Teil des Trauerprozesses durchlaufen haben, dass der Verlust aber immer noch starke Gefühle in Ihnen hervorruft. Ein Sternchen bedeutet, dass Sie noch nicht wirklich um den Verlust getrauert haben.

Jetzt haben Sie herausgefunden, was für Trauerarbeit Ihnen noch bevorsteht und was Sie auf diesem Gebiet schon geleistet haben. Was werden Sie mit diesem Wissen anfangen? Manchmal ist es genug, sich ein paar Stunden Zeit zu nehmen, in denen man sich an den Verlust erinnert und den Gefühlen freien Lauf lässt. Die meisten Menschen verbringen einen Teil der Zeit damit, zu weinen, und einen anderen Teil damit, ihre Gedanken und Gefühle aufzuschreiben. Ein Gespräch mit einer Vertrauensperson kann manchmal auch genug sein. Sprechen Sie über den Verlust, Ihre Gefühle damals und heute, und das Leben nach dem Verlust. Oft bedarf es aber mehr als eines Tagebucheintrags oder eines Gesprächs.

In diesem Fall sollten Sie sich Hilfe holen. Das kann eine Selbsthilfegruppe sein, regelmäßige Gespräche mit einem Pfarrer oder Seelsorger, eine Gruppentherapie, die sich mit Verlusten beschäftigt, oder eine Einzeltherapie, in der Sie sich insbesondere mit Trauerarbeit beschäftigen.

Alle bekannten Kulturen und sogar einige Tierarten haben bestimmte Trauerrituale. Diese Rituale haben einen Sinn. Sie wurden entwickelt, um auf eine strukturierte Art und Weise Abschied zu nehmen. Es fällt oft leichter, etwas loszulassen, wenn ein gewisses Ritual dieses Loslassen lenkt. Entwickeln Sie Ihr eigenes Ritual, um angemessen zu trauern. Man kann Briefe verbrennen und die Asche zerstreuen, symbolische Gegenstände in einen Bach werfen oder Blumen auf ein Grab legen. Man kann sich an den Händen halten und ein Gebet sprechen oder jedes Jahr zur gleichen Zeit etwas Bestimmtes tun, um einen Menschen oder ein geliebtes Tier zu ehren. Der Phantasie sind hier keine Grenzen gesetzt.

Denken Sie daran: Sie leben Ihrem Kind vor, wie man mit Verlusten und Veränderungen umgeht. Und davon wird es noch viele im Leben Ihres Kindes geben. Trauerarbeit erfordert viel Mut. Ihr Kind wird Sie letztendlich dafür bewundern, dass Sie sich Ihren Gefühlen gestellt und sie nicht unterdrückt haben.

Vergebung

Eine andere Entdeckung, die Sie wahrscheinlich gemacht haben, während Sie Ihre Lebensgeschichte schrieben, ist, dass alleine die Erinnerung an bestimmte Menschen Sie wütend machte. Das bedeutet normalerweise, dass diese Menschen Ihnen in der Vergangenheit ein Unrecht angetan oder Ihnen wehgetan haben. Die Erfahrung, dass der Gedanke an diese Menschen Sie wütend macht, bedeutet, dass diese Menschen immer noch eine gewisse Macht über Sie und Ihre Gefühle ausüben. Diese Macht kann man einem Menschen nur wieder wegnehmen, wenn man ihm vergibt. »Moment«, sagen Sie jetzt wahrscheinlich, »ich will diesen Menschen aber gar nicht vergeben. Sie haben mir wehgetan. Warum sollte ich ihnen vergeben?« Natürlich müssen Sie einem Menschen, der Ihnen ein Unrecht antut, nicht vergeben, aber wenn Sie ihm nicht vergeben, dann geben Sie ihm Macht über Ihre Gefühle und damit über Ihr Leben. Viele Menschen denken, dass Vergebung ein Gefühl ist und dass man nicht vergeben kann, wenn man dieses Gefühl nicht hat. Diese Annahme stimmt aber so nicht. Vergebung ist zwar auch ein Gefühl, aber vor allem ist Vergebung eine

Entscheidung. Und die Entscheidung zu vergeben hilft demjenigen, der vergibt, sehr viel mehr als demjenigen, dem vergeben wird. Glauben Sie nicht, dass das möglich ist? Lassen Sie uns den Vergebungsprozess einmal genauer betrachten.

Zuerst ist da die verletzende Tat oder das Vergehen. Es wurde einem etwas angetan, das falsch, ungerecht und schmerzhaft war. Dabei ist es unwichtig, wie schwerwiegend die Tat war. Die erste Reaktion des Verletzten ist es, den Schuldigen zur Verantwortung ziehen zu wollen. Die meisten Menschen haben ein tiefes Bedürfnis nach Gerechtigkeit und Wiedergutmachung. Deshalb widerstrebt Vergebung dem gesunden Menschenverstand zunächst. Redensarten wie: »Vergeben und vergessen«, helfen da wenig, denn sie bestätigen zu Unrecht, dass Vergeben gleichzusetzen ist mit dem Ignorieren eines Unrechts. Wenn man vergibt, dann tut man so, als ob das Unrecht nie passiert wäre. Warum also sollte man vergeben? Weil Vergeben in keinster Weise bedeutet, dass man die Tat vergisst oder einfach über sie hinwegsieht. Das menschliche Gehirn ist ohnehin nicht in der Lage, ein erlebtes Unrecht zu vergessen – und somit ist diese Redensart unsinnig.

Manchmal wird ein Täter bestraft und dadurch das Bedürfnis des Verletzten nach Gerechtigkeit zumindest teilweise gestillt. Ein Gerichtsprozess, eine Haftstrafe oder ein Urteil, das das geschehene Unrecht öffentlich macht, helfen da oft ein bisschen. Aber letztendlich fühlt der Täter weder den Schmerz, den er einem anderen zugefügt hat, noch kann er die Tat zurücknehmen. Der Schmerz und die Verletzung bleiben und beeinflussen das Leben, das Verhalten und die Entscheidungen des betroffenen Menschen oft noch jahrelang. Eine Frau, die vor ihrer Ehe vergewaltigt wurde, kann manchmal 20 Jahre später ihrem Mann immer noch nicht vertrauen, obwohl er sie nie schlecht behandelt hat. Ein Kind, das den Unfalltod eines Freundes beobachtet hat, wird auch als junger Mensch noch mit der Angst leben, dass alle Menschen, die ihm nahestehen, ständig in Gefahr sind, und sich deshalb vielleicht nicht auf enge Beziehungen einlassen. Ein Mann, der in der Armut der Nachkriegszeit aufwuchs, wird niemals verstehen, wie andere so unbedacht mit Lebensmitteln umgehen oder Dinge wegschmeißen, die vielleicht noch benutzt werden können. Diese Erlebnisse prägen einen Menschen und machen Vergebung damit zu einem wichtigen Thema.

Wenn man ein Unrecht erlebt, dann spürt man zuerst einmal Schmerz: Von einem leichten Ziehen im Brustbereich bis hin zur rohen Verzweiflung. Je nach Art des Vergehens spürt man diesen Schmerz nur, wenn man sich an die Tat erinnert, oder er ist so überwältigend, dass er zum

Teil des täglichen Lebens wird. Vielen Menschen wird dieses Gefühl des Verletztseins zu viel und sie werden wütend. Diese Wut ist angebracht und oft hilfreich. Sie schützt davor, sich wieder in eine ähnliche Situation zu begeben und nochmals verletzt zu werden und sie erlaubt es, sich gegen den lähmenden Schmerz zu wehren und im täglichen Leben zu funktionieren. Die Wut macht stark genug, den Täter zu konfrontieren, die Polizei zu rufen oder während der Gerichtsverhandlung etwas zu sagen.

Und dann? Dann bleibt man entweder im Schmerz oder in der Wut stecken. Diese Gefühle prägen dann das Leben. Sie beeinflussen alle Erlebnisse und Beziehungen. Oft scheint sich die Person gar nicht mehr erinnern zu können, dass das Leben einmal anders aussah und sich vor allem anders anfühlte. Sind Sie schon einmal jemandem begegnet, der in seiner Wut stecken geblieben war? Wollten Sie Zeit mit diesem Menschen verbringen? Wahrscheinlich nicht. Diese Menschen sind normalerweise bitter und pessimistisch. Sie sehen nur das Schlechte im Leben und in anderen Menschen. Sie kritisieren alles und jeden und finden auch an einem wunderschönen, sonnigen Sommertag noch etwas auszusetzen. Sie haben keine echten Freunde und können sich über nichts von Herzen freuen. Sie hegen ständig Rachegedanken und sehen auch in unschuldigen Missverständnissen nur böse Absichten. Aus Menschen, für deren Schicksal man Mitleid empfand, sind Menschen geworden, die keiner wirklich mag. Kennen Sie einen solchen Menschen? Sind Sie es vielleicht sogar selbst?

Dann gibt es diejenigen, die nach der Verletzung im Schmerz stecken bleiben. Sind Sie so jemandem schon einmal begegnet? Diese Menschen sind normalerweise traurig, niedergeschlagen, müde und erschöpft. Und wenn man Zeit mit ihnen verbringt, dann fühlt man sich danach genauso. Sie sehen sich als ständige Opfer und haben das Gefühl, dass die Welt darauf aus ist, ihnen wehzutun oder ihnen weiteres Unrecht zuzufügen. Jedes Mal, wenn man ihnen vorschlägt, wie sie ihr Leben verbessern oder sich einfach nur besser fühlen könnten, dann antworten sie: »Ja, aber …« Und beschreiben ausführlich, warum der Vorschlag sowieso nicht umsetzbar ist, warum Ihre Idee von Anfang an unsinnig war und warum alle Versuche, etwas Freude in ihr Leben zu bringen, ganz sicher fehlschlagen werden. Nach einem solchen Gespräch fühlt man sich hilflos, frustriert, entmutigt und ausgelaugt und man hat das Gefühl, dass diese Menschen sich gar nicht besser fühlen *wollen*, sondern sogar irgendwie ganz zufrieden mit ihrer Misere sind. Kennen Sie einen solchen Menschen? Erkennen Sie sich in dieser Beschreibung?

Würde jemand, der bitter, wütend und unglücklich ist und sich dazu entscheiden würde, seine Rachegedanken loszulassen und zu vergeben, damit demjenigen helfen, der ihm wehgetan hat, oder sich selbst? Und würde jemand, der traurig, unzufrieden, einsam und erschöpft ist, wenn er sich dazu entscheiden würde, die Opferrolle aufzugeben, damit demjenigen helfen, der ihn zum Opfer gemacht hat, oder sich selbst? Normalerweise weiß der Täter nicht einmal, dass die verletzte Person wütend oder traurig ist, und falls er es weiß, betrifft es ihn oft wenig. Ein weiser Mensch sagte einmal, dass Rachegedanken wie ein Gift sind, das man selbst trinkt, in der Hoffnung, dass es den anderen umbringt. Leider vergiftet man damit nur sich selbst und sein Leben.

Um vergeben zu können, muss man sich erlauben, das Vergehen in einem größeren Zusammenhang zu betrachten. Was bewegte den Täter? Hat man selbst in irgendeiner Art und Weise zu der Tat beigetragen? Könnte ein Missverständnis zu der Tat geführt haben? Gibt es mildernde Umstände? Wiederholte der Täter etwas, das ihm angetan wurde? Diese Fragen und die entsprechenden Antworten entschuldigen weder den Täter noch die Tat und was geschah, ist auch weiterhin falsch, ungerecht und schmerzhaft. Vergebung bedeutet weder, dass man die Tat vergisst, noch, dass man so tut, als ob sie nie geschehen sei. Man versucht auch nicht, die entsprechenden Reaktionen und Gefühle »wegzuerklären«. Wenn man vergibt, dann trifft man die Entscheidung, sein Recht auf Rache nicht länger einzufordern. Man entscheidet sich dafür, die verständlichen und gerechtfertigten Rachegedanken loszulassen, damit man nicht länger im Schmerz oder in der Wut stecken bleibt. Das eigene Leben wird dadurch leichter. Dabei ist es eigentlich unwichtig, ob man dem Täter mitteilt, dass man ihm vergeben hat oder nicht. Vergebung ist ein einseitiger Prozess, eine Einbahnstraße. Die Beziehung zum Täter wird durch das Vergeben nicht automatisch repariert. Wenn der Täter eine Strafe ableistet, bedeutet Vergebung nicht, dass die Strafe erlassen wird. Wenn es ein Urteil gab, das den Täter schuldig sprach, dann bedeutet Vergebung nicht, dass er freigesprochen wird. Vergebung bedeutet, dass das Leben des Verletzten nicht mehr ausschließlich von dem Bedürfnis bestimmt wird, dass der Täter den gleichen Schmerz empfindet, den der Verletzte spüren muss.

Es geht also mehr darum, das eigene Seelenheil wiederherzustellen, sich von den negativen Gedanken, die einen belasten, zu befreien und die eigene Kraft auf andere Bereiche des Lebens zu lenken. Man entlastet durch den Akt der Vergebung also nicht den Täter, sondern in erster Linie sich selbst.

Versöhnung

Manchmal ist Versöhnung möglich und wünschenswert. Zur Versöhnung gehören aber zwei. Im Idealfall entschuldigt sich der Täter und bittet um Vergebung. Dann vergibt der Betroffene und die Beziehung kann repariert und erneuert werden. Aber manchmal ist Versöhnung auch nicht möglich oder vielleicht sogar unklug. Wenn der Täter die Tat nicht bereut oder gar die Tat rechtfertigt, dann ist Versöhnung nicht wirklich möglich. In diesem Fall ist es außerdem wahrscheinlich, dass die Person in Zukunft die gleiche oder eine ähnliche Tat wieder begehen wird. Je nach Tat kann es deshalb unklug sein, sich mit dem Täter zu versöhnen und sich damit einer erneuten Verletzung auszusetzen. Frauen, die von ihren Partnern geschlagen werden, vergeben oft schnell und wollen sich sofort wieder versöhnen. Nur, um dann wieder geschlagen zu werden. Vergebung ist nötig, damit das Leben für den Verletzten weitergehen kann. Versöhnung aber ist nur ein möglicher nächster Schritt, wenn alle betroffenen Personen bereit sind, sich und ihr Verhalten zu ändern, um eine gesunde Beziehung zu schaffen, in der es nicht regelmäßig zu Verletzungen kommt.

Was, wenn Sie sich selbst vergeben müssen, weil Sie selbst der- oder diejenige sind, dem Sie am meisten wehgetan haben? Der Prozess ist genau der gleiche. Zuerst müssen Sie aufhören, sich selbst bestrafen zu wollen. Menschen werden sehr kreativ, wenn es darum geht, sich selbst zu bestrafen. Manche tun dies recht offensichtlich: Sie ritzen sich, sprechen über Selbstmord, gönnen sich nichts Gutes, machen sich alle positiven Beziehungen kaputt und umgeben sich mit negativen und gemeinen Menschen. Bei anderen sind die Bestrafungsmuster schwerer zu erkennen. Da ist die Mutter, die darin aufgeht, dass sie für andere sorgt, sich aber ständig die eigenen Bedürfnisse untersagt. Sie wird für ihre Selbstaufopferung bewundert. Da ist der harte Arbeiter, der von allen respektiert wird. Er ist morgens da, bevor die Kollegen kommen, und geht abends als letzter nach Hause. Aber eigentlich tut er das alles nur, damit er keine Zeit hat, darüber nachzudenken, was für ein schlechter Mensch er seiner Meinung nach wirklich ist. Selbstbestrafung ist sehr viel weiter verbreitet, als man oft annimmt. Manchmal können Menschen nicht annehmen, dass ihnen vergeben worden ist. Auch wenn andere keine Rachegedanken mehr hegen, können sie sich selbst ihr Verhalten nicht vergeben. In diesem Fall kann man die Vergebung eines anderen erst akzeptieren, wenn man sich selbst vergeben hat.

Wie vergibt man sich also selbst? Zunächst muss man zugeben, dass das eigene Verhalten falsch war. Dann spürt man den Schmerz, die

Trauer, die Wut und die Frustration, die das eigene Verhalten hervorgerufen hat. Danach entscheidet man sich zu vergeben. Dazu muss man die Umstände der Tat genauer betrachten und verstehen, was passierte. Was waren die Beweggründe? Worin bestanden die mildernden Umstände? Wenn man sich dann entscheidet zu vergeben, muss man gleichzeitig akzeptieren, dass einem vergeben wurde. Dazu gehört oft auch, dass man akzeptiert, dass man ein Mensch ist, der es wert ist und es verdient hat, dass ihm vergeben wird. Gibt es Menschen, denen nicht vergeben werden kann? Bedenken Sie dabei, dass Vergebung nicht wirklich demjenigen hilft, dem vergeben wird, sondern demjenigen, der vergibt. Wenn es Menschen gibt, denen nicht vergeben werden kann, gibt es Menschen, die niemals vergeben dürfen und damit keinen Ausweg aus der Misere ihrer Wut oder ihres Opferdaseins haben. Denn wenn sie nicht vergeben dürfen, dann sind sie dazu verurteilt, zu bitteren oder hilflosen Menschen zu werden – und das alles nur, weil ihnen wehgetan wurde. Falls Sie an dieser Stelle das Gefühl haben, stecken geblieben zu sein und nicht weiterzukommen, sollten Sie das Thema der Vergebung und vor allem der Selbstvergebung mithilfe eines Therapeuten oder Seelsorgers durcharbeiten.

Falls Sie entschieden haben, dass Vergebung tatsächlich die beste Lösung ist, dann sollten Sie im Fall der Selbstvergebung immer auch auf Versöhnung hinarbeiten. Sie sollten sich bei sich selbst entschuldigen und diese Entschuldigung natürlich auch annehmen. Danach können Sie sich dann mit sich selbst aussöhnen, mit sich Frieden schließen und letztendlich mit sich selbst ins Reine kommen. Fehler sind menschlich. Wenn Sie sich Ihre Fehler nicht vergeben können, dann werden Sie in Ihrem Schmerz oder Ihrer Wut stecken bleiben und Ihr Leben wird unglücklich sein. Es wird Ihnen schwerfallen, Ihrem Kind eine gute Mutter oder ein guter Vater zu sein, wenn Sie nicht vergeben können.

Die nächste Aufgabe besteht aus zwei Teilen. Es ist nicht wichtig, welchen der beiden Teile Sie zuerst erledigen. Am besten wählen Sie den Teil, der Ihnen leichter fällt.

Teil I

Machen Sie eine Liste aller Personen, denen Sie im Laufe Ihres Lebens wehgetan haben. Schreiben Sie einfach den Namen der Person auf und dahinter beschreiben Sie in ein paar Worten, welches Unrecht Sie dieser Person angetan haben. Fangen Sie in Ihrer Kindheit an und arbeiten Sie sich langsam bis zur Gegenwart vor. Da könnte dann zum Beispiel stehen:

* Susi von nebenan – habe sie regelmäßig wegen ihrer roten Haare gehänselt
* Mutter – habe 5 Mark aus dem Geldbeutel gestohlen
* Grundschullehrerin – habe ihr Auto mit Rasierschaum eingesprüht
* Erste Freundin – bin fremdgegangen
* Arbeitgeber – habe krankgefeiert, weil ich sauer auf ihn war
* Ehefrau – habe ihr meine Gefühle nicht wirklich anvertraut
* Sohn – bin lieber arbeiten gegangen als zu seinem Fußballspiel
* Selbst – habe mich trotz Krankheit zur Arbeit gezwungen

Und so weiter …

Ihre Liste wird höchstwahrscheinlich mehrere Seiten lang werden. Einige der Vergehen werden Ihnen heute unbedeutend vorkommen, schreiben Sie sie aber trotzdem auf. Nachdem Sie Ihre Liste geschrieben haben, kennzeichnen Sie die Taten (zum Beispiel mit einem Sternchen), für die Sie schon um Vergebung gebeten haben und die Ihnen auch vergeben wurden. Kennzeichnen Sie dann die Taten (etwa mit einem zweiten Sternchen), die nicht nur vergeben wurden, sondern bei denen es außerdem zur Versöhnung mit der betreffenden Person kam. Sie haben jetzt eine Liste von Vergehen, die Sie immer noch mit sich herumtragen, entweder, weil Ihnen die betreffende Person nicht vergeben hat oder weil Sie niemals um Vergebung gebeten haben. In manchen Beziehungen nimmt man oft an, dass Vergebung implizit gewährt wird, vor allem zwischen Eltern und Kindern und zwischen Lebenspartnern. In vielen Fällen stimmt diese Annahme auch, aber manchmal nimmt man fälschlicherweise an, dass etwas vergeben wurde, was in Wahrheit schon seit Jahren die Beziehung belastet. Hier haben Sie jetzt die Gelegenheit, Ihre Annahmen zu überprüfen und explizit um Vergebung zu bitten und diese hoffentlich zu erhalten. Vergessen Sie nicht, sich selbst für die Dinge auf diese Liste zu setzen, die Sie sich selbst angetan haben.

Als Fortsetzung dieser Aufgabe werden Sie sich in den nächsten Wochen und Monaten bei den Menschen entschuldigen, denen Sie über die Jahre hinweg wehgetan haben. Fangen Sie mit denjenigen an, die auch heute noch eine wichtige Rolle in Ihrem Leben spielen. Dazu gehören normalerweise Partner, Eltern, Kinder, andere Verwandte und gute

Freunde. Danach entscheiden Sie Ihrem Gewissen entsprechend, wie Sie vorgehen wollen. Je mehr eine Tat auf Ihrem Gewissen lastet, desto wichtiger ist es, dass Sie sich dafür entschuldigen.

Teil 2

Machen Sie eine Liste all der Personen, die Ihnen wehgetan haben. Fangen Sie wieder in Ihrer Kindheit an und arbeiten Sie sich bis in die Gegenwart vor. Schreiben Sie den Namen der betreffenden Person auf und schildern Sie kurz, wie Ihnen diese Person wehgetan hat. Dahinter schreiben Sie die Gefühle, die Sie empfinden, wenn Sie an das Ereignis denken (das sind nicht unbedingt die gleichen Gefühle, die Sie zum Zeitpunkt der Tat empfanden). Die Liste wird dann etwa so aussehen:

* Bruder – fuhr mein erstes Fahrrad in den Graben und machte es damit kaputt (mildes Lächeln, Sehnsucht nach der unbedarften Kindheit, nostalgisch)
* Mutter – ließ sich von meinem Vater scheiden, ohne uns zu sagen, warum (Verständnis, Traurigkeit)
* Mitschüler – hänselte mich wegen meiner Brille (unberührt, neutral)
* Stiefvater – schlug meine Mutter (Wut, Hilflosigkeit)
* Selbst – fing an, Drogen zu nehmen (Traurigkeit, Wut, Bedauern)

Und so weiter …

Diese Liste wird wahrscheinlich auch ein paar Seiten lang sein und einige alte Gefühle in Ihnen aufwühlen. Beobachten Sie, was in Ihnen passiert. Legen Sie Pausen ein, wenn die Gefühle zu stark werden. Machen Sie sich bewusst, dass es sich um Erinnerungen handelt und dass diese Ereignisse in der Vergangenheit liegen. Wenn Sie das Gefühl haben, dass diese Liste zu schmerzhaft ist oder dass sich Erinnerungen wie aktuelle Ereignisse anfühlen, dann hören Sie auf und holen Sie sich Hilfe, bevor Sie weitermachen. Reden Sie mit einer Vertrauensperson, einem Therapeuten oder einem Seelsorger.

Wenn Sie die Liste geschrieben haben, dann suchen Sie die Ereignisse heraus, die auch heute noch starke Gefühle in Ihnen hervorrufen, und kennzeichnen Sie diese. Das sind normalerweise die Erlebnisse, die Sie noch nicht verarbeitet und deshalb auch noch nicht vergeben haben.

Ordnen Sie diese Ereignisse danach, wie schwer es Ihnen fallen wird, sie zu vergeben, wenn Sie vergeben wollen. Nummer eins sollte das am schwersten zu vergebende Ereignis sein. Fangen Sie mit der höchsten Nummer an und arbeiten Sie sich zur kleinsten Nummer herunter. Kreuzen Sie die Ereignisse an, die Sie wahrscheinlich vergeben könnten, wenn Sie das wollten. Erinnern Sie sich an die Definition von Vergebung. Bei welcher Nummer hören die Kreuze auf? Dann machen Sie ein zweites Kreuzchen neben die Ereignisse, die Sie tatsächlich vergeben wollen. Bei welcher Nummer hören da die Kreuze auf?

Was ist Ihr nächster Schritt? Sind Sie in Ihrer Wut oder im Schmerz stecken geblieben? Sind Sie bereit, sich zu befreien und Vergebung zu wählen? Wenn Sie auf Ihrer Liste mehr als zwei Ereignisse haben, die keine Kreuzchen haben, dann sollten Sie sich wahrscheinlich einen Wegbegleiter zu Hilfe holen, bevor Sie sich auf den Vergebungsprozess einlassen. Gehen Sie den Weg nicht allein. Sie werden sich wahrscheinlich verlaufen und sich dann nur weiter in Schmerz und Wut festfahren.

Wenn Sie bei allen Ereignissen ein oder zwei Kreuze gemacht haben, dann könnten Sie sich wahrscheinlich alleine auf den Weg machen, obwohl ein Wegbegleiter niemals schadet. Entscheiden Sie für jedes unvergebene Ereignis, ob Sie Versöhnung anstreben oder nur Vergebung.

Für jedes Ereignis schreiben Sie dann einen Brief an den Täter – Sie werden diesen Brief aber nicht abschicken. Beschreiben Sie genau, wie der Täter Sie verletzt hat. Beschreiben Sie Ihre damaligen Gefühle. Beschreiben Sie, wie die Tat auch jetzt noch Ihr Leben beeinflusst, Ihre heutigen Gefühle. Schreiben Sie alles auf, was Sie dieser Person sagen wollen. Dann erforschen Sie das Umfeld der Tat. Was wissen Sie über den Täter? Über seine Motivation? Wie waren die Umstände? Beschreiben Sie Ihr Verhalten und Ihre Situation.

Dann erklären Sie, warum Sie vergeben wollen – vor allem deshalb, weil Sie dem Täter nicht länger Macht über Ihr Leben und Ihre Gefühle geben wollen. Und solange Sie Rachegedanken hegen, erlauben Sie dem Täter freien Zugriff auf Ihre Gedanken und Gefühle. Erklären Sie, was es für Sie bedeutet, dass Sie dem Täter vergeben – und was es nicht bedeutet. Beenden Sie den Brief mit einer Aussage, die Ihre Entscheidung, dem Täter zu vergeben, zusammenfasst: »Ich entscheide mich hiermit, … für seine Tat zu vergeben.« Atmen Sie dann tief durch. Wie fühlen Sie sich? Es kann gut sein, dass Sie die Entscheidung zu vergeben mehrere Wochen lang jeden Tag neu treffen müssen, bis Sie endlich das Gefühl haben, wirklich losgelassen zu haben. Finden Sie jemanden, mit dem Sie über diesen Prozess sprechen können.

Falls Sie auf Versöhnung hoffen, dann müssen Sie als Nächstes mit dem Täter sprechen und herausfinden, ob diese Hoffnung beidseitig ist. Nur wenn Sie sich absolut sicher sind, dass der Täter die Tat bereut und an einer Versöhnung interessiert ist, sollten Sie sich auf ein längeres Gespräch über die Tat einlassen. Unter keinen Umständen sollten Sie dem Täter den Brief geben, den Sie als Teil dieser Aufgabe an ihn geschrieben haben. Sie gehen hier ein Risiko ein und Sie wollen unbedingt vermeiden, dass Sie wieder verletzt werden. Die Einzelheiten Ihres Vergebungsprozesses könnten dem Täter unter Umständen neue Munition gegen Sie geben, die er in Zukunft benutzen könnte, um Sie wieder zu verletzen. Falls Sie dem Täter eine gekürzte Version des Briefes zukommen lassen wollen, dann konzentrieren Sie sich darin auf die Tatsache, dass Sie ihm vergeben und dass er damit keine Macht mehr über Sie und Ihr Leben hat. Bitten Sie eine Vertrauensperson, diesen Brief zu lesen und Ihnen über den Inhalt Rückmeldung zu geben. Lassen Sie den Täter wissen, dass Sie eine Entschuldigung erwarten – und wie diese Entschuldigung aussehen sollte. Erinnern Sie sich dafür an die vier Elemente einer echten Entschuldigung.

Auch nach einer gelungenen Versöhnung dauert es oft eine Weile, bis sich gegenseitiges Vertrauen einstellt. Haben Sie Geduld mit sich selbst und erwarten Sie nicht zu viel. Manchmal ist Vorsicht besser als Nachsicht.

Falls Sie irgendwo in diesem Prozess das Gefühl haben, von Emotionen, Gedanken oder Erwartungen überwältigt zu werden, bitten Sie um Hilfe. Vergebung ist ein Prozess, der viel Mut erfordert. Lassen Sie sich von anderen Menschen den Rücken stärken.

Sie haben sich während der letzten Aufgaben mit Ihrer Vergangenheit beschäftigt und herausgefunden, was Sie zu dem Menschen gemacht hat, der Sie heute sind. Sie haben begonnen, die Erlebnisse, die Sie in Gedanken oft in die Vergangenheit führen, zu verarbeiten und loszulassen. Warum ist das wichtig? Wenn Sie als Vater oder Mutter oft der Vergangenheit nachhängen oder Pläne für die Zukunft schmieden, dann verpassen Sie die Gegenwart. Und nur in der Gegenwart können Sie eine Beziehung zu Ihrem Kind aufbauen. Das Leben findet in der Gegenwart statt – ganz besonders für Kinder und Jugendliche. Manchmal leben Jugendliche so sehr in der Gegenwart, dass man sich deshalb die Haare rauft: »Wie kann man nur so schnell vergessen, dass es letzte Woche kein Taschengeld gab, weil das Zimmer nicht aufgeräumt war?« Oder: »Sieht er denn nicht, dass seine ›Freunde‹ ihn letzte Woche nur ausgenutzt haben?«, »Wieso versteht er denn nicht, dass er heute in die Schule gehen muss, damit er einigermaßen gute Berufsaussichten hat?« oder:

»Erkennt sie denn nicht, dass diese dummen Entscheidungen ihr die ganze Zukunft kaputt machen können?« Aber nur in der Gegenwart kann man einem Jugendlichen wirklich begegnen, deshalb werden sich die nächsten Aufgaben damit beschäftigen, wie man im Hier und Jetzt leben kann und damit zu einem wahren Gegenüber für sein Kind wird.

Achtsamkeit

Vielleicht haben Sie den Begriff *Achtsamkeit* schon einmal gehört. Dieser Begriff wird oft mit Meditation oder fernöstlichen Religionen in Verbindung gebracht, aber eigentlich beschreibt Achtsamkeit nur eine bewusste Gegenwärtigkeit, ein Leben in der Gegenwart. Achtsamkeit heißt, sich dessen bewusst zu sein, was gerade in einem und um einen herum passiert, und diese Beobachtungen gelassen und ohne große Emotionen zu betrachten. Das ist alles.

Achtsamkeit ist eine grundlegende Fähigkeit jedes Menschen. Jeder kann achtsam sein – sogar wenn man innerlich aufgewühlt, wütend oder traurig ist. In diesem Fall beobachtet man eben, dass man innerlich sehr unruhig ist. Achtsamkeit bedeutet nicht, dass man versucht einzugreifen, um die inneren oder äußeren Umstände zu verändern. Es geht nur um die Wahrnehmung dessen, was passiert, und vielleicht auch das Verstehen der Gründe, warum es passiert. Danach kann man natürlich entscheiden, dass man etwas an diesem Zustand ändern möchte, aber das ist nicht mehr Teil der Achtsamkeit.

Die Feststellung: »Ich bin wütend. Mein Bauch ist angespannt. Ich habe meine Hände zu Fäusten geballt. Mein Gesicht ist rot und geschwollen. Mein Herz schlägt schneller. Ich habe das Gefühl, brüllen und zuschlagen zu müssen«, ist ein Ausdruck von Achtsamkeit.

Warum sollten Sie Achtsamkeit üben? Es gibt wissenschaftliche Studien, die zeigen, dass Achtsamkeit eine heilende Auswirkung auf eine Reihe von körperlichen und psychologischen Problemen hat – von Hauterkrankungen bis zu Depressionen. Aber wichtiger ist, dass Ihnen die Achtsamkeit erlaubt, gelassener mit sich selbst und Ihrem Kind umzugehen. Statt einfach zu reagieren, wenn Sie starke Emotionen verspüren, haben Sie durch den Prozess der Achtsamkeit genug inneren Abstand, um sich Gedanken darüber zu machen, was Sie sagen und tun wollen.

Obwohl es einfach ist, ab und zu achtsam zu sein, muss man sich in der Achtsamkeit üben, damit man auch in sehr emotionalen Situationen gelassen bleiben kann. Dazu muss man nicht jeden Tag stundenlang meditieren, aber man kann auch nicht erwarten, dass man in schwierigen Situationen Achtsamkeit praktizieren kann, wenn man nicht regelmäßig übt.

Benutzen Sie Ihren Alltag zur Übung. In Situationen, in denen Sie sowieso nichts anderes tun können und in denen Sie sonst vielleicht schnell ungeduldig werden, konzentrieren Sie sich auf Ihre Wahrnehmungen. Die folgenden Situationen eignen sich hervorragend dazu, Ihr Achtsamkeitstraining zu beginnen: im Aufzug, im Wartezimmer des Arztes, wenn Sie an einer Kasse anstehen müssen, vor einer roten Ampel, auf der Toilette, während die Kaffeemaschine Ihren Kaffee brüht. Achten Sie ein paar Sekunden lang auf Ihren Atem, dann beobachten Sie, ohne es zu beurteilen, was Ihnen durch den Kopf geht: »Warum geht das hier nicht schneller? Was guckt der denn so? Jenny muss unbedingt zum Zahnarzt. Was koche ich heute?« Beobachten Sie, wie schnell Ihre Gedanken von einem Thema zum nächsten springen. Versuchen Sie nicht, an etwas Bestimmtes zu denken oder Ihre Gedanken zu ändern. Dann versuchen Sie, wahrzunehmen, was in Ihrem Körper passiert: »Ich stehe auf einem Bein. Es juckt mich an der Schulter. Mein Rücken tut weh. Ich mache eine Faust. Ich habe kalte Füße. Ich habe mich gerade anders hingestellt.« Machen Sie diese Übung zehnmal am Tag.

Dann beobachten Sie wieder – ohne es zu beurteilen –, was um Sie herum passiert. Was hören Sie? Was sehen Sie? Was riechen Sie? Was spüren Sie? Schmecken Sie etwas? »Die beiden da drüben reden laut miteinander. Es riecht nach Schweiß. Mein Pullover kratzt.« Machen Sie auch diese Übung zehnmal am Tag.

Zuletzt beobachten Sie Ihre Gefühle. Urteilen Sie auch hier nicht. »Ich habe ein leichtes Ziehen in der Magengegend. Ich mache mir Sorgen um meine Tochter. Meine Schultern sind verspannt. Ich bin nach dem Streit mit meinem Chef immer noch sauer und gestresst.« Nehmen Sie sich sooft wie möglich Zeit für diese Übung.

Beobachten Sie vor allem, wie sich Ihre Gefühle und Gedanken verändern. Stellen Sie sich vor, Sie reden gerade mit Ihrer Tochter über den viel zu kurzen Rock. Sie beobachten, wie sich ein Kribbeln im Bauch ausbreitet. Ihre Stimme wird lauter. Sie fühlen ein Pochen hinter der rechten Augenbraue. Ihre Tochter geht drei Schritte zurück und verschränkt ihre Arme vor der Brust. Sie holen tief Luft … Wenn Sie diese Beobachtungen machen können, dann haben Sie angefangen, das Prinzip der Achtsamkeit zu meistern.

Aber Sie üben Achtsamkeit nicht um der Achtsamkeit willen. Sie praktizieren Achtsamkeit, um eine bessere Beziehung zu Ihrem Kind zu haben.

Die Achtsamkeit und die damit verbundene größere Gelassenheit erlauben Ihnen, ganz bewusst zu entscheiden, was Sie im Umgang mit Ihrem Teenager sagen und tun werden, um nicht impulsiv handeln zu müssen.

Nehmen Sie Ihre Gedanken und Gefühle wahr und kommentieren Sie diese: »Ich denke jetzt, dass sie unter keinen Umständen mit diesem Rock aus dem Haus gehen kann. Ich fühle mich wütend und gleichzeitig hilflos. Meine erste Reaktion ist es, sie so lange anzubrüllen, bis sie den Rock auszieht. Aber ich weiß, dass das nicht helfen wird. Ich könnte mich jetzt in die Wut hineinsteigern, aber ich muss das nicht tun. Ich konzentriere mich jetzt auf meinen Atem und beruhige mich.«

Konzentrieren Sie sich auf Ihre Atmung, atmen Sie möglichst ruhig, gleichmäßig und tief. Achten Sie vor allem darauf, intensiv und langsam auszuatmen. Nehmen Sie so gut wie möglich wahr, wie die Anspannung sich langsam, aber sicher legt. Jetzt können Sie mit einem gewissen Abstand und sehr viel gelassener auf die Situation reagieren.

Nachdem Sie nun allgemein bewusster erleben, was in Ihnen und um Sie herum passiert, können Sie jetzt daran arbeiten, diese bewusste Wahrnehmung zu nutzen, um Ihre Gefühle und Ihr Verhalten zu verändern oder zu beeinflussen.

Bewusstes Wahrnehmen

»Das Glück Deines Lebens hängt von der Beschaffenheit deiner Gedanken ab.« Diese weisen Worte stammen von Marc Aurel. Gedanken kommen und gehen sehr schnell und oft unbewusst. Unser Gehirn kann sehr viel schneller denken, als unsere Wahrnehmung funktioniert. Es kommentiert den ganzen Tag lang alles, was man tut, sieht, hört, wahrnimmt, denkt, fühlt oder spürt. Manchmal ist man sich dieses Kommentars bewusst, aber meistens läuft dieser Prozess ganz unbemerkt ab. Je nachdem, wie man eine Situation wahrnimmt, kommentiert und interpretiert, reagiert man. Ein Beispiel: Sie fahren auf der Autobahn und hinter Ihnen fährt jemand dicht auf, fängt an zu hupen und zu blinken. Was geht Ihnen durch den Kopf? Viele Menschen denken: »So ein Idiot! Was will der denn? Dem werde ich's schon zeigen …« Sie bleiben dann auf der linken Spur, bremsen vielleicht sogar noch ab, und beginnen laut zu schimpfen. Wie fühlen sich diese Menschen? Wahrscheinlich wütend, frustriert, sauer, genervt. Wenn sie an ihrem Ziel ankommen, werden sie diese Wut an irgendjemandem auslassen. Nehmen Sie an, dies passiert auf dem Weg nach Hause. Der

Vater kommt innerlich kochend an, fällt fast über den Rucksack des Sohnes, der neben der Tür steht, und schreit seinen Sohn an. Der Sohn hatte heute zufällig gute Laune – was, wie jeder weiß, bei Teenagern selten genug vorkommt – und wollte eigentlich mit seinem Vater über eine mögliche Lehrstelle reden. Jetzt hat er dazu natürlich keine Lust mehr. Er nimmt seinen Rucksack, schlägt die Tür hinter sich zu und verbringt die Nacht bei einem Freund. Am nächsten Tag schwänzt er die Schule und verspielt damit die Möglichkeit, die Lehrstelle zu bekommen. Klingt das in Ihren Ohren übertrieben? Vielleicht, aber im Prinzip ist es vorstellbar.

Lassen Sie uns die gleiche Situation noch einmal durchspielen: Sie fahren auf der Autobahn und hinter Ihnen fährt jemand dicht auf, fängt an zu hupen und zu blinken. Sie denken: »Mensch, der hat's aber eilig. Hoffentlich ist nichts Schlimmes passiert.« Sie fahren auf die rechte Spur, auch wenn vor Ihnen fünf weitere Autos langsamer fahren als Sie, lassen den Drängler vorbei und fahren weiter. Wie fühlen Sie sich? Unverändert, neutral, zufrieden, vielleicht sogar neugierig auf zu Hause, denn Ihr Sohn hatte etwas von einer Lehrstelle angedeutet. Sie kommen zu Hause an und Ihr Sohn hat erstaunlicherweise tatsächlich gute Laune. Sie haben ein gutes Gespräch über eine mögliche Lehrstelle für ihn. Es läuft so gut, dass Sie sich anschließend sogar zusammen das Länderspiel im Fernsehen ansehen – etwas, das Sie schon seit ein paar Jahren nicht mehr getan haben. Klingt das für Sie auch übertrieben? Vielleicht ist es das, aber die Geschichte zeigt deutlich, wie Ihre Gedanken Ihre Gefühle beeinflussen – und damit Ihr Verhalten, Ihre Beziehungen und den Rest Ihres Lebens.

Sie haben sicherlich Situationen wie die oben Beschriebene erlebt und waren sich wahrscheinlich nicht einmal bewusst, wie sehr Ihre geistigen Kommentare Ihre Laune beeinflussten. Diese geistigen Kommentare kommen so schnell und oft unbewusst, dass man nur die daraus resultierenden Gefühle bemerkt, ohne zu wissen, warum sich die Laune geändert hat. Deshalb nennt man diese Kommentare auch »automatische Gedanken«. Jeder Mensch hat ein Repertoire von automatischen Gedanken, das oft in der Kindheit zusammengestellt und danach nur wenig verändert wird. Typische automatische Gedanken sind: »Ich kann niemandem vertrauen außer mir selbst«, »Menschen nutzen einen aus, sobald man nett zu ihnen ist«, »Im Großen und Ganzen macht das Leben Spaß«, »Lass dich niemals unterkriegen, sonst beweist du, dass du ein Schwächling bist«, »Menschen helfen einem, wenn man sie darum bittet«, »Ich kann mir keine Fehler erlauben«, »Fehler sind menschlich« oder: »Wenn ich es nicht perfekt machen kann, dann versuche ich es gar nicht erst.«

Unsere automatischen Gedanken beeinflussen uns also tagtäglich und wirken sich auf unser Verhältnis zu unseren Mitmenschen aus. Diese wiederum reagieren – auch von automatischen Gedanken beeinflusst – auf unser Verhalten. Es lohnt sich also, diese geistigen Kommentare zu hinterfragen und zu lenken, wie das folgende Beispiel zeigt:

So sieht der Zusammenhang zwischen Gedanken, Gefühlen und automatischen Gedanken aus:

Automatische Gedanken
↓
Ereignis → Gedanken/Interpretationen → Gefühle → Verhalten/Reaktion → Konsequenzen

Lassen Sie uns das Beispiel von oben noch einmal betrachten:

Situation 1:

Automatische Gedanken
»Menschen wollen mich fertig machen. Ich muss unbedingt kämpfen.«
↓
Ereignis → Gedanken/Interpretationen → Gefühle → Verhalten/Reaktion → Konsequenzen

Autobahn → »So ein Idiot! → Dem werde ich's zeigen.« → Sohn wütend anschreien → Sohn wütend, trifft dumme Entscheidung

Situation 2:

Automatische Gedanken
»Menschen sind im Grunde liebenswert, aber manchmal benehmen sie sich komisch.«
↓
Ereignis → Gedanken/Interpretationen → Gefühle → Verhalten/Reaktion → Konsequenzen

Autobahn → »Der hat's aber eilig.« → entspannt → begrüßt seinen Sohn → gutes Gespräch mit Sohn; Beziehung gestärkt

Der Unterschied liegt in den Gedanken. Wie der Vater die Situation interpretiert, beeinflusst nicht nur den Rest seines Tages, sondern auch die Beziehung zu seinem Sohn und damit die Zukunftsaussichten des Sohnes. Es ist nur ein kleiner Unterschied, er hat aber weitreichende Folgen.

Wie bewusst sind Sie sich Ihrer automatischen Gedanken? Diese Gedanken beeinflussen jeden Tag Ihre Laune, Ihre Gefühle, Ihre Beziehungen und Ihr Verhalten. Automatische Gedanken werden oft verinnerlicht, wenn man noch ein Kind ist. Die Realität und die Wahrnehmung eines Kindes ist jedoch oft ganz anders als die Realität eines Erwachsenen. Wenn ein Kind gehänselt wird und deshalb annimmt, dass alle Menschen immer nur darauf aus sind, ihm wehzutun, dann mag das in diesem Moment stimmen. Wenn diese Aussage aber zu einer Lebensgrundlage wird, dann kann dieser Mensch nie wirklich vertrauen oder sich auf Beziehungen einlassen. Als erwachsener Mensch haben Sie die Aufgabe, all die automatischen Gedanken in Ihrem Repertoire zu überprüfen und zu entscheiden, ob sie tatsächlich wahr sind. Sie werden entdecken, dass sich dort viele Gedanken angesammelt haben, die zwar irgendwann einmal hilfreich waren, die aber mittlerweile nicht mehr wirklich zutreffen. Bedenken Sie auch, dass Ihr Kind genauso viele automatische Gedanken in seinem Gehirn hat und dass viele davon unrealistisch sind, sie aber trotzdem die Gefühle und das Verhalten Ihres Kindes steuern. Wenn Sie Ihr Repertoire von automatischen Gedanken auf den neuesten Stand bringen, dann erzählen Sie Ihrem Kind, was Sie machen. Vielleicht zeigt es ja Interesse daran, sich mit den eigenen Gedanken zu beschäftigen. Drängen Sie sich ihm dabei aber bitte nicht auf. Leben Sie ihm einfach vor, dass das »Ausmisten« Ihrer automatischen Gedanken Ihre Gefühle und Ihr Verhalten verbessert hat. Irgendwann wird Ihr Kind dann schon neugierig werden und nachfragen.

Kopieren Sie die folgende Tabelle und notieren Sie eine Woche lang jeden Tag drei Ereignisse, die sehr starke Gefühle in Ihnen auslösten. Was ging Ihnen – kurz bevor Sie sich der Gefühle bewusst wurden – durch den Kopf? Wie haben Sie die entsprechende Situation interpretiert? Diese Gedanken kommen und gehen oft in Sekundenschnelle und man muss manchmal etwas üben, bis man sie wirklich bewusst wahrnimmt. Fragen Sie sich deshalb jedes Mal, wenn sie merken, dass sich Ihre Gefühle ändern, was Ihnen gerade durch den Kopf ging (auch, wenn Sie die Situation nicht aufschreiben). Anschließend fragen Sie sich, welche Gedanken oder »Glaubenssätze« zu diesen Gefühlen beigetragen haben. Ihr Ziel ist es, diesen automatischen Gedanken auf die Spur zu kommen.

Ereignis	Gedanken/ Interpretationen	automatische Gedanken	Gefühle

Nach einer Woche sollten Sie erkennen können, welche automatischen Gedanken wiederholt vorkommen. Versuchen Sie, Ihre 21 Aussagen zusammenzufassen, bis etwas fünf bis sieben automatische Gedanken verbleiben. Gehen Sie jetzt all Ihre automatischen Gedanken durch und überprüfen Sie, ob diese erstens wahr und zweitens hilfreich sind. Automatische Gedanken, die die Worte »immer,«, »jeder« oder »alle« enthalten, sind wahrscheinlich nicht wahr. Im Leben gibt es fast immer Ausnahmen, daher ist es unwahrscheinlich, dass solche generellen Aussagen realistisch sind. Versuchen Sie stattdessen, einen realistischeren Gedanken zu formulieren. Aus: »Menschen kann man nicht vertrauen«, wird dann: »Nicht alle Menschen sind vertrauenswürdig, aber es gibt immer wieder Menschen, die mein Vertrauen verdient haben.«

Falls Sie automatische Gedanken entdecken, die zwar wahr sind, Ihnen im Leben aber wenig helfen, formulieren Sie hilfreichere Aussagen. Aus: »Ich muss immer gewinnen«, wird dann: »Nicht alles im Leben ist ein Kampf, auch wenn es sich oft so anfühlt. Manchmal können alle Beteiligten gewinnen.«

Füllen Sie die folgende Tabelle mit fünf bis sieben automatischen Gedanken aus.

automatische Gedanken	realistische/hilfreiche Aussage

Wenn Sie sich jetzt dabei ertappen, dass Ihnen falsche oder wenig hilfreiche Gedanken durch den Kopf gehen, dann ändern Sie diese ganz bewusst. Sie werden erleben, dass sich Ihre Gefühle und Ihre Laune verändern und dass Sie insgesamt ausgeglichener sind. Es wird Ihnen sehr viel leichter fallen, bedacht und weniger emotional zu reagieren, wenn Ihr Teenager Ihre Grenzen infrage stellt, Ihr Chef seine Wut an Ihnen auslässt oder das Leben einfach nicht so läuft, wie Sie sich das vorgestellt hatten. Natürlich klappt das alles nicht über Nacht, aber je mehr Sie üben, desto einfacher wird es werden.

Die innere Stimme

Bleiben wir noch etwas bei den Gedanken und wie sie das Leben beeinflussen. In diesem Fall beschäftigen wir uns mit der inneren Stimme, die ständig alles kommentiert und beurteilt, was man tut. Diese innere Stimme ist nichts anderes als die automatischen Gedanken, aber sie ist oft noch sehr viel schwerer wahrzunehmen, weil man sich so an sie gewöhnt hat. Die innere Stimme beeinflusst in großem Maße, wer man ist, wie man mit sich selbst umgeht und wie man sein Leben gestaltet.

Es ist leider ein weit verbreitetes Phänomen, dass Menschen sich selbst oft schlechter behandeln, als sie die Menschen um sich herum jemals behandeln würden. Man ist oft zu fremden Menschen oder selbst zu Personen, die man nicht besonders gut leiden kann, netter als zu sich selbst. Haben Sie das schon einmal bemerkt?

Beobachten Sie einmal einen ganzen Tag lang, wie Sie mit sich umgehen. Was geht Ihnen durch den Kopf, wenn Sie aufwachen? Begrüßen Sie sich mit einem liebevollen »Guten Morgen«? Oder sind Sie unzufrieden mit sich, weil Sie zu lange geschlafen haben und schon wieder zu spät dran sind? Wachen Sie mit Kopfschmerzen auf, weil Sie heute so viel zu tun haben, dass es ohnehin kaum zu schaffen ist? Wie geht es weiter, wenn Sie dann aufgestanden sind? Beim Blick in den Spiegel, beim Frühstück, falls Ihnen die innere Stimme das überhaupt erlaubt, bei der Arbeit? Wie reagieren Sie, wenn jemand Ihnen ein Kompliment macht? Etwa mit: »Der meint das ja sowieso nicht ernst ...«? Was denken Sie, wenn jemand Sie kritisiert? Vielleicht: »Wieso mache ich immer alles falsch?«

Schreiben Sie einmal einen ganzen Tag lang mit, was Ihnen Ihr Kopf sagt. Vielleicht werden Sie entdecken, dass Sie sehr hohe Erwartungen an sich haben, sich keine Fehler erlauben und sich selbst fast nie ein Kompliment gönnen. Gehen Sie mit irgendeiner anderen Person in Ihrem Leben so kritisch um? Wahrscheinlich nicht.

Falls Sie zu den wenigen Menschen gehören, die sich selbst den ganzen Tag lang ermutigen, sich gut zureden und sich regelmäßig loben, und sich von diesen Ausführungen nicht angesprochen fühlen, dann lesen Sie trotzdem weiter. Sie können hier lernen, wie es den Menschen um Sie herum geht, und verstehen, warum diese im Gegensatz zu Ihnen oft so frustriert, negativ und lustlos sind. Denn das, was Ihnen den ganzen Tag lang durch den Kopf geht, beeinflusst natürlich Ihre Gefühle, Ihre Laune und Ihre Lebenseinstellung.

Viele Menschen mit geringem Selbstwertgefühl nörgeln ständig an sich herum und bezweifeln, dass sie auch nur eine einzige gute Eigenschaft haben. Wenn man diesen Menschen ein Kompliment macht oder sie für eine ausgezeichnete Leistung lobt, dann antworten sie schnell mit: »Ach, das war doch nichts« oder: »Ach was, so gut war das wirklich nicht, ich hätte mich eigentlich mehr anstrengen müssen.« Kennen Sie diese Antworten aus eigener Erfahrung? Dann ist es höchste Zeit, dass Sie beginnen, netter mit sich selbst umzugehen.

Sie haben ja schon einen Tag lang aufgeschrieben, was Ihnen so durch den Kopf geht. Jetzt lassen Sie uns diese laufenden Kommentare einmal näher betrachten:

- Was ist der häufigste Satz, den Sie über sich selbst sagen? Sagen Sie ihn nur leise in Ihrem Kopf oder auch ab und zu laut, sodass andere ihn hören können?
- Was geht Ihnen durch den Kopf, wenn Sie eine Aufgabe erledigt haben?
- Wie reagieren Sie auf Lob oder Komplimente?
- Was denken Sie, wenn Sie einen Fehler gemacht haben oder einen Misserfolg erleiden?
- Was geht Ihnen durch den Kopf, wenn Sie in den Spiegel schauen oder Fotos von sich selbst sehen?
- Wenn jemand Sie bittet, sich in ein paar Worten selbst vorzustellen, was sagen Sie?
- Wenn Sie morgens aufwachen, was ist Ihr erster Gedanke? Wenn Sie nachts nicht schlafen können, worüber denken Sie nach?
- Was geht Ihnen durch den Kopf, während Sie diese Fragen beantworten? Wie fühlen Sie sich?

Vielen Menschen ist gar nicht bewusst, wie schlecht sie sich selbst behandeln, denn diese »Selbstgespräche« finden auf einer automatischen, oft unbewussten Ebene statt. Sich dieser negativen Botschaften bewusst zu werden, ist deshalb der erste Schritt, um sie zu verändern. Sie haben ja mittlerweile bemerkt und beobachtet, was Sie sich den ganzen Tag über erzählen und wie kritisch Sie oft mit sich selbst umgehen. Um dieses Bewusstsein zu vertiefen, fragen Sie sich mehrmals am Tag, was Ihnen gerade durch den Kopf geht. Am besten funktioniert das, wenn man eine bestimmte Tätigkeit als Auslöser für den Gedankencheck benutzt. Halten Sie jedes Mal inne und fragen Sie sich, was Ihnen durch den Kopf geht, wenn Sie beispielsweise auf die Uhr schauen, wenn Sie aufstehen, sich hinsetzen, auf die Toilette gehen, sich die Hände waschen, eine Treppe hinuntergehen usw. Wählen Sie eine Tätigkeit, die Sie etwa acht- bis zwölfmal am Tag ausführen, und stellen Sie sich jeweils eine der folgenden (oder ähnliche) Fragen: Was denke ich gerade? Tue ich mir mit diesen Gedanken etwas Gutes? Wie behandele ich mich gerade?

Was haben Sie entdeckt? Wie gehen Sie mit sich um? Falls Sie entdeckt haben, dass Sie sehr streng mit sich sind, sich für die kleinsten Fehler furchtbar beschimpfen, sich ständig kleinmachen und sich schwer verzeihen können, dann wird es Ihnen auch sehr schwerfallen, Ihrem Kind dabei zu helfen, eine gesunde Identität zu entwickeln.

Was können Sie tun, um netter mit sich selbst umzugehen und ein ausgewogeneres Leben zu führen? Die nächsten Aufgaben werden sich mit diesen Fragen beschäftigen.

Warum geht man oft so unfreundlich mit sich selbst um? Glaubt man damit zu erreichen, »gerechter« zu werden? Glaubt man auf diese Weise das Leben besser in den Griff zu bekommen und mögliche Fehler zu vermeiden? Leider passiert oft das Gegenteil: Menschen, die sehr streng mit sich selbst sind, büßen normalerweise viel Lebensqualität ein. Sie entwickeln Angst vor den vernichtenden Kommentaren und dem Gefühl von Hilflosigkeit, wenn alles, was sie tun, nicht gut genug ist. Sie vermeiden deshalb neue Erfahrungen und haben Schwierigkeiten, sich zu motivieren. Menschen, die lernen, nachsichtiger mit sich selbst zu sein und sich zu ermutigen, statt sich fertigzumachen, haben sehr viel mehr Mut und Kraft, sich den Herausforderungen des Lebens zu stellen.

Glauben Sie nicht alles, was Sie sich sagen. Werden Sie ein kritischer Zuhörer. Genau wie bei Ihrer Analyse der automatischen Gedanken, benutzen Sie die folgende Tabelle, um Ihre innere Stimme herauszufordern und negative Selbstgespräche in positive umzuwandeln. Schreiben Sie 20 Sätze auf, die Ihnen Ihre innere Stimme in der letzten Aufgabe wiederholt gesagt hat. Dann schreiben Sie 20 Antworten, die das Gesagte entweder netter ausdrücken oder mit der Sie einer falschen negativen Botschaft widersprechen.

Botschaft der inneren Stimme	neue Botschaft
Du kannst aber auch nichts richtig machen.	Fehler sind menschlich. Ich mache auch viel richtig.
Das hast du total verbockt, du dumme Kuh.	Das war nicht die beste Entscheidung. Ich sollte mich wahrscheinlich entschuldigen.

Erlauben Sie sich Fehler – sie gehören zum Leben. Erinnern Sie sich: Im menschlichen Gehirn gibt es eine Alarmglocke, die jedes Mal schrillt, wenn man sich in einer Situation befindet, in der man in der Vergangenheit einen Fehler begangen hat. Deshalb wiederholt man den gleichen Fehler nur selten. Wenn Sie etwas falsch machen, dann lernen Sie daraus und ermutigen Sie sich, morgen neu anzufangen.

Schreiben Sie eine Liste von 20 Fehlern, die Sie in Ihrem Leben gemacht haben. Dann beschreiben Sie, was Sie aus jedem Fehler gelernt haben.

Was zeigt Ihnen diese Liste? Wie werden Sie reagieren, wenn Sie demnächst einen Fehler machen?

Beschreiben Sie eine Situation, in der Ihr Kind aus einem Fehler gelernt hat. Hatten Sie versucht, Ihr Kind davon abzuhalten, diesen Fehler zu machen? Hatten Sie Ihrem Kind erzählt, wie Sie in einer ähnlichen Situation diesen Fehler begingen und was die Konsequenz war? Konnte Ihr Kind aus Ihrem Fehler lernen?

Leider kann man die Alarmglocke im Gehirn nicht vererben. Jeder Mensch muss sie selbst entwickeln. Eltern fällt es besonders schwer, Ihren Kindern dabei zuzusehen, wenn sie dieses Alarmsystem entwickeln.

Wie erkennen Sie, dass Sie Fortschritte machen und tatsächlich netter mit sich selbst umgehen? Sie fühlen sich besser, sind mit sich und Ihrem Leben zufriedener. Sie sind selbstbewusster und haben weniger Angst davor, etwas falsch zu machen. Außerdem verspüren Sie mehr Kraft und Energie, denn Sie verbrauchen weniger Energie dafür, sich selbst zu beschimpfen. Sie haben Lust, neue Dinge auszuprobieren. Fehler und Misserfolge machen Ihnen weniger aus und Sie lachen mehr. Letztendlich sind Sie netter zu anderen.

Im Rahmen der Selbsterkenntnis ist es wichtig, dass Sie Ihre Stärken und Schwächen realistisch einschätzen. Jeder Mensch ist in bestimmten Bereichen mit Talenten gesegnet und hat zwei linke Hände auf anderen Gebieten. Deshalb wählen Menschen oft Beziehungen, in denen sie sich ergänzen.

Was sind Ihre Stärken? Schreiben Sie eine Liste von 20 Dingen, die Ihnen gut gelingen. Das sind oft auch die Dinge, die Ihnen Spaß machen. Beschreiben Sie die Bereiche, in denen Sie erfolgreich sind. Wofür machen andere Menschen Ihnen Komplimente?

Was empfinden Sie, wenn Sie sich diese Liste anschauen? Können Sie stolz sein und den Erfolg genießen? Wenn nicht, dann achten Sie darauf, was Ihre innere Stimme Ihnen gerade sagt. Wahrscheinlich müssen Sie noch etwas an ihr arbeiten.

Was sind Ihre Schwächen? Schreiben Sie eine Liste von 20 Dingen, bei denen Sie Hilfe brauchen, die Ihnen weniger Spaß machen und die Ihnen manchmal Probleme im Leben bereiten. Was empfinden Sie, wenn Sie sich diese Liste durchlesen? Was sagt Ihre innere Stimme? Können Sie nachsichtig mit sich sein und sich erlauben, Schwächen zu haben? Was müssen Sie tun, damit Sie liebevoll mit sich und Ihren Schwächen umgehen können, statt diese als Grund zu sehen, sich zu kritisieren?

Beschreiben Sie fünf Situationen, in denen Ihre Schwächen einer anderen Person die Gelegenheit gegeben haben, nett zu Ihnen zu sein und Ihnen etwas Gutes zu tun. Was denken Sie, empfand die Person, die Ihnen helfen durfte? Wie fühlen Sie sich, wenn Sie jemandem helfen? Normalerweise baut es Menschen auf, wenn Sie gebraucht werden. Ihre Schwächen geben anderen Menschen eine Gelegenheit, Ihnen zu helfen und damit gebraucht zu werden. Vielleicht fördern Sie damit sogar die Stärken eines anderen Menschen.

Wenn ein Mensch immer alles für sich selbst erledigt, nimmt er anderen Menschen die Gelegenheit, sich gut zu fühlen. Seien Sie jemand, der anderen Menschen erlaubt, gebraucht zu werden.

Haben Sie Schwächen auf Gebieten, auf denen Ihr Kind Stärken hat? Bieten Sie Ihrem Teenager die Gelegenheit, stolz auf seine Stärken zu sein, indem Sie seine Hilfe in Anspruch nehmen. Das funktioniert aber nur, wenn Ihre Schwächen echt sind. Jedes Kind wird es sofort durchschauen, wenn Sie nur um Hilfe bitten, damit es sich gut fühlen kann – und das würde sein Selbstwertgefühl verringern, statt es aufzubauen.

Innere Ausgeglichenheit

Sie haben mittlerweile eine sehr gute Vorstellung davon, wer Sie sind und wie Sie so geworden sind; wie und warum Sie in bestimmten Situationen reagieren und was in Ihrem Kopf vorgeht. Hoffentlich sind Sie dem Ziel, mit sich selbst in Frieden zu leben, etwas nähergekommen. Ihr Kind hat bemerkt, dass Sie eine größere innere Ruhe ausstrahlen und weniger leicht aus dem Gleichgewicht geraten. Mit anderen Worten: Sie sind dabei, ein solides Fundament zu sein. Die folgenden Denkanstöße sollen dazu dienen, all diese innere Arbeit, die Sie geleistet haben, in Ihrem Lebensstil sichtbarer zu machen. Innere Ausgewogenheit spiegelt sich in einem ausgeglichenen Leben wider. Um die Anonymen Alkoholiker zu zitieren: Ein ausgewogenes Leben besteht aus acht Stunden Schlaf, acht Stunden Arbeit und acht Stunden Freizeit. Die Fünftagewoche bringt diesen Achtstundentakt zwar etwas durcheinander, aber letztendlich geht es ja um das Prinzip und nicht um die genaue Anzahl von Stunden. Inwieweit entspricht Ihr Leben diesem Prinzip? Betrachten Sie Ihre Woche.

Acht Stunden Schlaf

Schlaf ist in diesem Fall der Oberbegriff für körperliche Gesundheit. Schlafen Sie genug? Oder muss der Schlaf immer wieder zugunsten der Arbeit gekürzt werden? Ernähren Sie sich gesund? Essen Sie zu viel oder zu wenig? Gehen Sie regelmäßig zum Arzt? Nehmen Sie die Ihnen verschriebenen Medikamente ein? Bewegen Sie sich regelmäßig?

Acht Stunden Arbeit

Diese Arbeit muss natürlich nicht an einem Stück geleistet werden und auch nicht nur außerhalb der Wohnung oder des Hauses. Arbeit steht für all die Tätigkeiten, die dem Wohl der Familie dienen oder im Rahmen eines Berufs ausgeübt werden. Für Jugendliche ist die Schule mit Arbeit gleichzusetzen. Zur Arbeit zählt natürlich auch der Haushalt.

Acht Stunden Freizeit

Tun Sie jeden Tag etwas, das Ihnen einfach nur Spaß macht? Die Pflege von Beziehungen ist Teil der Freizeit. Dazu gehört dann das Telefonat mit der Freundin genauso wie das Spielen mit dem Kind. Treiben Sie Sport? Sind

Sie Mitglied in einem Verein? Haben Sie Hobbys? Glauben und Spiritualität fallen ebenfalls in diese Kategorie.

Nehmen Sie sich drei Zettel. Schreiben Sie auf den ersten *Schlaf und Gesundheit*, auf den zweiten *Arbeit* und auf den dritten *Freizeit*. Ziehen Sie eine Linie, die das Blatt jeweils halbiert (egal ob längs oder quer). Auf die eine Hälfte schreiben Sie jetzt all die Dinge, die Sie zurzeit in diesem Bereich Ihres Lebens tun. Falls es sinnvoll ist, notieren Sie daneben die Anzahl der Stunden, die diese Tätigkeit jede Woche einnimmt. Manche Aktivitäten kommen vielleicht auch in mehreren Kategorien vor – Joggen ist gut für die Gesundheit, aber auch eine Freizeitbeschäftigung. Manchmal erledigt man auch mehrere Dinge gleichzeitig, deshalb stimmt die Stundenzahl vielleicht nicht ganz – man kann beispielsweise fernsehen und gleichzeitig bügeln.

Beispiele für Schlaf und Gesundheit:
Schlaf (6–7 Stunden pro Nacht, also 42–49 Stunden pro Woche)
Essen (2 Stunden am Tag, 14 Stunden pro Woche)
Joggen mit einem Freund (3 Stunden pro Woche)
Hygiene (1 Stunde am Tag, 7 Stunden pro Woche)

Beispiele für Arbeit:
Beruf (45 Stunden die Woche)
Kochen (7 Stunden pro Woche)
Aufräumen (7 Stunden pro Woche)
Wäsche waschen (3 Stunden pro Woche)
Einkaufen (5 Stunden pro Woche)

Beispiele für Freizeit:
Joggen mit einem Freund (3 Stunden pro Woche)
Lesen/Zeitung lesen (10 Stunden pro Woche)
Fernsehen (20 Stunden pro Woche)
Schach spielen im Verein (2 Stunden pro Woche)
Kino (2 Stunden pro Woche)
Stricken (2 Stunden pro Woche)
Computer/Internet (5 Stunden pro Woche)
Essen mit Kollegen (2 Stunden pro Woche)
Kirche/Bibelstunde (3 Stunden pro Woche)

Wenn Sie alles aufgeschrieben haben, was Ihnen wichtig erscheint, dann überschlagen Sie einmal die Anzahl der Stunden in jeder Kategorie. Jede

Kategorie sollte zwischen 50 und 60 Stunden enthalten. Ist da eine Kategorie, die sehr viel weniger oder sehr viel mehr Stunden enthält? Warum? Ist das so geplant oder hat sich das so ergeben? Sind Sie damit zufrieden?

Auf die andere Hälfte jedes Blatts schreiben Sie, wie Sie Ihre Zeit gerne einteilen würden. Vielleicht gibt es da Interessen, die Sie schon immer verfolgen wollten (Fotografie, Malen, Autos reparieren ...). Sie wollen länger schlafen oder weniger arbeiten. Sie wollen mehr Zeit mit Ihrer Familie verbringen und weniger Zeit mit dem Kochen. Oder Kochen ist etwas, das Sie schon immer als Hobby interessiert hat – Sie wollen mehr Zeit damit verbringen – damit kommt das Kochen jetzt auch in der Kategorie »Freizeit« vor. Überlegen und notieren Sie dann, wie Ihre Zeiteinteilung in einer idealen Welt aussähe. Sie brauchen dieses Mal nicht ganz realistisch zu sein.

Nun vergleichen Sie die beiden Listen. Was fällt Ihnen auf? Wie unterscheidet sich das, was Sie wollen, von dem, was Sie im Moment tun? Drehen Sie die Blätter um und schreiben Sie auf jedes Blatt zwei bis drei Dinge, die Sie ändern wollen. Beispielsweise: »Ich werde einmal in der Woche im Fußballverein spielen«, »Ich werde mir ein asiatisches Kochbuch kaufen und einmal in der Woche ein Gericht daraus zubereiten« oder: »Ich werde mindestens dreimal in der Woche keine Arbeit mit nach Hause bringen.« Seien Sie dieses Mal bitte sehr realistisch. Nehmen Sie sich nichts vor, was Sie nicht verwirklichen können. Es muss Ihnen nicht leichtfallen, aber es muss durchführbar sein. Wenn Sie also zu Überstunden verpflichtet sind, dann ist es unrealistisch zu sagen, dass Sie nur noch 40 Stunden die Woche arbeiten werden. Hängen Sie die Listen da auf, wo Sie sie regelmäßig sehen können. Dann beginnen Sie, die Veränderungen umzusetzen. Seien Sie geduldig mit sich. Sie zeigen Ihrem Kind damit, wie ein ausgeglichenes Leben aussieht und dass es nie zu spät ist, sich zu ändern.

Fragen Sie sich doch einmal, ob Sie wirklich alles in Ihrem Leben haben, was Sie brauchen, um glücklich zu sein. Was wünschen Sie sich von Ihrem Leben? Bekommen Sie das? Manchmal bedarf es größerer Veränderungen im Leben (neue Arbeit, Umzug, neue Beziehungen), um das zu bekommen, was man braucht. Falls das in Ihrem Leben der Fall ist, sollten Sie mit einer Vertrauensperson über diese Änderungen sprechen, bevor Sie kurz entschlossene Entscheidungen treffen. In diesem Fall lohnt es sich, die Veränderungen zu planen und noch etwas länger ohne sie zu leben, als eine zu schnelle Entscheidung zu bereuen.

Zum Abschluss noch ein Hinweis für diejenigen von Ihnen, die jede Aufgabe erledigt, jede Liste geschrieben und sich beim Lesen dieses Kapitels mindestens tausend Fragen gestellt haben: Lassen Sie sich hin und wieder einfach einmal selbst in Ruhe. Sie müssen nicht ständig an sich arbeiten. Sie sind ganz okay, so wie Sie sind – auch wenn es natürlich immer noch etwas zu verbessern gibt. Erlauben Sie sich immer wieder ganz bewusst, das, was man »die Seele baumeln lassen« nennt: Nichtstun, Auszeiten, Ruhepausen, Entspannung und Erholung.

Das Lebensmotto

Nun folgt noch eine Aufgabe, die all das zusammenfasst, was Sie über sich gelernt haben. Sie werden Ihr Lebensmotto entwickeln. Das kann ein Spruch oder ein Ausdruck sein, der Ihre persönlichen Werte und Ziele zusammenfasst. Dieses Motto dient dann als Richtlinie für Ihr Verhalten und Ihre Entscheidungen. Vereine haben Mottos, Parteien haben Mottos und Betriebe haben Mottos. Sie sind hilfreich, wenn es darum geht, anderen Menschen kurz und knapp mitzuteilen, was man für wichtig hält und welche Ziele man hat. Das Motto eines Menschen drückt aus, was dem Leben dieses Menschen Sinn gibt, was ihn beflügelt, und manchmal auch, was ihn dazu bringt, morgens aufzustehen, obwohl es draußen kalt, dunkel und nass ist.

Auch wenn man sich seiner Werte und Ziele oft nicht bewusst ist, beeinflussen diese das tägliche Leben. Ein Mensch trifft jeden Tag hunderte, wenn nicht tausende von Entscheidungen. Die meisten davon sind eher unwichtig, wenn man das Leben als Ganzes betrachtet, doch situationsbezogen sind sie notwendig.

Denken Sie einmal bewusst über die Routinen und Traditionen nach, die Teil Ihres täglichen Lebens sind. Warum trinken Sie Kaffee? Oder Tee? Sie mögen den Geschmack? Weil es gut für Sie ist? Weil Sie ohne nicht aufwachen können? Was sagt Ihre Antwort über Sie und Ihre Werte aus? Ihnen ist Ihre Gesundheit wichtig? Sie bekommen nicht genug Schlaf? Anderes Thema: Sie fahren vermutlich ein Auto. Warum haben Sie gerade dieses Auto gekauft? Es war billig? Es war das Beste seiner Klasse? Sie kaufen nur deutsche Autos? In Ihrem Beruf muss man ein bestimmtes Statussymbol haben? Warum haben Sie kein Auto? Aus Überzeugung? Weil Sie das Geld lieber für andere – Ihnen wichtigere Dinge – ausgeben?

Wie Sie sehen, kann man alle diese Entscheidungen auf Werte zurückführen. Sie wählen das, was Ihnen wichtig ist. Sie bevorzugen das, was Ihnen wertvoller erscheint. Werte sind sehr subjektiv. Einer trinkt Kaffee, weil es gut für den Kreislauf ist. Ein anderer trinkt Kaffee, weil er gerne bis Mitternacht fernsieht und sonst nicht aufwachen kann. Ist der eine Grund schlechter als der andere? Nein. Sie sind nur verschieden. Die eine Person schätzt einen gesunden Kreislauf. Die andere Person möchte gerne informiert sein und deshalb die letzten Nachrichten nicht verpassen.

Es geht bei der folgenden Aufgabe nicht darum, dass Sie sich bewerten und mit anderen vergleichen, sondern nur darum, dass Ihnen bewusst wird, was Ihnen wichtig ist. Natürlich können Sie sich selbst belügen und versuchen, sich als perfekte Person zu verkaufen, die nur die »richtigen« Dinge wertschätzt. Was sind die richtigen Dinge? Wer bestimmt, dass es wichtiger ist, auf seine Gesundheit zu achten, als Spaß zu haben? Wer bestimmt, dass es richtig ist, ständig auf dem neuesten Stand zu sein, was die Börsenkurse angeht, und dass es falsch ist, keinen Fernseher zu haben, und sich nur um das Wohl der Menschen zu sorgen, die man jeden Tag tatsächlich sieht?

Gesellschaftssysteme beruhen auf Werten. Diese werden oft in einem »Grundgesetz« ausgedrückt. Innerhalb dieser Grenzen ist jeder Mensch frei, seine Werte zu wählen – solange sie den Grundwerten des entsprechenden Gesellschaftssystems nicht widersprechen. Wenn Menschen glauben, dass ihre Werte sich nicht mit den Werten des Gesellschaftssystems vereinbaren lassen, dann kommt es zu Revolutionen, Rebellionen, Umstürzen und Kriegen. Es gibt immer wieder Menschen, die bereit sind, für ihre Werte zu sterben.

Mit anderen Worten: Werte sind wichtig. Und deshalb sollten Sie sich Ihrer Werte bewusst sein. Sie zeigen, was Ihnen wichtig und wertvoll ist, und bestimmen, was Sie mit Ihrer Zeit, Ihrer Energie und Ihrem Geld tun. Und hier wird die ganze Sache noch einmal kompliziert. Denn manchmal *sagt* jemand, dass er bestimmte Werte hat, aber wenn man sich das Leben dieses Menschen genauer ansieht und darauf achtet, wie dieser Mensch seine Zeit verbringt, sein Geld ausgibt und seine Energie investiert, dann zeigen sich andere Prioritäten. Letztendlich zeigen sich die Werte eines Menschen nicht in dem, was man *sagt*, sondern in dem, was man *tut*.

Die folgenden Fragen werden Ihnen helfen, Ihre Werte und Ziele in Worte zu fassen. Seien Sie so ehrlich wie möglich. Wenn Sie erst einmal genau wissen, was Sie schätzen, dann können Sie immer noch entscheiden, ob Sie Ihre jetzigen Werte und Ziele beibehalten oder verändern wollen. Beantworten Sie bitte die folgenden Fragen so schnell wie möglich, ohne erst viel darüber nachzudenken, ob Ihre Antwort »richtig« ist:

- Welche Ihrer Eigenschaften würden Sie gerne an Ihr Kind vererben?
- Wer sind die zwei wichtigsten Menschen in Ihrem Leben? Beschreiben Sie sie jeweils mit einem Wort.
- Sie haben einen Stadtstaat gegründet und sind der alleinige Herrscher. Was steht auf Ihren Geldscheinen? Was symbolisiert die Flagge?
- Beschreiben Sie sich mit einem Wort.
- Vervollständigen Sie den folgenden Satz: Alle Menschen haben ein Recht auf ________________ und ________________.
- Falls es im Leben nur zwei Regeln gäbe, was wären diese Regeln?
- Nennen Sie drei Personen, die Sie bewundern. Beschreiben Sie mit jeweils einem Wort, welche Eigenschaften Sie an diesen Personen bewundern.
- Was ist Ihr Lieblingsfilm? Was gefällt Ihnen daran?
- Erinnern Sie sich an ein Buch, das Sie in Ihrer Jugend beeindruckte oder begeisterte. Beschreiben Sie, was dieses Buch in Ihnen auslöste.
- Was macht Sie glücklich? Wählen Sie jeweils eine Situation, in der Sie wirklich glücklich waren, aus jedem Jahrzehnt Ihres Lebens. Beschreiben Sie in drei bis vier Worten, was Sie an der jeweiligen Situation glücklich machte.
- Beschreiben Sie die Eigenschaften, die Ihnen bei einem Freund/einer Freundin wichtig sind.

Lesen Sie sich Ihre Antworten nochmals durch und finden Sie die Gemeinsamkeiten und Wiederholungen. Dann fassen Sie die Werte zusammen, die sich aus Ihren Antworten erschließen. Werte können, abstrakte Begriffe sein, so wie Liebe, Freundschaft oder Erfolg. Oder ganz konkrete Dinge, so wie die Familie, genügend Geld, um ein Haus zu kaufen, oder die Freiheit, jeden Tag so lange zu schlafen, wie Sie es wollen. Sie sollten eine Liste von fünf bis zehn Werten haben. Wenn Sie mehr als zehn haben, dann versuchen Sie bitte einen Oberbegriff zu finden, der einige der Werte zusammenfasst, bis höchstens noch zehn verbleiben.

Betrachten Sie Ihre Liste und fragen Sie sich, ob das wirklich die Werte sind, die Ihr Leben bestimmen sollten. Vielleicht ist da ein Wert, der vor zehn Jahren angemessen war, aber nicht in Ihre derzeitige Lebenssituation passt. Während der Studienzeit mögen beispielsweise lange Reisen ins Ausland ein passendes Ziel sein, für einen Familienvater von drei Kleinkindern liegen die Prioritäten wahrscheinlich woanders. Vielleicht fehlt da auch ein Wert, den Sie zwar für wichtig halten, der aber noch nicht in Ihren Entscheidungen zum Tragen kommt. Sie haben sich zum Beispiel seit Jahren vorgenommen, mehr Sport zu treiben, haben es aber bis jetzt nicht in die Tat umgesetzt.

Um von Ihren Werten auf ein Motto zu kommen, formulieren Sie fünf bis sieben konkrete Ziele oder Verhaltensweisen, die Ihre Werte veranschaulichen. Stellen Sie sich vor, dass jemand Sie und Ihr Verhalten beobachtet, ohne dass Sie mit dieser Person reden oder Ihr etwas erklären könnten. Was können Sie tun, damit diese Person erkennt, was Ihnen wichtig ist? Beschreiben Sie konkrete Entscheidungen und Verhaltensweisen, wie zum Beispiel: »Ich werde jeden Tag mindestens zwei Stunden mit meiner Familie verbringen und am Wochenende mindestens vier Stunden.« (Wert: meine Familie). Oder: »Ich werde alle Projekte annehmen, die mir die Möglichkeit geben, meine Führungsqualitäten zu beweisen, egal wie viele Überstunden ich machen muss.« (Wert: Führungsposition erreichen). Oder: »Ich werde niemals Arbeit mit nach Hause bringen, egal wie sich das auf meine Aufstiegschancen in der Firma auswirkt.« (Wert: Freizeit).

Nun fassen Sie Ihre Ziele und Werte zusammen und formulieren Sie Ihr Lebensmotto. Ihr Motto beschreibt, was Ihrem Leben Sinn gibt. Wenn jemand Ihr Motto hört, sollte diese Person darauf schließen können, wie Sie Ihre Zeit, Ihr Geld und Ihre Energie investieren. Ihrer Kreativität sind keine Grenzen gesetzt. Benutzen Sie beispielsweise die ersten Buchstaben Ihres Vor- oder Nachnamens. Schreiben Sie ein Gedicht. Benutzen Sie ein Bild, das Ihr Motto illustriert, oder ein Zitat oder ein Sprichwort und ändern Sie es entsprechend ab. Ihr Motto sollte etwas abstrakter sein als die Ziele und Verhaltensweisen, die Ihre Werte veranschaulichen, aber nicht so abstrakt, dass es wenig Aussagekraft hat.

Ein Lebensmotto verändert sich mit der Zeit, vor allem dann, wenn sich die Lebensumstände ändern. Nehmen Sie sich einmal im Jahr Zeit, um – falls nötig – Ihr Lebensmotto neu zu formulieren. Benutzen Sie Ihr Motto als Richtschnur für Ihr Leben. Wenn Sie wichtige Entscheidungen treffen müssen, dann denken Sie an Ihr Motto und entscheiden dann Ihren langfristigen Zielen entsprechend. Tragen Sie Ihr Motto mit sich und lesen Sie es oft. Ein Motto ist ein Werkzeug. Es kann nur helfen, wenn man es benutzt.

Manchmal kann es hilfreich sein, ein Familienmotto zu entwickeln, das ausdrückt, was einer Familie wichtig ist und was ihr Sinn gibt. Setzen Sie sich als Familie zusammen und entwickeln Sie ein Familienmotto. Sie können die obigen Fragen entsprechend ändern und dann die Antworten der einzelnen Familienmitglieder zusammentragen und sie zu einer gemeinsamen Antwort zusammenfassen.

Herzlichen Glückwunsch. Sie haben es geschafft. Sie haben das Fundament für die Erziehung Ihres Kindes gelegt. Wer Sie sind und wie Sie Ihr Leben gestalten, wird Ihren Teenager mehr beeinflussen als die besten Erziehungsstrategien. Ich wünsche Ihnen viel Spaß und viel Erfolg bei der Umsetzung all dessen, was Sie in diesem Kapitel gelernt haben. Glauben Sie mir, Ihr Kind wird Sie dafür bewundern und respektieren, dass Sie bereit waren, sich mit sich selbst auseinanderzusetzen – auch wenn es Ihnen das erst frühestens in zehn Jahren sagen wird.

Schlussbetrachtung
Ein Appell an die Eltern

Die Lösung zu einem Problem liegt – wie Sie inzwischen wissen – meistens auf der darunterliegenden Ebene. Wenn Ihr Kind Verhaltensauffälligkeiten zeigt, dann versuchen Sie, die Erziehungsstrategien aus dem Dachgeschoss umzusetzen. Gleichzeitig arbeiten Sie an allen tiefer liegenden Ebenen, vor allem am Keller und am Fundament. Wenn Lösungsstrategien nach wiederholter Anwendung fehlschlagen, dann konzentrieren Sie sich auf die Ebene darunter. Erst wenn Sie hier Fortschritte gemacht haben, wiederholen Sie die Lösungsstrategien auf der Problemebene.

Suchen Sie sich Wegbegleiter. Jemanden, der mit Ihnen weint, wenn Ihre Änderungsversuche fehlschlagen. Jemanden, der sich mit Ihnen freut, wenn Sie alte Verhaltensmuster erfolgreich geändert haben. Jemanden, der Ihnen eine ehrliche Rückmeldung gibt und Sie ermutigt, wenn Sie die Hoffnung verlieren.

Es ist oft nicht einfach, die Mutter oder der Vater eines Teenagers zu sein. Benutzen Sie die Prinzipien, die in diesem Buch beschrieben wurden, um diese Herausforderung zu meistern. Sie werden Zeit und Energie investieren müssen, um Veränderungen herbeizuführen, aber glauben Sie mir: Es lohnt sich. Ich durfte im Rahmen meiner Arbeit vielen Familien dabei zusehen, wie sie auf allen Ebenen große Veränderungen durchsetzten. Das Ergebnis hat mich oft zu Tränen gerührt. Ich weiß, dass Sie Ihr Kind lieben und dass Ihnen Ihre Familie wichtig ist – sonst hätten Sie dieses Buch nicht gelesen. Wenn Familien die Arbeit leisten, die nötig ist, um diese Liebe wieder zu entdecken und freizusetzen, dann ist das ein unglaubliches Erlebnis – nicht nur für die Beteiligten, sondern auch für die Wegbegleiter, von denen ich oft einer sein durfte. Geben Sie Ihrer Familie eine Chance. Sie werden es nicht bereuen – auch wenn es oft erst schlimmer wird, bevor es besser wird. Egal, was passiert: Arbeiten Sie weiter an sich selbst und Ihren Beziehungen. Ihr Kind wird irgendwann (vielleicht sehr bald) das Haus verlassen – was bleibt Ihnen dann?

Zum Abschluss möchte ich Ihnen ein paar geheime Wünsche vieler Teenager mit auf den Weg geben, die sie mir in den letzten zehn Jahren mitgeteilt haben – meistens abends im Dunkeln, wenn wir am Lagerfeuer saßen und niemand die Tränen in ihren Augen sehen konnte, die kein Teenager, der etwas auf sich hält, je bei Tageslicht zeigen würde:

Zeig mir, dass du mich lieb hast.
Ich zweifele genug an mir und frage mich jeden Tag, ob ich liebenswert bin. Lass mich nie an deiner Liebe zweifeln.

Setze mir klare Grenzen.
Damit ich mich sicher und geborgen fühlen kann.

Sei konsequent.
Mein Leben ist verwirrend genug. Auch wenn du es gut meinst, trägt deine Inkonsequenz nur dazu bei, dass ich mich noch unsicherer fühle.

Verwöhne mich nicht.
Ich weiß ganz genau, dass ich nicht alles haben sollte, worum ich dich bitte. Ich stelle dich nur auf die Probe.

Tu mir nicht weh.
Deine Worte sind tödlicher als ein Schwert. Deine Faust bricht mir das Herz.

Gib mir genug Freiheit.
Damit ich aus meinen eigenen Fehlern lernen kann.

Versprich mir nichts, was du nicht halten kannst.
Du verlierst damit meinen Respekt und mein Vertrauen.

Ich liebe Machtkämpfe, aber zu viel Macht tut mir nicht gut.
Je weniger du dich auf meine Herausforderungen einlässt, desto sicherer fühle ich mich.

Reg dich nicht allzu sehr auf.
Egal, was ich sage. Wenn ich sage, dass ich dich hasse, dann meine ich das nicht wirklich. Ich will nur, dass du den Schmerz spürst, den ich spüre.

Respektiere mich.
Mein Selbstwertgefühl steht ohnehin auf wackeligen Beinen. Wenn du dich mir gegenüber herablassend benimmst, dann schlage ich

zurück. Ich bin kein kleines Kind mehr und ich werde es dir beweisen.

Je mehr Aufmerksamkeit ich bekomme, wenn ich mich schlecht benehme, desto öfter werde ich es tun.
Ich brauche deine Aufmerksamkeit. Gib sie mir, wenn ich etwas Positives tue.

Behandele mich nicht wie ein kleines Kind, wenn ich mit meinen Freunden zusammen bin.
Manchmal ist mir dein Verhalten peinlich. Nimm's nicht persönlich. Ich muss mich von dir unterscheiden, um erwachsen zu werden.

Rede nicht mit mir, wenn ich sauer bin.
Ich werde dir nicht zuhören und wir werden keine Lösung finden. Ich werde nur noch wütender.

Sag mir, dass ich liebenswert bin, auch wenn ich Fehler mache.
Ich muss wissen, dass – auch wenn mein Verhalten falsch ist –, ich als Person nicht an Wert verliere. Ich muss wissen, dass ich geliebt und akzeptiert werde.

Halte mir keine Predigten.
Ich weiß, was ich falsch gemacht habe.

Nörgle nicht ständig an mir herum.
Sag mir, was du erwartest, und dann lass mich meine eigene Lösung finden.

Frag mich nicht ständig, warum ich etwas tue.
Meistens weiß ich es wirklich nicht.

Antworte ehrlich, wenn ich dir Fragen stelle.
Sonst werde ich mir meine Antworten woanders holen.

Nimm dir die Zeit, mich kennen zu lernen.
Ich trage viele Masken und weiß nicht genau, wer ich bin. Ich gebe es selten zu, aber ich will dir wichtig sein, egal, wer ich bin.

Entschuldige dich bei mir, wenn du einen Fehler machst.
Ich werde dich dafür umso mehr respektieren.

Sei ein Felsen in meiner chaotischen Welt.
Ich will mich auf dich und deine Stärke verlassen können. Ermutige mich gleichzeitig, meine eigene Stärke zu finden.

Zeig mir, wie man lebt.
Deine Worte bedeuten mir weniger als dein Verhalten.

Zeig mir Verständnis und Mitgefühl.
Auch wenn ich Angst habe, es zuzugeben: Ich brauche dich.

Literaturverzeichnis

Belsky, J.: Ehe, Elternschaft und kindliche Entwicklung. In: Engfer, A.; Minsel, B.; Walper, S. (Hrsg.): *Zeit für Kinder! Kinder in Familie und Gesellschaft*. Beltz, Weinheim 1991, Seite 134-159

Bockholt, Dennis: *Mediale Viren im Kopf unserer Jugend? Studie zum Zusammenhang von Computerspielen und Gewalt*. Roderer Verlag, Regensburg 2008

Butler, Mark: *Would you like to play a game? Die Kultur des Computerspielens*. Kadmos Verlag, Berlin 2006

Chapman, Gary: *Die 5 Sprachen der Liebe. Wie Kommunikation gelingt*. Francke-Buchhandlung 1994

Dahl, R. E.; Spear, L. P. (Hrsg.): *Adolescent brain development: Vulnerabilities and opportunities. Annals of the New York Academy of Sciences*, Band 1021, New York 2004

Decker, Franz: *Alles beginnt im Kopf – Mindfitness für jedermann*. Lexika Verlag, Eibelstadt 1999

Foster, Cline W.; Fay, Jim: *Parenting Teens with Love and Logic*. Love and Logic Press, Golden CO 2006

Giedd, J. N.: *Structural magnetic resonance imaging of the adolescent brain*. Annals of the New York Academy of Sciences, Band 1021, Seite 77-85, New York 2004

Giedd, J. N.; Blumenthal, J.; Jeffries, N.; Castellanos, F.; Liu, H.; Zijdenbos, A.; Paus, T.; Evans, A.; Papoport, J.: *Brain development during childhood and adolescence: A longitudinal MRI study*. Nature Neuroscience, 2 (10), Washington 1999, Seite 861-863

Gottman, J. M.: *What predicts divorce? The relationship between marital processes and marital outcomes*. Lawrence Erlbaum, Hillsdale, NJ 1994

Inhelder, Bärbel; Piaget, Jean: *The Growth of Logical Thinking from Childhood to Adolescence*. Basic Books, New York 1958

Kolb, David A.: *Experiential Learning*. Prentice Hall, Englewood Cliffs, NJ 1984

Kübler-Ross, Elisabeth: *Interviews mit Sterbenden*. Droemer/Knaur, München 2001

Mietzel, Gerd: *Wege in die Entwicklungspsychologie. Kindheit und Jugend*. Beltz, Weinheim 2002

Montada, Leo: *Moralische Entwicklung und moralische Sozialisation.* In: Oerter, R.; Montada, L. (Hrsg.): *Entwicklungspsychologie*, Beltz, Weinheim 2002, Seite 619-647

National Institute of Mental Health: *Teenage Brain: A work in progress.* National Institute of Mental Health, Bethesda MD 2001; online erhältlich unter www.nimh.nih.gov/publicat/teenbrain.cfm

Pfeiffer, Christian; Mössle, Thomas; Kleimann, Matthias; Rehbein, Florian: *Mediennutzung, Schulerfolg, Jugendgewalt und die Krise der Jungen.* In: Zeitschrift für Jugendkriminalrecht und Jugendhilfe. LexisNexis Deutschland GmbH, Münster 3/2006

Reichle, Barbara: *Die Geburt des ersten Kindes – eine Herausforderung für die Partnerschaft. Verarbeitung und Folgen einer einschneidenden Lebensveränderung.* Kleine, Bielefeld 1994

Rohner, Ronald P.; Khaleque, Abdul; Cournoyer, David E.: *University of Connecticut: Introduction to Parental Acceptance-Rejection Theory, Methods, Evidence, and Implications.* online erhältlich unter www.cspar.uconn.edu/Introduction to Parental Acceptance.pdf

Spear, L. P.: *Alcohol's effects on adolescents.* Alcohol Health and Research World, 26(4), Bethesda 2002, Seite 287-291

Spitzer, Manfred: *Vorsicht Bildschirm! Elektronische Medien, Gehirnentwicklung und Gesundheit.* Klett Verlag, Stuttgart 2005

Winters, Ken C.: *Adolescent Brain Development and Drug Abuse.* University of Minnesota, Special Report comissioned by the Treatment Research Institute, Philadelphia, PA 2008

Über die Autorin

Annegret Noble-Fischer hat in Tübingen und Boston Psychologie studiert und ist Ehe- und Familientherapeutin. Am *Loma Linda University Behavioral Medicine Center* in Kalifornien betreute sie mehrere Jahre Jugendliche mit Drogenproblemen, Essstörungen und Depressionen. Momentan arbeitet sie als stellvertretende Direktorin der therapeutischen Abteilung an der *Summit Preparatory School* in Kalispell, Montana, und hat eine private Praxis, *Noble Acres*. Darüber hinaus ist sie bekannt als Cheftherapeutin der RTL-Dokumentarreihe *Teenager außer Kontrolle*. Annegret Noble-Fischer ist verheiratet und lebt im Nordwesten der USA in den Bergen von Montana.